# O processo ritual

Veja outros títulos desta coleção em
LIVRARIAVOZES.COM.BR/COLECOES/ANTROPOLOGIA
ou pelo Qr Code

Dados Internacionais de Catalogação na Publicação (CIP)
(Câmara Brasileira do Livro, SP, Brasil)

Turner, Victor W.
   O processo ritual : estrutura e antiestrutura /
Victor W. Turner ; tradução de Nancy Campi de
Castro e Ricardo A. Rosenbusch. 2. ed. – Petrópolis, RJ :
Vozes, 2013. – (Coleção Antropologia)
   Título original : The Ritual Process – Structure and Anti-Structure
   Bibliografia

   3ª reimpressão, 2025.

   ISBN 978-85-326-4545-6
   1. Antropologia 2. Religião – História 3. Ritos
e cerimônias 4. Rituais I. Título. II. Série.

13-02196                                                          CDD-291.38

Índices para catálogo sistemático:
1. Ritos e cerimônias : Religião comparada     291.38

Victor W. Turner

# O processo ritual

Estrutura e antiestrutura

Tradução de Nancy Campi de Castro
e Ricardo A. Rosenbusch

Petrópolis

© 1969 by Victor W. Turner, renovado em 1997 por Edith Turner.

Tradução do original em inglês intitulado *The Ritual Process – Structure and Anti-Structure*, anteriormente publicada por Aldine Transaction e agora publicada por Routledge, membro do Taylor & Francis Group LLC.

Direitos de publicação em língua portuguesa – Brasil:
1974, 2013, Editora Vozes Ltda.
Rua Frei Luís, 100
25689-900 – Petrópolis, RJ
www.vozes.com.br
Brasil

Todos os direitos reservados. Nenhuma parte desta obra poderá ser reproduzida ou transmitida por qualquer forma e/ou quaisquer meios (eletrônico ou mecânico, incluindo fotocópia e gravação) ou arquivada em qualquer sistema ou banco de dados sem permissão escrita da editora.

| CONSELHO EDITORIAL | PRODUÇÃO EDITORIAL |
|---|---|
| **Diretor**<br>Volney J. Berkenbrock | Anna Catharina Miranda<br>Eric Parrot<br>Jailson Scota<br>Marcelo Telles |
| **Editores**<br>Aline dos Santos Carneiro<br>Edrian Josué Pasini<br>Marilac Loraine Oleniki<br>Welder Lancieri Marchini | Mirela de Oliveira<br>Natália França<br>Priscilla A.F. Alves<br>Rafael de Oliveira<br>Samuel Rezende<br>Verônica M. Guedes |
| **Conselheiros**<br>Elói Dionísio Piva<br>Francisco Morás<br>Teobaldo Heidemann<br>Thiago Alexandre Hayakawa | |
| **Secretário executivo**<br>Leonardo A.R.T. dos Santos | |

*Editoração*: Maria da Conceição B. de Sousa
*Diagramação*: Sheilandre Desenv. Gráfico
*Capa*: Felipe Souza | Aspectos
*Ilustração de capa*: Bartosz Hadyniak | iStockphoto

ISBN 978-85-326-4545-6 (Brasil)
ISBN 978-0-202-01190-5 (Reino Unido)

Este livro foi composto e impresso pela Editora Vozes Ltda.

# Sumário

*Prefácio à edição de bolso da Editora Aldine*, 7
  Roger D. Abrahams

*Prefácio à edição brasileira de 1974*, 13
  Victor W. Turner

*Prefácio*, 15
  Alfred Harris

*Prólogo*, 17
  Victor W. Turner

1   Planos de classificação em um ritual da vida e da morte, 19

2   Os paradoxos da gemelaridade no ritual ndembu, 55

3   Liminaridade e *communitas*, 97

4   *Communitas*: modelo e processo, 127

5   Humildade e hierarquia: a liminaridade de elevação e de reversão de *status*, 155

*Referências*, 187

*Índice onomástico e analítico*, 191

# Prefácio à edição de bolso da Editora Aldine

*Roger D. Abrahams*

Victor W. Turner (1920-1983) foi não só um grande mestre e erudito como também uma figura estelar do animado circuito acadêmico nos seus últimos vinte anos. A sua eloquência, acompanhada de um instrumento vocal de imensa amplitude e profunda sutileza, muitas vezes deixava seu público pasmo. Criado no teatro (sua mãe era atriz) na Escócia, ele conseguia imitar – e às vezes arremedar – o modo de expressão de outras pessoas. A marca da sua infância em Glasgow sempre estava latente em sua fala, embora suas apresentações teatrais alternassem a educação num âmbito acadêmico inglês dominado por inflexões de Oxford e Cambridge e o jeito de falar da classe operária que ele encontrara em seu trabalho político na Universidade de Manchester, onde fez seu estágio avançado.

Sustentando ideias que levavam os recém-chegados a preverem uma apresentação carismática, ele teimava em contar piadas ou fazer palhaçadas quando percebia que estava sendo levado demasiadamente a sério. Era um acadêmico dado ao espetáculo, portanto, mas com habilidade para atrair intensa amizade de pessoas igualmente complexas sem insistir em ser tratado como um profeta ou uma estrela. Achava tão divertidas as ideias surgidas das realidades de experiências grupais que preferia para si o papel de mestre de cerimônias ao de guru.

Turner concentrava seu interesse na alegria, em divertir e ter diversão. Ele via no ritual a ação do "trabalho dos deuses", mas entendendo por trabalho apenas o modo pelo qual um grupo desenvolve maneiras de canalizar energias comuns e dedicar o esforço com um senso de determinação moral. Como tal, em comunidades limitadas como as que ele descobriu entre os ndembu de Zâmbia, o trabalho dos deuses envolvia também a ação de forças extrapessoais. Embora a fama de que desfrutou em vida tivesse origem nas suas palestras e nas publicações que delas resultavam, aqueles que o conheciam mais sabiam que ele vicejava em maior plenitude no contexto do seminário e da pequena conferência nos Estados Unidos, onde podia relaxar animadamente com seus colegas e amigos. Desde meados da década de 1960 até bem avançada a de

1980 ele foi o mestre de cerimônias de um grupo de críticos sociais e culturais que comparecia a esses encontros.

Turner começou seus estudos universitários de literatura na University College, em Londres, antes da Segunda Guerra Mundial. Durante a guerra ele conheceu Edith, com quem se casou e teve cinco filhos. Os dois mantiveram um relacionamento extraordinariamente próximo – ela foi coautora de boa parte da obra posterior dele, e ele sempre reconhecia a importância da esposa no desenvolvimento de suas ideias, mesmo quando o nome dela não aparecia junto ao dele. Eles realizaram muito trabalho de campo juntos e ela o acompanhou em grande número de conferências e seminários.

Depois da guerra, ele se voltou para a disciplina da antropologia, formando-se em 1949 e trabalhando com Darryl Forde, Meyer Fortes e Raymond Firth. Teve Max Gluckman como orientador de seu trabalho de pós-graduação. Seus anos de professor e escritor influente transcorreram nos Estados Unidos, onde lecionou nas universidades de Cornell, Chicago e Virgínia.

Como um dos principais membros do movimento etnográfico transatlântico de antropologia simbólica, Turner ilustrava seu tema de estudo com observações baseadas em sua vasta erudição em literatura e filosofia, sobretudo nas áreas de semiótica e estruturalismo. Seu trabalho levou-o a explorar a complexidade das práticas indígenas, cuja riqueza registrou com a mesma abundância de significados de que os críticos literários se valiam para a análise de grandes obras de arte. Turner jamais hesitou em comparar o poder metafórico e a complexidade do aparato ritual e das práticas de povos sem língua escrita com Shakespeare ou Blake. Quando analisava os ritos de transformação, como os de iniciação ou cura ou aqueles que envolvem ascensão social, seus interesses literários encorajavam-no a atentar para as sutilezas e os impulsos contraditórios nos sistemas de pensamento indígenas.

Como explorador e exegeta, ele é comparável aos grandes intérpretes de textos culturais da sua geração – figuras como Kenneth Burke, Claude Lévi-Strauss, Erving Goffman e Clifford Geertz –, embora sua percepção dos detalhes dinâmicos da exibição cultural fosse um traço exclusivamente seu. Compartilhava com eles a necessidade de celebrar os meios ricamente sistemáticos pelos quais a cultura encontrava a sua expressão mais profunda.

Como estes outros autores, ele achou nas metáforas da vida em forma de representação – como literatura, teatro, a arte de contar histórias, o jogo, um roteiro ou cenário de filme ou uma composição sinfônica – maneiras de descrever as práticas de celebração coletiva de povos tradicionais. Goffman abordou a vida cotidiana com base em suas regras de jogo ou suas dimensões teatrais; Lévi-Strauss procurou desvendar os segredos dos mitos por meio da metáfora da composição sinfônica; Geertz sustentou a primazia do estilo literário de análise textual, interpretando a prática cultural por cima dos ombros dos participantes. Turner entusiasmava-se principalmente com a vida do grupo em si, isto é, a vida como exprimida nas experiências vivenciadas pelos participantes. Aqui residem todas as características contraditórias que fizeram com que os seres humanos fossem capazes de rir e chorar juntos.

Como Lévi-Strauss e outros estruturalistas, ele buscou revelar a dinâmica e os poderes de combinação de determinadas tradições. Mas a linguagem do rito e da celebração fornecia uma via de acesso a experiências reais, não apenas um mecanismo mental de armazenamento e recuperação. Ao passo que os estruturalistas interessavam-se principalmente por saber como os grupos conseguiam ordem e significado juntos ao produzirem seus textos culturais, Turner tentava colocar o leitor no meio da experiência, em especial quando esta se nutria de toda a gama de experiências sensoriais que encontravam expressão grupal.

Juntamente com Dell Hymes e outros etnógrafos da comunicação, Turner participou da radical modificação da maneira mais adequada de se descrever a própria comunidade. Para aqueles que sustentavam que a cultura se constituía dos sistemas coletivamente aceitos de vida em grupo – sistemas de parentesco, troca material, governo e religião –, a nova perspectiva começava por estudar os recursos expressivos de um povo para ver como entendimentos e experiências comuns podiam ser gerados. Com os folcloristas e sociolinguistas da época, ele viu crescer seu fascínio pelas representações que surgiam nas práticas concretas de gente que celebrava a vida na sua plenitude.

No convívio com os ndembu, de 1950 a 1954, ele participou do dia a dia desse povo, aprendendo em primeira mão suas práticas sociais, econômicas, políticas e religiosas nos termos usados por falantes da língua ndembu. Esta experiência resultou numa série de obras, das quais *O processo ritual* se tornou a mais conhecida.

Em meados da década de 1960, com a sua especial mistura de abundante reportagem etnográfica e efeitos culturais e literários comparativos, Turner conseguiu conquistar um alentado número de leitores num público bem mais amplo, não limitado aos antropólogos. Escrito como uma série de preleções proferidas na Universidade de Rochester em 1966, *O processo ritual* foi publicado em 1969, no momento histórico em que estudantes de todo o Ocidente questionavam a relevância do projeto educacional em face das graves irrupções de convulsão social e guerra daqueles anos. Turner foi presciente ao relacionar o elemento inversivo e às vezes subversivo da "mente selvagem" de sociedades mais simples com a política violenta e alegre de então, fornecendo aos professores de cultura argumentos para sustentar que seus estudos eram relevantes para as preocupações dos estudantes da época.

Os movimentos políticos foram para as ruas e toda uma geração ficou extasiada com estilos de vida alternativos e a possibilidade concreta de optar pela marginalidade social. O enfoque de Turner para os estados "intermediários" tornou-se um meio de lecionar sobre culturas diametralmente diferentes da ocidental de maneira adequada à situação dos Estados Unidos de então. Esta abordagem da experiência profunda de outras culturas nutriu a tendência daquela geração a aprender experimentando diferentes modos de vida.

Ele ampliou o arcabouço analítico de Arnold van Gennep, no qual a progressão ritual consistia no movimento em três partes: a separação do fluxo cotidiano de atividades, incluindo uma passagem por um estado limiar de ingresso a um mundo ritual distante das noções habituais de tempo e espaço; uma encenação mimética de alguma dimensão da crise que provocou a separação, encenação durante a qual as estruturas do dia a dia são elaboradas e desafiadas (ele chamou de "estrutura" e antiestrutura" a ocorrência conjunta destes temas); por fim, uma reentrada no mundo cotidiano. Destes três movimentos, o mais importante para os fins críticos e descritivos de Turner era a fase mimética, pois nela acontecia a importantíssima confrontação de normas cotidianas mediante atos socialmente subversivos e ritualmente inversivos.

Por certo, o uso generalizado dos termos da análise dos estados sociais marginais concebida por Turner levou seus detratores a acusá-lo de disfarçar importantes diferenças entre sociedades simples e complexas. Às acusações de que conceitos como "liminaridade" e *communitas* eram gerais e abstratos demais, ele respondeu que essas ideias ajudavam muitos outros etnógrafos a organizarem suas observações. O que é mais importante, os termos e os conceitos que eles denominavam fizeram com que críticos literários, historiadores da arte, filósofos e historiadores sociais atentassem cada vez mais para as dimensões culturais simbólicas de seus próprios materiais. Turner desenvolveu estudos de caso em muitos outros meios, demonstrando a utilidade dessas ideias. Seus seguidores acorreram em sua defesa apresentando muitos estudos de situações culturais concretas que tinham se tornado consideravelmente mais compreensíveis mediante a aplicação de um ponto de vista cultural turneriano.

Mais do que qualquer outra obra, *O processo ritual* consagrou o lugar de Turner no panteão acadêmico dos teóricos antropológicos. Os acontecimentos das décadas de 1960 e 1970 demandavam a compreensão de como determinadas pessoas poderiam conflitar umas com outras enquanto confirmavam seu senso de comunidade. Seguindo os estudos de estados de jogo criativos individuais realizados por seu colega Mihalyi Czikczentmihalyi, Turner descreveu depois estados de ser alterados como "experiências de fluxo". No processo de alcançar a *communitas* por meio da experiência de fluxo, quem passava pelo ritual podia participar das capacidades positivas e negativas da experiência humana, por meio de atos que simultaneamente elevavam e invertiam a posição social. Logo, o domínio da antiestrutura podia traduzir-se em todas as atividades de confrontação, especialmente aquelas que induziam uma remodelagem do eu mediante máscaras ou disfarces ou agindo de maneira previsivelmente desregrada. Na explicação de Turner, a própria representação de motivos subversivos é fundamental para a cultura em si. Porque os atos que viram o mundo de ponta-cabeça fazem surgir a própria possibilidade de abertura e mudança, o estado que ele depois chamou de "mundos subjuntivos".

Conforme desenvolvia suas ideias, ele se conscientizava cada vez mais da importância das experiências compartilhadas na realização da *communitas*. Se os movimentos políticos dos anos de 1960 responderam a este elemento do pensamento turneriano, a virada para estados alterados de consciência dentro de um padrão sociopsicológico de desenvolvimento foi o traço mais atrativo desta abordagem do ritual a partir de meados da década de 1970.

Longe de trabalhar nos limites do discurso acadêmico, Turner considerava-se inserido na grande tradição do pensamento social e sentia-se membro de uma geração de colegas britânicos e norte-americanos que simplesmente estava fazendo o estudo da cultura avançar. Para os colegas, a argumentação de Turner assentava-se nos grandiosos estudos de épocas anteriores, no trabalho dos teóricos sociais Émile Durkheim e Max Weber e dos etnógrafos estruturo-funcionais britânicos Edward Evans-Pritchard e Bronislaw Malinowski. Mas ainda mais importante foi sua leitura de Van Gennep, figura quase ignorada nas ciências culturais até que a geração do pós-guerra na Grã-Bretanha e nas Américas descobriu uma afinidade espiritual entre seu livrinho e o trabalho estruturalista dos teóricos antropológicos dos anos de 1950 e de 1960.

Arnold van Gennep não alcançara uma posição de importância em vida. Sua visão das questões da cultura era algo diferente da de Émile Durkheim, que à época era a autoridade mais influente nas ciências sociais francesas. Nos Estados Unidos, só nos anos de 1960 se chegou a identificar com van Gennep o padrão sistemático abrangente dos ritos de transição. Nessa década, o trabalho de diversos antropólogos sociais britânicos – mais notavelmente Rodney Needham e Victor W. Turner – descobriu Van Gennep nas genealogias intelectuais de seus autores. Com base no reconhecimento por Van Gennep das semelhanças estruturais de ritos de elevação, iniciação, cura, incorporação e transitoriedade, Turner assumiu a tarefa de mostrar de que maneira este sistema agia como um modo de marcar o processo de vida na experiência do povo no qual ele vivera e trabalhara.

Em uma série de estudos que incluía *O processo ritual* Turner explicou o papel do ritual num determinado grupo, o povo ndembu. Ao passo que Van Gennep e seus contemporâneos Weber e Durkheim tinham tentado organizar a totalidade da prática cultural de forma superorgânica, fazendo generalizações mundiais, Turner baseou-se em dados específicos de campo. Sua eloquência especial decorria da sua capacidade de expor um sistema africano subsaariano de crença e prática em palavras que levavam o leitor para além das características exóticas do grupo em que ele fazia seu trabalho de campo, traduzindo sua experiência em termos de percepções ocidentais contemporâneas. Refletindo a gama de interesses intelectuais de Turner, o livro surgiu como uma obra excepcional e excêntrica em muitos sentidos, mas conquistou seu lugar no mundo intelectual por combinar com sucesso a teoria continental com as práticas dos relatórios etnográficos.

O esquema de processo tripartite (separação/liminaridade/reintegração), que Turner adaptou de van Gennep, precisava de maior adaptação para que o momento ritual pudesse ser visto como sendo cada vez mais uma opção nas sociedades menos delimitadas e mais secularizadas. Ele distinguiu entre estados "liminares" e "liminoides", sendo os primeiros os modos de o ritual operar onde a própria continuidade de um grupo depende da separação ritual, enquanto os últimos são os tipos de atividades mais opcionais característicos das sociedades abertas.

Os anos de 1960 e de 1970 foram um período de especial crescimento para os acadêmicos do mundo inteiro. As agências de apoio promoviam-se mediante simpósios e discussões públicas com grande divulgação. As universidades que tinham sido criadas ou recebido a ajuda financeira para se inserirem no mapa acadêmico usavam esses encontros para o mesmo fim. Por exemplo, a Universidade de Rochester, que, ao criar e patrocinar as Conferências Lewis Henry Morgan onde Turner apresentou seus ensaios pela primeira vez, estava manifestando qual era o lugar que desejava conquistar no mundo erudito.

Turner não pretendia conquistar especial notoriedade em suas apresentações públicas, mas escolhia os âmbitos aos quais emprestaria seu nome, em geral preferindo aqueles que necessitavam do tipo de interação mais prolongada com o qual todos os participantes aprenderiam uns dos outros. Ele dedicava-se totalmente e com muita alegria a esses compromissos. As amizades que fez então talvez se lembrem mais desses momentos do que das atas dessas conferências, com frequência publicadas posteriormente.

Seu pendor teatral levava-o a desempenhar diversos papéis nessas ocasiões. Às vezes o palhaço, o médium e o sábio, às vezes Lear e o Bufão, ele dava gargalhadas como todo mundo. Sendo um cético com certa tendência mística parecia desenvolver-se melhor nos mundos arcanos do oficiante de ritos, capaz de conduzir iniciantes pela grande experiência da transformação ritual sem levar muito a sério a si próprio nem a eles. Tinha habilidade para ser um excelente palestrante, um dinâmico chefe e membro de seminário e um ativo e às vezes carismático participante nos pequenos grandes dramas da vida. No entanto, aqueles que tiveram contato mais estreito com ele lembram-no mais pela capacidade de atrair verdadeira atenção, instigar conversas profundas e inspirar relacionamentos realmente afetuosos.

# Prefácio à edição brasileira de 1974

*Victor W. Turner*

Desde sua publicação em 1969, *O processo ritual* teve quatro reimpressões nos Estados Unidos e foi publicado ou está em vias de ser lançado em italiano, francês, japonês, em edições britânicas e esta brasileira. Estou lisonjeado pelo fato de o livro vir a público em língua portuguesa devido às substanciais contribuições etnográficas e teoréticas que vêm sendo dadas pelos antropólogos brasileiros no estudo dos camponeses e índios de seu país.

Apesar de *O processo ritual* ter sido escrito para antropólogos, parece ter chamado a atenção dos historiadores, psicólogos, críticos literários, liturgos e historiadores das religiões. É possível que sua ênfase sobre a sociedade como processo vital em que episódios marcados por considerações socioestruturais foram seguidos de fases caracterizadas por antiestrutura social (liminaridade e *communitas*) provou ser mais fácil a esses especialistas do que a orientação dada pelas tradicionais escolas de sociologia que persistem em equiparar o social com o socioestrutural. Liminaridade é a passagem entre *status* e estado cultural que foram cognoscitivamente definidos e logicamente articulados. Passagens liminares e "liminares" (pessoas em passagem) não estão aqui nem lá, são um grau intermediário. Tais fases e pessoas podem ser muito criativas em sua libertação dos controles estruturais, ou podem ser consideradas perigosas do ponto de vista da manutenção da lei e da ordem. A *communitas* é um relacionamento não estruturado que muitas vezes se desenvolve entre liminares. É um relacionamento entre indivíduos concretos, históricos, idiossincrásicos. Esses indivíduos não estão segmentados em funções e *status*, mas encaram-se como seres humanos totais. A dinâmica empregada no relacionamento contínuo entre estrutura social e antiestrutura social é a fonte de todas as instituições e problemas culturais. Arte, jogo, esporte, especulação e experimentação filosófica e científica medram nos ínterins reflexivos entre as posições bem-definidas e os domínios das estruturas sociais e sistemas culturais. Poder-se-ia dizer que, no cálculo do sociocultural, a *communitas* e a liminaridade representam os zeros e os mínus, sem os quais não é possível a um grupo social computar ou avaliar sua situação atual ou seu porvir num futuro calculável.

A dialética estrutura/antiestrutura é, na minha opinião, um universal cultural que não deve ser identificado com a relação entre cultura e natureza, ponto importante do pensamento de Claude Lévi-Strauss. Enquanto a *communitas* é um relacionamento entre seres humanos plenamente racionais cuja emancipação temporária de normas socioestruturais é assunto de escolha consciente, a liminaridade é muitas vezes, ela própria, um artefato (ou "mentefato") de ação cultural. O drama da estrutura e antiestrutura termina no palco da cultura. Este fato me animou a passar do estudo das culturas tribais para as que possuíam grandes tradições no campo das letras. As pessoas da floresta, do deserto e da tundra reagem aos mesmos processos como as pessoas das cidades, das cortes e dos mercados. As revoluções e reformas podem ser estudadas empregando-se a mesma terminologia que se usa para o estudo dos produtos (outputs) culturais das grandes e estáveis civilizações. *O processo ritual* é uma tentativa de compreender algo desse processo social total de interação e interdependência, bem como das disjunções, às vezes frutuosas, entre acontecimentos ordenados donde se origina o pensamento independente.

Chicago, maio de 1974

# Prefácio

*Alfred Harris**

Lewis Henry Morgan esteve vinculado à Universidade de Rochester desde que esta foi fundada. Ao morrer, ele legou à universidade seus originais, sua biblioteca e dinheiro para estabelecer uma faculdade feminina. Exceto por uma ala do atual edifício da residência para mulheres, que leva seu nome, nada havia lá em sua memória até que as Conferências Lewis Henry Morgan tiveram início.

A existência destas Conferências resultou de uma feliz combinação de circunstâncias. Em 1961, as famílias de Joseph R. e Joseph C. Wilson fizeram uma doação à universidade para ser usada, em parte, na área de Ciências Sociais. O Professor Bernard S. Cohn, então diretor do Departamento de Antropologia e Sociologia, sugeriu que as Conferências seriam uma digna homenagem a um grande antropólogo e uma maneira adequada de se utilizar uma parte daquela doação. Ele recebeu o apoio e a colaboração do Diretor (depois reitor) McCrea Hazlett, do Diretor Arnold Ravin e do Diretor-adjunto R.J. Kaufmann. Os detalhes das Conferências foram elaborados pelo Professor Cohn e os membros de seu departamento.

O planejamento inicial das Conferências Morgan previa três séries anuais, para 1963, 1964 e 1965, que teriam continuidade depois se as circunstâncias o permitissem. Considerou-se adequado no início que cada série se concentrasse num aspecto de especial relevância da obra de Morgan. Assim, as Conferências de 1963 do Professor Meyer Fortes trataram da questão do parentesco, o Professor Fred Eggan dedicou-se ao índio norte-americano e o Professor Robert M. Adams abordou uma faceta específica do desenvolvimento da civilização, concentrando-se na sociedade urbana. As conferências do Professor Eggan e do Professor Adams foram publicadas em 1966, e as do Professor Fortes deverão sair em 1969.

---

* Departamento de Antropologia da Universidade de Rochester.

As Conferências do Professor Turner abordaram aspectos que Morgan não tratou extensamente, e nesta revisão ele foi ainda além do que na edição original. Assim, ao apresentar pesquisas prontas e também instigantes investigações, Turner captou com precisão o espírito do modo de enfoque de Morgan, espírito que as Conferências se propõem a perpetuar.

Como já aconteceu em anos anteriores, na visita do Professor Turner houve muitas oportunidades para trocas informais de ideias com diversas personalidades do corpo docente e com alunos. Todos aqueles que participaram lembrarão com prazer da contribuição do Professor Turner para a vida do departamento durante a sua estada. Este livro se baseia em suas conferências originais, ministradas na Universidade de Rochester entre 5 e 14 de abril de 1966.

# Prólogo

*Victor W. Turner*

Os integrantes do crescente grupo de Conferencistas Morgan certamente devem recordar com entusiasmo os dias que passaram na Universidade de Rochester, sendo regiamente recebidos pelo Professor Alfred Harris e sua esposa e por seus hospitaleiros colegas, bem como desafiados e (às vezes) defendidos por um grupo de alunos que se mostraram tão vivazes quanto seria de se esperar num dia de primavera. Sou imensamente grato aos alunos e ao corpo docente por muitas sugestões interessantes que cuidei de incorporar neste livro.

Incluí três das quatro Conferências Morgan como os três primeiros capítulos do livro. Em lugar da outra conferência, mais naturalmente integrada a uma monografia sobre o simbolismo do ritual de caça ndembu, que estou preparando, acrescentei dois capítulos que lidam em especial com as noções de "liminaridade" e "communitas", expostas no capítulo 3. O livro divide-se em duas seções principais. A primeira lida principalmente com a estrutura simbólica do ritual ndembu e com a semântica dessa estrutura; a segunda, que começa aproximadamente na metade do terceiro capítulo, propõe-se a explorar algumas das propriedades sociais, mais do que simbólicas, da fase liminar do ritual. Presto aqui especial atenção a uma modalidade "extraestrutural" ou "metaestrutural" de inter-relação social que denomino *communitas*, bem como exploro mais em profundidade as vinculações que foram salientadas fora da antropologia – na literatura, na filosofia política e na prática de religiões complexas e "universalistas" – entre *communitas*, marginalidade estrutural e inferioridade estrutural.

Sou grato ao falecido Professor Allan Holmberg, então diretor do Departamento de Antropologia de Cornell, por ter reduzido minha carga horária docente enquanto eu escrevia as Conferências Morgan, e ao meu amigo Bernd Lambert por ter assumido muitas das minhas aulas naquele período.

O trabalho de revisão das Conferências Morgan e de redação dos novos capítulos foi realizado quando eu era membro da Sociedade de Humanidades da Universidade de Cornell. Gostaria de agradecer ao Professor Max Black, diretor da sociedade, bem como às demais autoridades, por terem me dado oportunidade para, livre de obrigações de ensino e administrativas, desenvolver as linhas de pensamento iniciadas na última Conferência Morgan. O brilhante embora sóbrio estilo de pensamento do Professor Black, sua perspicácia, sua amabilidade e sua simpatia foram dádivas deste ano de trabalho na sociedade. Além disso, é importante mencionar que sob os auspícios da sociedade eu pude efetuar um seminário interdisciplinar, com alunos de todos os níveis de instrução e com professores de diversos departamentos, no qual abordamos muitos dos problemas de "limiares, transições e margens" no ritual, no mito, na literatura, na política e nas ideias e práticas utópicas. Algumas das descobertas do seminário influenciaram os dois últimos capítulos do livro, ao passo que outras darão frutos posteriormente. Agradeço com imenso afeto a todos os membros do seminário, por suas contribuições críticas e criativas.

Pela dedicada e competente ajuda de secretaria ao longo das diversas fases do trabalho, eu gostaria de agradecer a Carolyn Pfohl, Michaeline Culver e Helen Matt, do escritório central do Departamento de Antropologia, e a Olga Vrana e Betty Tamminen, da Sociedade de Humanidades.

Como sempre, a ajuda e o apoio de minha esposa foram decisivos, no seu papel de editora e incentivadora.

Maio de 1968.

# 1
# Planos de classificação em um ritual da vida e da morte

**Morgan e a religião**

Devo dizer em primeiro lugar que, para mim, bem como para muitos outros, Lewis Henry Morgan foi um dos guias de meus dias de estudante. Tudo aquilo que escreveu trazia a marca de um espírito apaixonado e cristalino. Porém, aceitando o encargo de proferir as "Conferências Morgan" para o ano de 1966, senti-me imediatamente cônscio de uma profunda desvantagem, que poderia parecer mesmo paralisante. Morgan, ainda que tivesse registrado fielmente muitas cerimônias religiosas, tinha acentuada aversão a dar ao estudo da religião a mesma penetrante atenção que devotou ao parentesco e à política. No entanto, as crenças e práticas religiosas constituíam o assunto principal de minhas palestras. Duas citações salientam especialmente a atitude de Morgan. A primeira é tirada de sua fecunda obra clássica *Ancient Society* (1877): "O desenvolvimento das ideias religiosas está cercado por tão intrínsecas dificuldades que poderá vir a não receber nunca uma explicação plenamente satisfatória. A religião ocupa-se tão extensamente com a natureza imaginativa e emocional, por conseguinte com aqueles elementos incertos do conhecimento, que todas as religiões primitivas são grotescas e, até certo ponto, ininteligíveis" (p. 5). A segunda consiste em uma passagem pertencente ao estudo erudito sobre a religião de "Handsome Lake", de autoria de Merle H. Deardorff (1951). A referência, feita por Morgan, sobre o evangelho sincrético de "Handsome Lake", no livro *League of the Ho-de-no-sau-nee or Iroquois*, baseou-se em um conjunto de anotações feitas pelo jovem Ely Parker (um índio sêneca[1] que, mais tarde, tornou-se secretário militar do General Ulysses S. Grant), representando textos e tradução dos relatos do neto de Good Message, de Handsome Lake, em Tonawanda. Segundo palavras

---

1. Sêneca: parte do povo índio iroquês, habitante da região a oeste de Nova York [N.T.].

de Deardorff, "Morgan seguiu fielmente as anotações de Ely, relatando aquilo que Jimmy Johnson, neto do profeta, disse, mas desviou-se largamente dos comentários de Ely sobre a narrativa e acompanhamento do cerimonial" (p. 98; cf. tb. WILLIAM FENTON, 1941: 151-157).

A correspondência entre Morgan e Parker mostra que se Morgan tivesse mais cuidadosamente dado ouvidos a Ely, poderia ter evitado a crítica geral sobre o seu *League*, feita pelo índio sêneca, quando o leu: "Não há nada realmente errado no que ele diz, mas também não é o certo. Na realidade, ele não entende daquilo sobre o que está falando". Vejamos, então, o que o índio sêneca "na realidade" quer dizer com essas extraordinárias observações, que parecem ser dirigidas ao trabalho de Morgan sobre os aspectos religiosos, mais do que os políticos, da cultura do povo iroquês. Para mim, os comentários de sêneca referem-se à desconfiança de Morgan sobre o "imaginativo e o emocional", à sua relutância em admitir que a religião tem um importante aspecto racional, e à sua crença em que tudo quanto aparece como "grotesco" à consciência "evoluída" de um sábio do século XIX deve ser, *ipso facto*, em grande parte "ininteligíveis". Também denunciam nele uma relutância declarada, talvez podendo ser considerada como incapacidade, para fazer aquela exploração empática da vida religiosa dos iroqueses, o que seria uma tentativa para apreender e mostrar aquilo que Charles Hockett chamou de "visão interior" de uma cultura alheia. Tal procedimento teria podido tornar compreensíveis muitos dos componentes e inter-relações aparentemente bizarros dessa cultura. Sem dúvida, Morgan poderia ter meditado com benéfico resultado nas palavras de Bachofen (1960), dirigidas a ele numa carta: "Os estudiosos alemães propõem fazer com que a antiguidade seja inteligível, medindo-a de acordo com as concepções populares da época atual. Eles só veem a *si mesmos* nas criações do passado. Penetrar até a estrutura de uma mentalidade diferente da nossa é uma tarefa árdua" (p. 136). A respeito desta nota, o Professor Evans-Pritchard (1965b) comentou recentemente que "é, fora de dúvida, uma tarefa árdua, especialmente quando estamos lidando com assuntos difíceis, como a magia primitiva e a religião, nos quais é demasiado fácil, ao traduzir as concepções dos povos mais simples para as nossas próprias, transplantar nosso pensamento para o deles" (p. 109). Gostaria de acrescentar, a título de condição neste ponto, que, em matéria de religião, assim como de arte, não há povos "mais simples", há somente povos com tecnologias mais simples do que as nossas. A vida "imaginativa" e "emocional" do homem é sempre, e em qualquer parte do mundo, rica e complexa. Faz parte de minha incumbência exatamente mostrar quanto pode ser rico e complexo o simbolismo dos ritos tribais. Também não é inteiramente correto falar da "estrutura de uma mentalidade diferente da nossa". Não se trata de estruturas cognoscitivas diferentes, mas de uma idêntica estrutura cognoscitiva, articulando experiências culturais muito diversas.

Com o desenvolvimento da psicologia profunda clínica, por um lado, e do campo de trabalho profissional em antropologia, por outro, muitos produtos daquilo que Morgan chamou "natureza imaginativa e emocional" começaram a ser olhados com respeito e atenção, sendo pesquisados com rigor científico. Freud encontrou nas fantasias dos neuróticos, nas ambiguidades das imagens oníricas, no humor e no trocadilho, nas enigmáticas expressões orais dos psicóticos, indicações sobre a estrutura da psique normal. Lévi-Strauss, em seus estudos sobre os mitos e rituais das sociedades pré-letradas, captou, assim afirma ele, na estrutura intelectual subjacente dessas sociedades propriedades similares àquelas encontradas nos sistemas de determinados filósofos modernos. Muitos outros estudiosos e cientistas, da mais impecável estirpe racionalista, desde a época de Morgan, acharam que valia a pena dedicar décadas inteiras de sua vida profissional ao estudo da religião. Basta citar apenas Tylor, Robertson-Smith, Frazer e Herbert Spencer; Durkheim, Mauss, Lévy-Bruhl, Hubert e Herz; Van Gennep, Wundt e Max Weber, para confirmar o que digo. Trabalhadores de campo em antropologia, incluindo Boas e Lowie, Malinowski e Radcliffe-Brown, Griaule e Dieterlen, e um grande número de seus coetâneos e sucessores, trabalharam intensamente na área do ritual pré-letrado, fazendo observações meticulosas e exatas sobre centenas de atos, e registrando com dedicada atenção textos vernáculos de mitos e preces, tomados de especialistas em religião.

A maioria desses pensadores tomou a si a implícita posição teológica de tentar explicar, ou invalidar por meio de explicações, os fenômenos religiosos, considerando-os produto de causas psicológicas ou sociológicas dos mais diversos, e até conflitantes, tipos, negando-lhes qualquer origem sobre-humana; mas ninguém negou a extrema importância das crenças e práticas religiosas para a manutenção e a transformação radical das estruturas humanas, tanto sociais quanto psíquicas. Talvez o leitor se sinta aliviado com a declaração de que não tenho a intenção de penetrar na arena teológica, mas me esforçarei, tanto quanto possível, em limitar-me a uma pesquisa empírica de aspectos da religião e, de modo particular, em descobrir algumas das propriedades do ritual africano. Mais exatamente, tentarei, com temor e tremor, devido à minha alta estima por sua grande erudição e reputação em nossa disciplina, opor-me ao ocasional desafio de Morgan à posteridade, e demonstrar que os modernos antropólogos, trabalhando com os melhores instrumentos conceptuais legados a eles, podem agora tornar inteligíveis muitos dos enigmáticos fenômenos religiosos das sociedades pré-letradas.

## Estudos dos ritos da África Central

Comecemos pelo atento exame de alguns rituais executados pelo povo em cujo meio fiz um trabalho de campo durante dois anos e meio, o povo ndembu, do noroeste de Zâmbia. Tal como os iroqueses de Morgan, o povo ndembu é matrilinear, e combina a agricultura de enxada com a caça, à qual atribuem alto valor ritual. O povo ndembu pertence a um grande conglomerado de culturas da África Central e Ocidental, que associam considerável habilidade na escultura em madeira e nas artes plásticas a um complicado desenvolvimento do simbolismo ritual. Muitos desses povos têm ritos complexos de iniciação, com longos períodos de reclusão na floresta para treinamento de noviços em costumes esotéricos, frequentemente associados à presença de dançarinos mascarados, que retratam espíritos dos ancestrais ou deidades. Os ndembus, juntamente com seus vizinhos do norte e do oeste, os lundas de Katanga, os luvales, os chokwes e os luchazis, dão grande importância ao ritual; seus vizinhos do leste, os kaondes, os lambas e os ilas, embora pratiquem muitos rituais, parecem ter menos variedades distintas de ritos, um simbolismo menos exuberante, e não possuem cerimônias de circuncisão dos meninos. Suas diversas práticas religiosas são menos estreitamente unidas umas às outras.

Quando iniciei o trabalho de campo entre os ndembus trabalhei dentro da tradição estabelecida por meus predecessores, na utilização do Instituto Rhodes-Livingstone para Pesquisa Sociológica, localizado em Lusaka, capital administrativa da Rodésia do Norte (atual Zâmbia). Este era o mais antigo instituto de pesquisa estabelecido na África britânica, fundado em 1938, destinado a ser um centro onde o problema do estabelecimento de relações permanentes e satisfatórias entre nativos e não nativos devia constituir objeto de especial estudo. Sob a direção de Godfrey Wilson e de Max Gluckman, e, mais tarde, de Elizabeth Colson e de Clyde Mitchell, os pesquisadores do instituto fizeram estudos de campo sobre os sistemas políticos e jurídicos tribais, sobre relações de casamento e de família, aspectos da urbanização e migrações de trabalho, estrutura comparada das aldeias e sistemas ecológicos e econômicos tribais. Realizaram também boa quantidade de trabalho no traçado de mapas e classificaram todas as tribos da região que era, na época, a Rodésia do Norte em seis grupos, classificação feita de acordo com seus sistemas de descendência. Conforme Lucy Mair (1960) indicou, a contribuição do Instituto Rhodes-Livingstone para o delineamento de planos de ação, tal como a de outros institutos de pesquisa na África inglesa, não se reduz "à prescrição da ação apropriada a situações específicas", mas "principalmente à análise de situações, realizada de maneira tal que seus autores pudessem ver mais claramente as forças com as quais estavam lidando" (p. 89-106).

Entre essas "forças", o ritual tinha uma propriedade muito baixa no tempo em que comecei o trabalho de campo. Realmente, o interesse pelo ritual nunca foi grande entre os pesquisadores do Instituto Rhodes-Livingstone. O Professor Raymond Apthorpe (1961) assinalou que, das noventa e nove publicações do instituto, até aquela época, que tratavam de vários aspectos da vida africana durante os últimos trinta ou mais anos, só três tiveram por assunto o ritual (p. IX). Mesmo agora, anos mais tarde, das trinta e uma publicações do Rhodes-Livingstone –

curtas monografias sobre aspectos da vida das tribos da África Central – somente quatro ocupavam-se principalmente com o ritual, sendo duas delas de nossa autoria. Evidentemente, a atitude de Morgan com relação às "religiões primitivas" ainda persiste em muitas áreas. No entanto, o primeiro diretor do instituto, Godfrey Wilson, demonstrou profundo interesse pelo estudo do ritual africano. Sua mulher Monica Wilson (1954), com quem fez intensas pesquisas de campo sobre a religião do povo nyakyusa, da Tanzânia, e que publicou notáveis estudos sobre rituais, escreveu a propósito: "Os rituais revelam os valores no seu nível mais profundo [...] os homens expressam no ritual aquilo que os toca mais intensamente e, sendo a forma de expressão convencional e obrigatória, os valores do grupo é que são revelados. Vejo no estudo dos ritos a chave para compreender-se a constituição essencial das sociedades humanas" (p. 241).

Se o ponto de vista de Wilson é correto, como acredito que seja, o estudo dos ritos tribais figuraria certamente no espírito da aspiração inicial do instituto, que era "estudar [...] o problema do estabelecimento de relações permanentes satisfatórias entre nativos e não nativos", porque "relações satisfatórias" dependem de uma profunda compreensão mútua. Em contraste, o estudo da religião tem sido importante no trabalho dos institutos de pesquisa situados na África Oriental e Ocidental especialmente no período anterior à conquista da independência política e logo após a obtenção desta. Nas ciências sociais, em geral, acredito, está-se difundindo o reconhecimento de que as crenças e práticas religiosas são algo mais que "grotescas" reflexões ou expressões de relacionamentos econômicos, políticos e sociais. Antes, estão chegando a ser considerados como decisivos indícios para a compreensão do pensamento e do sentimento das pessoas sobre aquelas relações, e sobre os ambientes naturais e sociais em que operam.

## O trabalho de campo preliminar sobre o ritual ndembu

Tenho-me detido nesta "ausência de musicalidade religiosa" (para fazer uso da expressão que Max Weber aplicou a si mesmo, bastante injustificadamente) dos cientistas sociais de minha geração a respeito dos estudos religiosos, principalmente para sublinhar a relutância que senti, no início, em coligir dados sobre os ritos. Nos primeiros nove meses de trabalho de campo, acumulei consideráveis quantidades de dados sobre parentesco, estrutura da aldeia, casamento e divórcio, orçamentos individuais e familiares, política tribal e de aldeia, e sobre o ciclo da agricultura. Preenchi meus cadernos de anotações com genealogias; tracei as plantas das choças da povoação e coletei material de recenseamento; vagueei pelos arredores para conseguir termos de parentesco raros e descuidados. Sentia-me, no entanto, insatisfeito, como se estivesse sempre do lado de fora olhando para dentro, mesmo quando passei a fazer uso do vernáculo sem nenhuma dificuldade. Isto porque percebia constantemente o batuque dos tambores do ritual na vizinhança do meu acampamento, e as pessoas que conhecia despediam-se frequentemente de mim para passar dias assistindo a ritos de nomenclatura exótica, tais como *Nkula, Wubwang'u,* e *Wubinda.* Finalmente, fui forçado a reconhecer que, se de fato pretendia conhecer o que significava até mesmo um mero segmento da cultura ndembu, teria de vencer meus próprios preconceitos contra o ritual e começar a investigá-lo.

É verdade que já no início de minha estadia entre os ndembus tinha sido convidado por eles para assistir às frequentes realizações dos ritos de puberdade das moças (Nkang'a), e tentara descrever o que havia visto com a exatidão possível. Mas uma coisa é observar as pessoas executando gestos estilizados e cantando canções enigmáticas que fazem parte da prática dos rituais, e outra é tentar alcançar a adequada compreensão do que os movimentos e as palavras significam *para elas.* Para obter esclarecimentos recorri inicialmente à Agenda Distrital, uma compilação de apontamentos feitos ao acaso pelos oficiais da Administração da Colônia sobre fatos e costumes que lhes pareceram interessantes. Lá encontrei breves relatos sobre a crença dos ndembus em um deus supremo, em espíritos ancestrais e sobre diferentes espécies de ritos. Alguns eram relatos de cerimônias realmente assistidas, mas a maioria deles era baseada em informações de empregados do governo local, tais como mensageiros e funcionários de origem ndembu.

Eles, entretanto, dificilmente forneciam explicações satisfatórias sobre os longos e complicados ritos referentes à puberdade que tinha visto, embora me tenham dado algumas informações preliminares relativas a outras espécies de ritos que eu ainda não tinha visto.

Meu próximo passo foi conseguir uma série de entrevistas com um chefe chamado Ikelenge, excepcionalmente bem-dotado e que possuía um sólido conhecimento da língua inglesa. O chefe Ikelenge logo entendeu o que eu queria e deu-me um inventário dos nomes mais importantes de rituais ndembus, com um breve relato sobre as principais características de cada um deles. Logo descobri que os ndembus não se ressentiam, absolutamente, com o interesse de um estrangeiro por seu sistema ritual, e estavam perfeitamente preparados para admitir a presença em suas celebrações de qualquer pessoa que tratasse as crenças deles com o devido respeito. Pouco tempo depois o chefe Ikelenge convidou-me a assistir à execução de um ritual pertencente ao culto dos caçadores com armas de fogo, *Wuyang'a.* Durante essa execução compreendi que ao menos um conjunto de atividades econômicas, a saber, a caça, dificilmente seria entendido sem a *aquisição* do idioma ritual pertinente à caça. A acumulação dos símbolos, simultaneamente indicativos do poder de caçar e da virilidade, deu-me também a entender várias características da organização social ndembu, especialmente a acentuação da importância dos elos contemporâneos entre os parentes masculinos numa sociedade matrilinear, cuja continuidade estrutural era feita através das mulheres. Não quero deter-me agora no problema da ritualização do papel dos sexos, mas apenas salientar que certas regularidades observadas na análise dos dados numéricos, tais como genealogias da aldeia, recenseamentos e registros sobre a sucessão nos cargos e na herança de propriedades, só se tornavam plenamente inteligíveis à luz de valores encarnados se expressos em símbolos nas cerimônias rituais.

Havia limites, contudo, para o auxílio que o chefe Ikelenge estava capacitado a oferecer-me. Em primeiro lugar, sua posição e os múltiplos papéis inerentes a ela impediam-no de deixar a aldeia principal por muito tempo e suas relações com a missão local, de importância política para ele, eram excessivamente delicadas, numa situação em que os mexericos espalhavam as novidades com toda a rapidez, não lhe permitindo o luxo de assistir a muitas cerimônias pagãs. Além disso, minha própria pesquisa estava rapidamente se transformando numa investigação microssociológica do processo evolutivo da vida da aldeia. Mudei meu acampamento da capital do chefe para um conglomerado de aldeãos comuns. Ali, com o passar do tempo, minha família veio a ser aceita mais ou menos como uma parte da comunidade local, e, com os olhos abertos para a importância do ritual na vida dos ndembus, minha mulher e eu começamos a perceber muitos aspectos da cultura ndembu que tinham sido previamente invisíveis para nós por causa de nossos antolhos teóricos. Como disse Nadel, os fatos mudam com as teorias, e novos fatos produzem teorias novas.

Foi mais ou menos nessa época que li algumas observações no segundo artigo publicado pelo Instituto Rhodes-Livingstone, *The Study of African Society*, escrito por Godfrey e Monica Wilson (1939), no sentido de que, em muitas sociedades africanas onde o ritual é ainda um assunto de importância, há um certo número de especialistas religiosos aptos a interpretá-lo. Mais tarde, Monica Wilson (1957) escreveria que "qualquer análise que não se baseasse em alguma tradução dos símbolos usados pelo povo daquela cultura estaria exposta a suspeitas" (p. 6). Comecei, então, a procurar especialistas em ritual ndembu para gravar textos interpretativos fornecidos por eles sobre ritos que pude observar. Nossa liberdade de acesso às execuções e à exegese foi, sem dúvida, ajudada pelo fato de que, tal como acontece com a maior parte dos antropólogos em trabalho de campo, distribuíamos remédios, enfaixávamos ferimentos, e, no caso de minha mulher (que é filha de médico e mais corajosa nestes assuntos do que eu), injetávamos soro em pessoas mordidas por cobras. Uma vez que muitos dos cultos rituais dos ndembus são realizados em favor de doentes, e já que os remédios europeus são vistos como possuindo uma eficácia mística da mesma qualidade que os daquele povo, porém com uma potência maior, os especialistas em curas começaram a olhar-nos como colegas e a acolher com satisfação nossa presença nas suas atividades.

Lembro-me de ter lido nas *Missionary Traveis* do Dr. Livingstone que ele fazia questão de consultar os curadores locais sobre a condição dos pacientes e com isto contribuiu para o bom relacionamento com uma parte influente da população da

África Central. Seguimos seu exemplo, e isto pode ter sido uma das razões pelas quais nos foi permitido assistir às fases esotéricas de vários ritos e obter o que o inquérito-cruzado sugeria como sendo interpretações razoavelmente dignas de confiança de muitos dos símbolos empregados nos rituais. Ao dizer "dignas de confiança" quero dar a entender naturalmente que as interpretações eram, em conjunto, reciprocamente consistentes. Poder-se-ia de fato dizer que essas interpretações constituem a hermenêutica padronizada da cultura ndembu, e não de associações livres ou opiniões excêntricas de indivíduos. Também recolhemos interpretações de ndembus que não eram especialistas em rituais, ou, pelo menos, não eram especialistas no ritual diretamente em exame. A maioria dos ndembus, tanto homens quanto mulheres, eram membros pelo menos de uma associação de culto e dificilmente se encontrava uma pessoa mais velha que não fosse um *expert* no conhecimento secreto de mais de um culto. Deste modo, construímos gradualmente um corpo de dados de observação e de comentários interpretativos que, ao ser submetido à análise, começou a mostrar certas regularidades, das quais foi possível extrair uma estrutura, expressa num conjunto de padrões. Mais adiante consideraremos algumas das características desses padrões.

Durante todo esse tempo, nunca pedimos que um ritual fosse realizado exclusivamente para nosso proveito antropológico; não somos favoráveis a semelhante representação teatral artificial. Mas não havia carência de representações espontâneas. Uma de nossas maiores dificuldades era frequentemente decidir, em determinado dia, a qual de duas ou mais execuções assistiríamos. À medida que nos tornávamos cada vez mais parte do cenário da aldeia descobrimos que, com grande frequência, as decisões de executar o ritual estavam relacionadas com crises na vida social das aldeias. Escrevi alhures, com minúcias, sobre a dinâmica social das cerimônias rituais, e não pretendo fazer mais do que uma menção passageira a elas nestas conferências. Aqui lembrarei apenas que, entre os ndembus, existe uma conexão estreita entre conflito social e ritual, nos níveis de aldeia e "vizinhança" (termo que emprego para designar agrupamentos, descontínuos de aldeias), e que a multiplicidade de situações de conflito está correlacionada com uma alta frequência de execuções rituais.

## *Isoma*

Meu principal objetivo neste capítulo é explorar a semântica dos símbolos rituais no *Isoma,* um ritual dos ndembus, e construir, a partir de dados exegéticos e de observação, um modelo da estrutura semântica desse simbolismo. Primeiramente, é preciso prestar muita atenção ao modo pelo qual os ndembus explicam seus próprios símbolos. Meu procedimento consistirá em começar pelos aspectos particulares e chegar à generalização, dando conhecimento ao leitor de cada passo ao longo do caminho percorrido. Irei agora examinar de perto uma espécie de ritual que observei em três ocasiões e para o qual tenho uma quantidade considerável de material interpretativo. Espero a indulgência do leitor para o fato de ter que mencionar um grande número de termos vernaculares ndembus, porque uma importante parte da explicação dos símbolos dada pelos ndembus baseia-se no estudo de etimologias de *folk*. A significação de um dado símbolo é, muitas vezes, embora de modo algum invariavelmente, derivada pelos ndembus do nome a ele atribuído cuja acepção remonta a alguma palavra primitiva, ou étimo; muitas vezes um verbo. Os estudiosos mostraram que em outras sociedades bantos este é frequentemente um processo de estabelecer uma etimologia fictícia dependente da similaridade do som mais que da derivação a partir de uma origem comum. Não obstante, para o próprio povo o processo constitui parte da "explicação" de um símbolo ritual; e aqui estamos empenhados em descobrir "a visão interior ndembu", o modo como os ndembus sentem seu próprio ritual e o que pensam a respeito dele.

*Razões para a realização do Ritual Isoma*

O *Isoma* (ou *Tubwiza*) pertence a uma classe (*muchidi*) de rituais assim conhecidos pelos ndembus e identificados como "rituais das mulheres", ou "rituais de apropriação" sendo uma subclasse dos "rituais dos espíritos dos ancestrais", ou "sombras", termo que tomo emprestado a Monica Wilson. A palavra ndembu usada para designar "ritual" é *chidika*, que também significa "um compromisso especial" ou "uma obrigação". Isto se relaciona com a ideia de que o indivíduo tem a obrigação de venerar as sombras dos ancestrais, porque, como dizem os ndembus, "não foram elas que deram à luz ou geraram vocês?" Os rituais a que me refiro são de fato executados porque pessoas ou grupos incorporados deixaram de satisfazer essa obrigação. Seja por sua própria culpa ou como representante de um grupo de parentes, acredita-se que uma pessoa foi "apanhada" por uma sombra, como dizem os ndembus, e atormentada por uma desgraça, julgada apropriada ao sexo a que pertence e a seu papel social. A infelicidade adequada às mulheres consiste em alguma forma de interferência na capacidade de reprodução da vítima. Em caráter ideal, uma mulher que viva em paz com seus companheiros e se lembre dos parentes mortos deverá casar-se e ser mãe de "crianças espertas e encantadoras" (tradução de uma expressão ndembu).

Mas uma mulher que seja rixenta ou membro de um grupo dividido por brigas e que, simultaneamente, "esqueceu a sombra [da mãe morta, da avó materna ou de qualquer outra ancestral matrilinear morta] no fígado [ou, como diríamos nós, no 'coração']" corre o perigo de ter seu poder procriativo (*Lusemu*) "amarrado" (*kukasila*) pela sombra ofendida.

Os ndembus, que praticam a descendência matrilinear combinada com o casamento virilocal, vivem em aldeias pequenas e móveis. O efeito desse arranjo é que as mulheres, através de quem as crianças herdam a filiação primária de linhagem e residência, passam muito tempo do seu ciclo reprodutivo nas aldeias dos maridos e não nas dos parentes matrilineares. Não há regra fixa, como existe, por exemplo, entre os habitantes matrilineares das Ilhas Trobriand, segundo a qual os filhos das mulheres que vivem sob essa forma de casamento devem ir residir nas aldeias dos irmãos de suas mães e de outros parentes maternos ao atingirem a adolescência. Como consequência disto cada casamento fecundo se transforma, entre os ndembus, em uma arena de luta surda entre o marido de uma mulher e os irmãos dela, e os irmãos da mãe da esposa, com relação à filiação residencial. Havendo também um estreito laço entre uma mulher e seus filhos, isto significa habitualmente que, depois de um período curto ou longo, a mulher acompanhará os filhos a sua aldeia de filiação matrilinear. Meus dados numéricos sobre o divórcio entre os ndembus indicam que esses índices são os mais altos dentre todas as sociedades matrilineares da África Central, para as quais existem dados quantitativos dignos de confiança, e todas têm altos índices de divórcio. Já que com o divórcio as mulheres voltam aos seus parentes maternos – e *a fortiori* aos filhos que residem entre esses parentes – num sentido real a continuidade da aldeia, através das mulheres, depende da descontinuidade marital. Mas, enquanto uma mulher está residindo com o marido e com os filhos pequenos, cumprindo assim a norma desejada de que a mulher deve agradar ao marido, ela não está cumprindo outra norma igualmente desejada, a de que deveria contribuir com filhos para se tornarem simultaneamente membros de sua aldeia matrilinear.

É interessante notar que são as sombras de parentes femininos matrilineares diretos – as mães dos indivíduos ou avós maternas – as sombras encarregadas de afligir as mulheres com distúrbios reprodutivos, o que conduz à esterilidade temporária. A maior parte dessas vítimas está residindo com os maridos, quando os vaticínios decidem que foram apanhadas pela infertilidade ocasionada pelas sombras matrilineares. Elas foram apanhadas, assim dizem os ndembus, porque "se esqueceram" daquelas sombras que não só são suas ascendentes diretas, mas também as progenitoras imediatas de seus parentes maternos, que formam o grupo central de membros das aldeias, que não são as de seus maridos. Os ritos de cura, incluindo o *Isoma*, têm como uma de suas funções sociais a de "obrigá-las a se lembrarem" dessas sombras que são os nódulos estruturais de uma linhagem matrilinear residente no local. A esterilidade que essas sombras acarretam é considerada temporária, podendo ser afastada com a execução dos ritos apropriados. Quando a mulher se lembra da sombra que a aflige e, assim, do seu dever básico de fidelidade aos seus parentes matrilineares, a interdição sobre sua fertilidade cessará. Poderá continuar vivendo com o marido, mas com uma vívida consciência a respeito do lugar onde se situa a lealdade fundamental dela e dos seus filhos. A crise produzida por esta contradição entre as normas soluciona-se por meio de rituais ricos em simbolismo e férteis em significado.

*A forma processual*

O ritual *Isoma* participa, juntamente com outros cultos de mulheres, de um mesmo perfil diacrônico ou forma processual. Em cada um deles, uma mulher sofre de perturbações ginecológicas. Em tal caso ou o marido ou um parente matrilinear do sexo masculino procura um adivinho, que qualifica precisamente o tipo de aflição em que a sombra, como dizem os ndembus, "saiu da sepultura para apanhá-la". Dependendo do tipo de aflição, o marido ou o parente masculino serve-se de um médico (*chimbuki*), que "conhece os remédios" e os procedimentos rituais corretos para aplacar a sombra atormentadora, a fim de que atue como mestre de cerimônias no procedimento a ser realizado. Este médico, então, convoca outros médicos para ajudá-lo. Eles podem ser mulheres que já passaram por situação idêntica no mesmo tipo de ritual e assim ganharam acesso ao culto de cura, ou homens ligados de perto por parentesco matrilinear, ou por afinidade a uma paciente anterior. Os pacientes (*ayeji*) podem ser considerados como "candidatos" à qualidade de membros do culto, e os médicos como seus "peritos". Acredita-se que as sombras atormentadoras (*akishi*) tenham sido antigos peritos. A associação ao culto, deste modo, corta transversalmente a aldeia e a linhagem, colocando temporariamente em operação o que pode ser chamado "uma comunidade de sofrimento", ou melhor, de "antigos sofredores" do mesmo tipo de aflição que agora atinge a candidata doente. A associação num culto como o *Isoma* entrecorta até mesmo as fronteiras da tribo, porque membros de tribos cultural e linguisticamente aparentadas como os luvales, chokwes e luchazis, têm autorização de comparecer aos ritos *Isoma* dos ndembus, na qualidade de peritos e, como tal, de cumprir tarefas rituais. O perito "mais velho" (*mukulumpi*), ou "maior" (*weneni*) é geralmente um homem, mesmo para os cultos de mulheres, como o *Isoma*. Pois, como acontece na maioria das sociedades matrilineares, enquanto a colocação social é obtida através das mulheres, a autoridade fica nas mãos dos homens.

Os cultos das mulheres têm a tríplice estrutura diacrônica com que o trabalho de Van Gennep nos familiarizou. A primeira fase, chamada *Ilembi*, separa a candidata do mundo profano; a segunda, chamada *Kunkunka* (literalmente, "na cabana de capim"), parcialmente aparta-a da vida secular; enquanto a terceira, chamada *Ku-tumbuka*, é uma dança festiva, para celebrar o afastamento da interdição da sombra e a volta da candidata à vida normal. No *Isoma*, isto é assinalado quando a candidata dá à luz uma criança e chega a criá-la até o estágio dos primeiros passos.

*A exegese nativa dos símbolos*

O que foi dito é o bastante a respeito dos amplos cenários sociais e culturais do *Isoma*. Se quisermos penetrar agora na estrutura interna das ideias contidas neste ritual, temos de compreender como os ndembus interpretam os seus símbolos. Meu método é, assim, necessariamente o inverso daquele de inúmeros estudiosos que começam por extrair a cosmologia, que frequentemente se expressa em termos de ciclos mitológicos, e, então, passam a explicar rituais específicos como exemplos ou expressões de "modelos estruturais" que encontraram nos mitos. Os ndembus, porém, possuem muito poucos mitos e narrativas cosmológicas ou cosmogônicas. É, consequentemente, necessário começar pela outra extremidade, com os blocos básicos da construção, as "moléculas" do ritual. A estas chamarei "símbolos" e por enquanto evitarei envolver-me no longo debate sobre a diferença entre os conceitos de símbolo, signo e sinal. Já que esta aproximação preliminar parte de uma perspectiva "de dentro", façamos antes do mais um exame dos costumes dos ndembus.

No contexto ritual ndembu, quase todo objeto usado, todo gesto realizado, todo canto ou prece, toda unidade de espaço e de tempo representa, por convicção, alguma coisa diferente de si mesmo. É mais do que parece ser e, frequentemente, muito mais. Os ndembus têm noção da função simbólica ou expressiva dos elementos rituais. Um elemento ritual, ou unidade, é chamado *chijikijilu*. Literalmente esta palavra significa "ponto de referência", ou "marca". Seu étimo é *ku-jikijila*: "marcar uma pista" fazendo uma marca em uma árvore com uma machadinha ou quebrando um de seus galhos. Este termo é extraído originariamente do vocabulário técnico da caça, profissão fortemente envolvida por práticas e crenças rituais. *Chijikijilu* também significa uma "baliza", uma destacada característica da paisagem, tal como um formigueiro, que separa as hortas de um homem ou o domínio de um chefe do de outro. O termo tem assim dois significados principais: 1) como *marca de caçador*, representa um elemento de ligação entre um território conhecido e outro, desconhecido, pois é através de uma série dessas marcas que o caçador encontra o caminho de volta da mata estranha para a aldeia que lhe é familiar; 2) tanto como "marca" e quanto como "baliza" transmite a noção de algo estruturado e ordenado, opondo-se ao não estruturado e caótico. Já por isso seu uso ritual é metafórico: liga o mundo conhecido dos fenômenos sensoriais perceptíveis com o reino desconhecido e invisível das sombras. Torna inteligível o que é misterioso, e, também, perigoso. Um *chijikijilu* tem, além disso e simultaneamente, um componente conhecido e um desconhecido. Até certo ponto pode ser explicado, e há princípios de explicação à disposição dos ndembus. Tem um nome (*ijina*) e uma aparência (*chimwekeshu*), e ambos são utilizados como pontos de partida para a exegese (*chakulumbwishu*).

## O *nome* Isoma

Para começar, o próprio nome *Isoma* tem um valor simbólico. Meus informantes derivam-no de *ku-somoka*: "escorregar do lugar ou fixar". Esta designação tem múltipla referência. Em primeiro lugar, refere-se à condição específica que os ritos têm por finalidade dissipar. Uma mulher "apanhada no *Isoma*" é, muito frequentemente, uma mulher que teve uma série de gestações malogradas ou abortos. Julgam que a criança nascitura "escorregou" antes que chegasse a sua hora de nascer. Em segundo lugar, *ku-somoka* significa "abandonar o grupo a que o indivíduo pertence", talvez também com a mesma implicação de prematuridade. Este tema parece estar relacionado à noção de "esquecimento" das ligações matrilineares de uma pessoa. Discutindo a significação da palavra *Isoma*, diversos informantes mencionaram o termo *lufwisha*, como indicativo da condição da paciente. *Lufwisha* é um nome abstrato, derivado de *ku-fwisha*, por sua vez derivado de *ku-fwa*: "morrer". *Kufwisha* tem ao mesmo tempo um sentido genérico e um específico. Genericamente, significa "perder parentes por morte"; especificamente, "perder filhos". O nome *lufwisha* significa tanto "dar nascimento a uma criança morta" quanto "morte constante de crianças". Disse-me um informante: "Se sete crianças morrem, uma depois da outra, isto é *lufwisha*". *Isoma* é, por conseguinte, a manifestação de uma sombra que faz a mulher dar à luz uma criança morta ou leva à morte uma série de crianças.

## *A máscara* Mvweng'i

A sombra que emergiu no *Isoma* manifesta-se também de outros modos. Julga-se que aparece nos sonhos da paciente, vestida como um dos seres mascarados que participam dos ritos de circuncisão dos meninos (*Mukanda*). As mulheres acreditam que estes seres mascarados, conhecidos como *makishi* (no singular, *ikishi*), sejam sombras de antigos ancestrais. O que é conhecido como *Mvweng'i* usa um saiote de fibra (*nkambi*) como os noviços durante seu retiro depois da circuncisão e uma indumentária consistindo em muitos cordões feitos de tecido de casca de árvores. Carrega uma sineta de caça (*mpwambu*) usada pelos caçadores para se manterem em contato uns com os outros na mata densa ou para chamar os cães. É conhecido como "avô" (*nkaka*); aparece depois que as feridas da circuncisão cicatrizaram e é grandemente temido pelas mulheres. Se uma mulher toca no *Mvweng'i*, acredita-se que abortará. Um canto tradicionalmente entoado quando este *ikishi* aparece pela primeira vez perto da cabana onde os noviços estão reclusos na mata diz o seguinte:

>*Kako nkaka eyo nkaka eyo eyo nkaka yetu nenzi, eyo eyo, nkaka yetu, mwanta:*
>"Avô, ó avô, nosso avô chegou, nosso avô, o chefe;"
>*mbwemboye mbwemboye yawume-e*
>"a glande do pênis, a glande está seca,
>*mwang'u watulemba mbwemboye yawumi.*
>uma dispersão dos espíritos *tulemba,* a glande está seca".

A cantiga representa para os ndembus uma concentração do poder masculino, porque *nkaka* também significa "um possuidor de escravos", e um "chefe" possui muitos escravos. A secagem de glande é um símbolo da aquisição de um auspicioso *status* masculino de adulto e uma das finalidades dos ritos de circuncisão *Mukanda*, porque a glande de um menino não circuncidado é considerada úmida e podre e portanto de mau agouro, dentro do prepúcio. Os espíritos *tulemba*, exorcizados e aplacados em outro tipo de ritual, fazem as crianças adoecerem e definharem. *Mvweng'i* expulsa-os dos meninos. Acredita-se que as cordas do seu traje sirvam para "amarrar" (*kukasila*) a fertilidade feminina. Em resumo, ele é o símbolo da masculinidade amadurecida na sua mais pura expressão – e seus atributos de caça acentuam mais isto – e, como tal, é perigoso para as mulheres no seu papel mais feminino, o de mãe. Ora, é na figura de *Mvweng'i* que a sombra aparece à vítima. Mas aqui há certa ambiguidade de exegese. Alguns informantes dizem que a sombra se identifica com o *Mvweng'i*, outros, que a sombra (*makishi*) e o mascarado (*ikishi*) operam em conjunto. Os últimos dizem que a sombra desperta o *Mvweng'i* e atrai seu auxílio para afligir a vítima.

É interessante notar que a sombra é sempre o espírito de uma *parenta* morta, enquanto o *Mvweng'i* é como a masculinidade personificada. Esse motivo que estabelece a ligação do distúrbio reprodutivo com a identificação de uma mulher a um tipo de masculinidade é encontrado em outros pontos do ritual ndembu. Ele foi mencionado por mim em conexão com os ritos de cura de perturbações menstruais, em *The Forest of Symbols* (1967): "Por que, então, é a paciente identificada com derramadores de sangue, ao sexo masculino? O campo (social) desses objetos simbólicos e os elementos do comportamento sugerem que os ndembus sentem que a mulher, perdendo o sangue menstrual e não podendo gerar crianças, está ativamente renunciando ao papel que dela se espera como mulher casada e madura. Ela está se comportando como um assassino masculino (ou seja, um caçador, ou homicida) e não como uma nutridora feminina" (p. 42. Para uma análise mais completa dos ritos curativos *Nkula*, cf. TURNER, 1968: 54-87). A situação no *Isoma* não é diferente. Deve-se notar que nesses cultos a vítima é frequentemente identificada em vários episódios e simbolismos, com a sombra que a atormenta, podendo-se legitimamente afirmar que está sendo perseguida por uma parte ou aspecto de si mesma, projetada na sombra. Assim, segundo o pensamento ndembu, uma vítima curada no *Isoma* tornar-se-á ela própria uma sombra atormentadora depois da morte, e como tal se identificará com o poder masculino *Mvweng'i* ou ficará estreitamente reunida a ele.

Mas seria, todavia, errôneo considerar as crenças do *Isoma* apenas como expressão do "protesto masculino". Esta atitude inconsciente pode bem ser mais importante nos ritos *Nkula* do que no *Isoma*. A tensão estrutural entre descendência matrilinear e o casamento virilocal parece dominar o idioma ritual do *Isoma*. É porque a mulher se aproximou demasiadamente do "lado masculino" do casamento que suas parentas maternas mortas lhe enfraqueceram a fertilidade. A correta relação que deveria existir entre descendência e afinidade foi perturbada; o casamento veio a sobrepujar a matrilinhagem. A mulher foi chamuscada pelos perigosos fogos da sacralidade masculina. Uso esta metáfora porque os próprios ndembus a empregam: se as mulheres veem as chamas da cabana de reclusão dos meninos quando esta é queimada depois do ritual da circuncisão, é crença que elas ficarão listradas como se fossem atingidas pelas chamas ou tomarão a aparência da zebra (*ng'ala*), poderão apanhar lepra ou, noutros casos, enlouquecerão ou tornar-se-ão abobalhadas.

## *As finalidades do* Isoma

Entre as finalidades implícitas do *Isoma* incluem-se a restauração da correta relação entre matrilinearidade e casamento, a reconstrução das relações conjugais entre mulher e marido e finalmente a fertilidade da mulher; por conseguinte, do casamento e da linhagem. Conforme os ndembus explicam, a finalidade explícita dos ritos está em dissipar os efeitos daquilo que chamam *chisaku*. Em sentido lato, *chisaku* indica "infortúnio ou doença, devidos ao descontentamento das sombras ancestrais ou à quebra de um tabu". Mais especificamente, indica também uma maldição proferida por uma pessoa viva para açular uma sombra, podendo incluir remédios especialmente feitos para causar danos a um inimigo. No caso do *Isoma*, o *chisaku* é de qualidade especial. Acredita-se que um parente matrilinear da vítima tenha ido até a nascente (*kasulu*) de um riacho situado na vizinhança da aldeia de seus parentes maternos, e lá tenha rogado uma praga (*kumushing'ana*) contra ela. O efeito desta praga é "despertar" (*ku-tonisha*) uma sombra que tenha sido outrora membro do culto *Isoma*. Como disse um informante (e traduzo literalmente):

> No *Isoma* eles degolam um galo vermelho. Isto representa o *chisaku*, ou a desgraça em virtude da qual as pessoas morrem e deve, então, desaparecer (*chisaku chafwang'a antu, chifumi*). O *chisaku* é morte, que não deve acontecer à paciente; é doença (*musongu*), que não deve vir para ela; é sofrimento (*ku-kabakana*), e este sofrimento vem do rancor (*chitela*) de um feiticeiro (*mutoji*). Uma pessoa que amaldiçoa outra com a morte tem um *chisaku*. O *chisaku* é proferido junto à fonte de um rio. Se uma pessoa passa por lá e pisa nela (*ku-dyata*) ou cruza por sobre ela (*ku-badyika*), a má sorte (*malwa*) ou o insucesso (*kuhalwa*) a acompanharão em qualquer lugar para onde for. Adquiriu-a naquele lugar, na fonte

do riacho, e deve ser tratada (*ku-uka*) lá. A sombra do *Isoma* surgiu como resultado desta praga, e vem sob a forma do *Mvweng'i*.

Como o leitor pode notar, há em tudo isto um forte colorido de feitiçaria. Diferentemente de outros tipos de mulheres, o *Isoma* não é executado apenas para aplacar uma única sombra, mas também destina-se a exorcizar influências místicas malignas que emanam não só dos vivos como dos mortos. Existe aqui uma terrível combinação de feitiço, sombra e *Ikishi Mvweng'i* que se deve enfrentar. Os ritos abrangem referências simbólicas a todas essas influências. É significativo que um parente matrilinear seja considerado a causa precipitadora da doença, o estimulador dessas duas séries de seres ancestrais, um próximo, outro remoto, o *Mvweng'i* e a sombra feminina. É também significativo que os ritos sejam realizados, sempre que possível, perto da aldeia habitada pelos parentes matrilineares da vítima. Além disso, ela fica parcialmente reclusa depois nesta aldeia por um tempo considerável, e o marido deve residir com ela em caráter uxorilocal durante aquele período. Parece haver alguma ambiguidade nos relatos dos meus informantes sobre a interpretação da praga desencadeadora. Acredita-se que esta cheira a feitiçaria e, em consequência, é "má", mas ao mesmo tempo a maldição pode ser parcialmente justificada pelo esquecimento por parte da vítima das suas ligações matrilineares tanto passadas como presentes. Os ritos em parte têm a finalidade de efetuar uma reconciliação entre as partes em jogo, visíveis e invisíveis, embora também contenham episódios de exorcismo.

## A preparação do local sagrado

Julgamos suficiente o que foi dito sobre as estruturas sociais e as crenças principais subjacentes ao *Isoma*. Passemos agora aos ritos propriamente ditos e consideremos as interpretações dos símbolos na ordem em que ocorrem. Estas interpretações ampliarão nossa imagem da estrutura da crença, pois os ndembus que, como já disse, têm notavelmente poucos ritos compensam esta escassez pela riqueza de uma detalhada exegese. Não há atalhos, através do mito e da cosmologia, para se chegar à estrutura – no sentido de Lévi-Strauss – da religião ndembu. Temos de proceder esmiuçadamente e pouco a pouco, de "marca" a "marca", de "baliza" a "baliza", se quisermos seguir adequadamente o modo nativo de pensar. Somente quando o caminho simbólico do desconhecido para o conhecido estiver completo é que poderemos olhar para trás e compreender sua forma final.

Como acontece com todos os ritos dos ndembus, o modelo de procedimento, em cada caso específico, é estabelecido pelo adivinho originariamente consultado sobre a moléstia da vítima. É ele quem declara que a mulher perdeu uma série de filhos por aborto ou morte na infância, infortúnios resumidos no termo *lufwiska*. É ele quem decreta que os ritos devem começar no buraco ou na toca de um rato gigante (*chitubá*) ou de um tamanduá (*mfuji*). Por que faz ele esta prescrição um tanto estranha? Os ndembus explicam-na da seguinte maneira: ambos esses animais tapam suas tocas depois de escavá-las. Cada um deles é um símbolo (*chijikijilu*) para a manifestação da sombra do *Isoma*, que escondeu a fertilidade (*lusemu*) da mulher. Os peritos do médico devem abrir a entrada bloqueada da toca e assim devolver-lhe, simbolicamente, a fertilidade e também torná-la capacitada a criar bem os seus filhos. O adivinho decide em cada caso qual dessas espécies animais escondeu a fertilidade. A toca deve ficar próxima à fonte do riacho onde foi rogada a praga. O pronunciamento de uma maldição é comumente acompanhado pelo enterro de "remédios", em geral comprimidos (*ku-panda*), dentro de um pequeno chifre de antílope. Baseado em conhecimento de outros ritos dos ndembus, suspeito fortemente que esses remédios são escondidos perto da nascente do rio. A toca do animal estabelece o ponto referencial de orientação para a estrutura espacial do lugar sagrado. Os ritos aqui discutidos são os "ritos de separação" conhecidos como *ku-lembeka* ou *ilembi*, termo ndembu materialmente correlacionado com os modos de utilização dos remédios ou com os recipientes destes, de emprego destacado em algumas espécies de cultos de mulheres, e etimologicamente com *ku-lemba*, "suplicar, pedir perdão, ou ficar arrependido". A noção de propiciação é muito importante neles, porque os médicos estão em parte implorando, em favor da paciente junto às sombras e às outras entidades preter-humanas, a devolução da maternidade.

Em todos os ritos *ilembis*, um dos primeiros passos compete aos peritos do médico praticar: guiados pelo mais velho, ou "mestre de cerimônias", consiste em ir à floresta para recolher os remédios que servirão mais tarde no tratamento da paciente. Este episódio é conhecido como *ku-lang'ula* ou *ku-hukula yitumbu*. No *Isoma*, antes de ser dado este passo, o marido da paciente, se for casada, constrói para uso dela uma pequena choça redonda de capim, para o período de reclusão subsequente, fora do anel formado pela dúzia ou pouco mais de cabanas que constituem uma aldeia ndembu. Tal cabana (*nkunka*) é feita também para moças submetidas à reclusão depois dos ritos da puberdade, e a choça do *Isoma* é explicitamente comparada a essa. A paciente é como uma noviça. Da mesma forma como uma noviça na puberdade "cresce" até tornar-se mulher, de acordo com o modo de pensar dos ndembus, assim também a candidata do *Isoma* deverá crescer de novo para tornar-se uma mulher fértil. Tudo aquilo que foi destruído pela praga tem de ser outra vez refeito, embora não exatamente do mesmo modo, pois as crises da vida são irreversíveis. Existe analogia, mas não réplica.

Um galo vermelho fornecido pelo marido e uma franga branca fornecida pelos parentes matrilineares da paciente são, então, recolhidos pelos peritos, que se dirigem para determinada fonte do riacho onde a adivinhação previamente tenha indicado que a maldição foi feita. Examinam cuidadosamente o terreno, à procura de sinais da toca de um rato gigante ou da toca de um tamanduá. Quando a encontram, o perito mais velho dirige-se ao animal da seguinte maneira: "rato gigante (ou tamanduá), se é você que mata crianças, devolva agora a fertilidade à mulher para que ela possa criar bem os filhos". Neste ponto o animal parece representar toda a "troika"[2] das forças atormentadoras – o feiticeiro, a sombra, e o *ikishi*. A tarefa seguinte consiste em amarrar dois molhos de capim: um sobre a entrada vedada da toca, o outro mais ou menos a um metro e vinte centímetros sobre o túnel feito pelo animal. A terra abaixo deles é removida com uma enxada e o perito mais velho e seu principal assistente masculino começam a cavar ali buracos profundos, conhecidos como *makela* (no singular *ikela*), termo reservado para cavidades que servem a finalidades mágico-religiosas. Depois, duas fogueiras são acesas a uma distância de cerca de três metros dos buracos, mais próximas do segundo que do primeiro. Diz-se que uma fogueira está situada "do lado direito" (isto é, olhando-se da toca do animal para a cavidade nova) e é reservada para o uso dos peritos do sexo masculino; o outro, situado "do lado esquerdo", é para as mulheres. O especialista mais velho coloca então um pedaço de cabaça quebrada perto da primeira cavidade na entrada da toca, e os peritos do sexo feminino, guiados pela mãe da paciente, caso seja ela própria conhecedora, colocam na cabaça algumas porções de raízes comestíveis, trazidas de suas roças, inclusive rizomas de mandioca e tubérculos de batata-doce. No idioma ritual, representam "o corpo" (*mujimba*) da paciente. É significativo que sejam fornecidas por mulheres, principalmente por mulheres da matrilinhagem da paciente.

Depois que o perito mais velho e seu mais importante assistente masculino iniciaram a escavação, passam as enxadas para outros conhecedores masculinos, que continuam a escavar os buracos, até que atinjam a profundidade de um metro e vinte a um metro e oitenta centímetros. A entrada da toca é conhecida como "o buraco do rato gigante" (ou "tamanduá"), a outra, como "o buraco novo". O animal é conhecido como "feiticeiro" (*mu-*

---

2. Troika: palavra russa, significando: 1) veículo russo puxado por três cavalos emparelhados; 2) grupo de três pessoas, ou de três coisas, intimamente relacionadas [N.T.].

*loji*) e diz-se que a entrada da toca é "quente" (-*tata*). O outro buraco é chamado *ku-fomwisha*, ou *ku-fomona*, palavras que significam, respectivamente, "acalmar" e "domesticar". Quando atingem a profundidade apropriada, os peritos começam a cavar um em direção ao outro, até se encontrarem a meio caminho, tendo completado um túnel (*ikela dakuhanuka*). Este deve ser bastante largo para que uma pessoa possa passar por ele. Outros peritos quebram ou curvam galhos de árvores, formando um grande círculo ao redor do cenário inteiro da atividade do ritual para criar um espaço sagrado, que rapidamente completa a estrutura. Cingir algo numa forma circular é um tema persistente do ritual ndembu. É geralmente acompanhado pelo processo de fazer uma clareira (*mukombela*) com enxada. Deste modo, um pequeno reino de ordem é criado no meio disforme da floresta. O círculo é conhecido como *chipang'u*, termo que é também usado para a cerca construída ao redor da residência do chefe e de sua choça dos remédios.

**A coleta dos remédios**

Enquanto os conhecedores mais moços preparam o local sagrado, o perito mais velho e seu assistente principal vão à floresta vizinha à procura de remédios. Estes são recolhidos de diferentes espécies de árvores, cada uma das quais tem um valor simbólico derivado dos atributos e finalidades do *Isoma*. Na maioria dos rituais dos ndembus há considerável coerência nos grupos de remédios usados nas diferentes execuções da mesma espécie de ritual, mas nos ritos *Isoma* a que assisti havia grande variação de uma realização a outra. A primeira árvore da qual são tiradas algumas partes para remédio (*yitumbu*) é sempre chamada *ishikenu*, e é junto dela que se faz a invocação, seja à sombra atormentadora, seja à própria espécie de árvore, cujo poder (*ng'ovu*) diz-se que é "acordado" (*ku-tona*) pelas palavras a ele dirigidas. Em uma execução a que assisti, o perito mais velho foi até uma árvore *kapwipu* (*Swartzia madagascariensis*), utilizada pela resistência da madeira. A resistência representa a saúde e o vigor (*wukolu*) desejados para a paciente. O indivíduo competente mais velho limpou a base da árvore das ervas daninhas com a enxada do ritual, colocou em seguida os pedaços dos tubérculos comestíveis, representando o corpo da paciente, no espaço limpo (*mukombela*) e falou o seguinte: "Quando esta mulher esteve grávida antes, seus lábios, olhos, palmas das mãos e solas dos pés ficaram amarelos [um sinal de anemia]. Agora ela está grávida de novo. Desta vez, faça com que ela fique forte, a fim de que possa dar à luz uma criança viva, que cresça saudável". O médico, em seguida, cortou com sua machadinha clínica pedaços da casca de uma outra árvore da mesma espécie, e os colocou em sua cabaça quebrada. Depois disto, prosseguiu cortando pedaços de cascas de dezesseis espécies de árvores³.

Uma discussão do significado de cada uma dessas árvores tomaria muito tempo. E é suficiente dizer que muitos ndembus podem atribuir a elas não somente uma única significação, mas, em alguns casos (como *musoli, museng'u* e *mukombukombu*), várias conotações a uma só espécie. Algumas destas são usadas em muitos e diversos tipos de rituais e na prática do herbolário (onde, contudo, diferentes tipos de ligações associativas são utilizadas, desde as empregadas no ritual, na dependência mais do gosto ou do cheiro do que das propriedades naturais e da etimologia). Algumas (por exemplo, *kapwipu, mubang'a*) são usadas porque têm madeira rija (de onde, "fortalecimento"), outras (por exemplo, *mucha, musafwa, mufung'u, museng'u, musoli* e *mubulu*), porque são árvores frutíferas, representando a intenção do ritual de fazer com que a paciente seja fértil ainda uma vez. Mas todas partilham da importante propriedade ritual de que delas não se pode tirar cordões de casca, por isto "amarraria" a fertilidade da paciente. Neste sentido, devem ser todas consideradas como remédios contra-*Mvweng'i*, pois, como recordará o leitor, a indumentária dele é feita de cordões de casca, o que é fatal para a procriação nas mulheres.

Não posso abster-me, contudo, de mencionar com mais detalhes um conjunto menor de remédios *Isoma* referentes a outra cerimônia, porque a interpretação que os nativos lhe dão lança luz sobre muitas das ideias subjacentes a esse ritual. No presente caso os médicos foram em primeiro lugar a uma árvore *chikang'anjamba* ou *chikoli* (*Strychnos spinosa*). Eles a descrevem como o *mukulumpi*, "o mais velho" ou "o mais antigo" dos remédios. Depois de invocar seus poderes, tomam uma porção de uma das raízes e algumas folhas. *Chikang'anjamba* significa "o elefante fracassa" (em arrancá-la) por causa de sua resistência e dureza. O outro nome, *chikoli*, derivam-no de *kukola*, "ser forte, saudável ou firme", designação que está de acordo com sua extrema resistência e durabilidade. Esta mesma árvore fornece remédio para os ritos de circuncisão, acreditando-se conferir aos noviços excepcional virilidade. No *Isoma,* seu uso acentua a conexão entre estes ritos e os *Mukanda,* os ritos de circuncisão, embora seja também um remédio específico contra a fraqueza – e em muitos casos a anemia – da paciente. A com-

---

3. Mubang'a (Afrormosia angolensis), mulumbulumbu, mucha (Parinari mobola), musesi wehata (Erythrophloeum africanum), musesi wezenzela (Burkea africana), mosafwa, mufung'u (Anissophyllea fruticulosa ou boehmii), katawubwang'u, musoli (Vangueriopsis lanciflora), kayiza (Strychnos stuhlmannii), wunjimbi museng'u (Ochna pulchra), wupembi, muleng'u (Uapaca spesies), mukombukombu (tricalysia angolensis), e mubulu.

paração dos remédios predominantes nessas duas intervenções mostra que o mesmo princípio, ou ideia, pode ser expressão em diferentes símbolos. O remédio predominante da primeira intervenção, *kapwipu*, é também uma árvore robusta, da qual frequentemente é tirado o ramo bipartido que forma o elemento central dos santuários erigidos às sombras dos caçadores, considerados como "homens viris e rijos". Estas árvores dos santuários, quando se lhes tiram as cascas, são excepcionalmente resistentes à ação dos térmites e de outros insetos. O cozimento das folhas e da casca da *kapwipu* é também usado como afrodisíaco.

O segundo remédio colhido nesta operação revela outro tema do ritual ndembu: o de representar o estado não auspicioso da paciente. É a árvore *mulendi* que tem uma superfície muito escorregadia, fazendo os trepadores escorregarem com facilidade (*ku-selumuka*) e cair. Do mesmo modo, os filhos da paciente tiveram a tendência a "escorregar" prematuramente. Mas o "polimento" (*kusenena*) dessa árvore também tem valor terapêutico e este lado de sua significação é importante em outros ritos e tratamentos, porque seu uso faz com que a "doença" (*musong'u*) escorregue da paciente[4]. É, de fato, comum que os símbolos dos ndembus, em todos os níveis de simbolismo, expressem simultaneamente um estado auspicioso e outro não auspicioso. Por exemplo, o próprio nome *Isoma*, significando "escorregar", representa ao mesmo tempo estado indesejável da paciente e o ritual para curá-lo.

Aqui encontramos outro princípio ritual, expresso pelo termo ndembu *ku-solola*: "fazer aparecer, ou revelar". Aquilo que se torna sensorialmente perceptível na forma de um símbolo (*chijikilu*) passa a ser, desse modo, acessível à ação propositada da sociedade, operando através de seus especialistas religiosos. É o "oculto" (*chamusweka*) que é "perigoso" ou "nocivo" (*chafwana*). Assim, dizer o nome de um estado não auspicioso já é meio caminho para removê-lo. Corporificar a ação invisível de feiticeiros e sombras em um símbolo visível ou tangível é um grande passo no sentido de remediá-la. Isto não está muito longe da prática do moderno psicanalista. Quando algo é apreendido pelo espírito, quando se torna um objeto capaz de ser pensado, pode ser enfrentado e dominado. É interessante notar que o próprio princípio da revelação está corporificado num símbolo medicinal ndembu, usado no *Isoma*. É a árvore *musoli* (cujo nome deriva, segundo os informantes, de *ku-solola*), da qual são tiradas também as folhas e pedaços da casca. Ela é largamente usada no ritual ndembu, estando seu nome ligado às suas propriedades naturais. Produz grande quantidade de pequenos frutos, que caem no chão e atraem para fora do esconderijo várias espécies de

---

4. Cf. tb. Turner, 1967: 325-326.

animais comestíveis que podem, então, ser mortos pelo caçador. Ela, literalmente, "faz com que eles apareçam". Nos cultos de caça, seu emprego como remédio destina-se a fazer os animais aparecerem (*ku-solola anyama*) ao, até então, infeliz caçador. Nos cultos relativos às mulheres, é usada para "fazer as crianças aparecerem" (*ku-solola anyana*) a uma mulher estéril. Como em tantos outros casos, há na semântica deste símbolo a união da ecologia e do intelecto, cujo resultado é a materialização de uma ideia.

Voltemos à coleta de remédios. Os médicos em seguida coletam raízes e folhas de uma árvore *chikwata* (*Zizyphus mucronata*), espécie em cujo significado terapêutico a etimologia ainda uma vez se combina com as características naturais. A *chikwata* tem "fortes espinhos" que "pegam" (*ku-kwata*) ou agarram quem passa junto dela. Diz-se que representa tanto o "vigor" quanto, por seus espinhos, é capaz de "cortar a enfermidade". Eu poderia, se o tempo permitisse, estender-me sobre o tema ritual de "pegar" ou "agarrar", expresso em muitos símbolos. Invade a linguagem do simbolismo da caça, como era de esperar, mas é também exemplificado na frase "pegar uma criança" (*ku-kwata mwana*), que significa "dar nascimento", mas passarei à espécie medicinal seguinte, da qual são tiradas porções, a *musong'a-song'a* (*Ximenia caffra*), também uma árvore de madeira dura, proporcionando, assim, saúde e fortalecimento; igualmente derivada por etimologia popular de *ku-songa*: "vir a dar fruto, ou criar frutos", termo metaforicamente aplicado a dar nascimento a crianças, tal como acontece com a *ka-song'anyana*. A árvore *muchotuhotu* (*Canthium venosum*) é usada como remédio "por causa de seu nome". Os ndembus derivam-no de *ku-hotomoka*: "cair de repente", como um ramo ou fruto. O estado não auspicioso, espera-se, cessará repentinamente após a aplicação dela. A seguir, o remédio é tirado da árvore *mutunda*, nome derivado de *ku-tunda*, significando "ser mais alta do que as que estão em volta". No *Isoma* ela representa o bom crescimento de um embrião no útero e o desenvolvimento exuberante e contínuo da criança daí em diante. *Mupapala* (*Anthocleista species*) é o nome da espécie medicinal seguinte e uma vez mais temos a representação do estado não auspicioso da paciente. Os ndembus derivam seu nome de *kupapang'ila*, que significa "perambular confusamente", em que a pessoa saiba onde está. Um informante explica-o do seguinte modo: "Uma mulher vai, de um lado para outro, sem ter filhos. Não deve fazer isto. É por esta razão que talhamos o remédio *mupapala*". Por trás dessa ideia e da ideia de "escorregar" está a noção de que é bom e apropriado que as coisas se fixem no lugar adequado e as pessoas façam o que lhes é conveniente fazer na sua fase da vida e segundo sua posição na sociedade.

Em outra representação do *Isoma*, o remédio principal, ou símbolo dominante, não foi uma árvore de espécie particular, mas qualquer árvore cujas raízes estivessem totalmente expostas à vista. Tal árvore é chamada *wuvumbu*, derivada do verbo *ku-vumbuka*, significando "estar desenterrado e sair do esconderijo", como, por exemplo, um animal caçado. Assim, um informante esboçou o significado dela dizendo o seguinte: "Usamos a árvore *wuvumbu* para trazer qualquer coisa à superfície. Do mesmo modo, tudo no *Isoma* deve ser claro" (*-lumbuluka*). Trata-se de outra variante do tema da "revelação".

*Os remédios frios ou quentes: abertura da morte e da vida*

Às vezes, uma porção de madeira é retirada de uma árvore podre caída. Esta, mais uma vez, representa *musong'u* da paciente ou seu estado de doença, de tormento. Equipados com esse arsenal de remédios revigorantes, fecundadores, reveladores, clarificantes, doadores de saúde e fixadores, alguns dos quais, além disso, representam a espécie de padecimento da paciente, os peritos voltam ao lugar sagrado, onde o tratamento será feito. Completam agora os preparativos que conferem àquele espaço consagrado sua estrutura visível. As folhas e os fragmentos de casca medicinais são triturados por uma especialista do sexo feminino num almofariz destinado ao preparo de refeições. São, em seguida, molhados com água e o remédio liquefeito é dividido em duas porções. Uma delas é colocada num grande e grosso pedaço de casca (*ifunvu*), ou dentro de um caco de louça de barro (*chizanda*), sendo então aquecida no fogo aceso exatamente do lado de fora do buraco cavado através da entrada da toca da ratazana gigante ou do tamanduá. A outra porção é derramada fria dentro de um *izawu*, termo que se refere tanto a um vaso de barro quanto a uma gamela para remédio, ou dentro de uma cabaça quebrada, sendo esta colocada perto da "nova cavidade" (cf. figura 1). Segundo um informante, as cavidades representam "sepulturas" (*tulunga*) e poder procriativo (*lusemu*); em outras palavras, túmulo e útero. O mesmo informante continua:

> A *ikela* (cavidade) do calor é a *ikela* da morte. A *ikela* fria é vida. A *ikela* da ratazana é a *ikela* da desgraça ou rancor (*chisaku*). A *ikela* nova é a *ikela* do fazer bem (*kuhandisha*) ou da cura. Uma *ikela* localiza-se na nascente de um riacho ou perto dela; representa *lusemu*, a capacidade de procriar. A nova *ikela* deve soprar para longe da paciente (*muyeji*). Desta maneira as coisas ruins a abandonarão. O círculo de árvores quebradas é um *chipang'u*. [Este é um termo com múltiplos significados que representa (1) um cercado; (2) um cercado ritual; (3) um pátio cercado, ao redor da morada do chefe e da cabana dos remédios; (4) um círculo ao redor da lua.] A mulher com *lufwisha* [isto é, que perdeu três ou quatro crianças natimortas ou por mortalidade infantil] deve entrar no buraco da

vida e passar através do túnel para o buraco da morte. O médico mais importante asperge-a com o remédio frio, enquanto seu assistente borrifa-a com o remédio quente.

Figura 1  *Isoma*: a cena do ritual. O casal a ser tratado senta-se na cavidade "quente" de um túnel, representando a passagem da morte para a vida. Um médico cuida do fogo medicinal situado atrás do casal. Uma cabaça de remédios frios está colocada em frente da cavidade "fria", podendo-se ver a entrada do túnel. Os médicos esperam aí os pacientes surgirem.

## Representação esquemática do simbolismo espacial do ritual Isoma (Chipang'u)

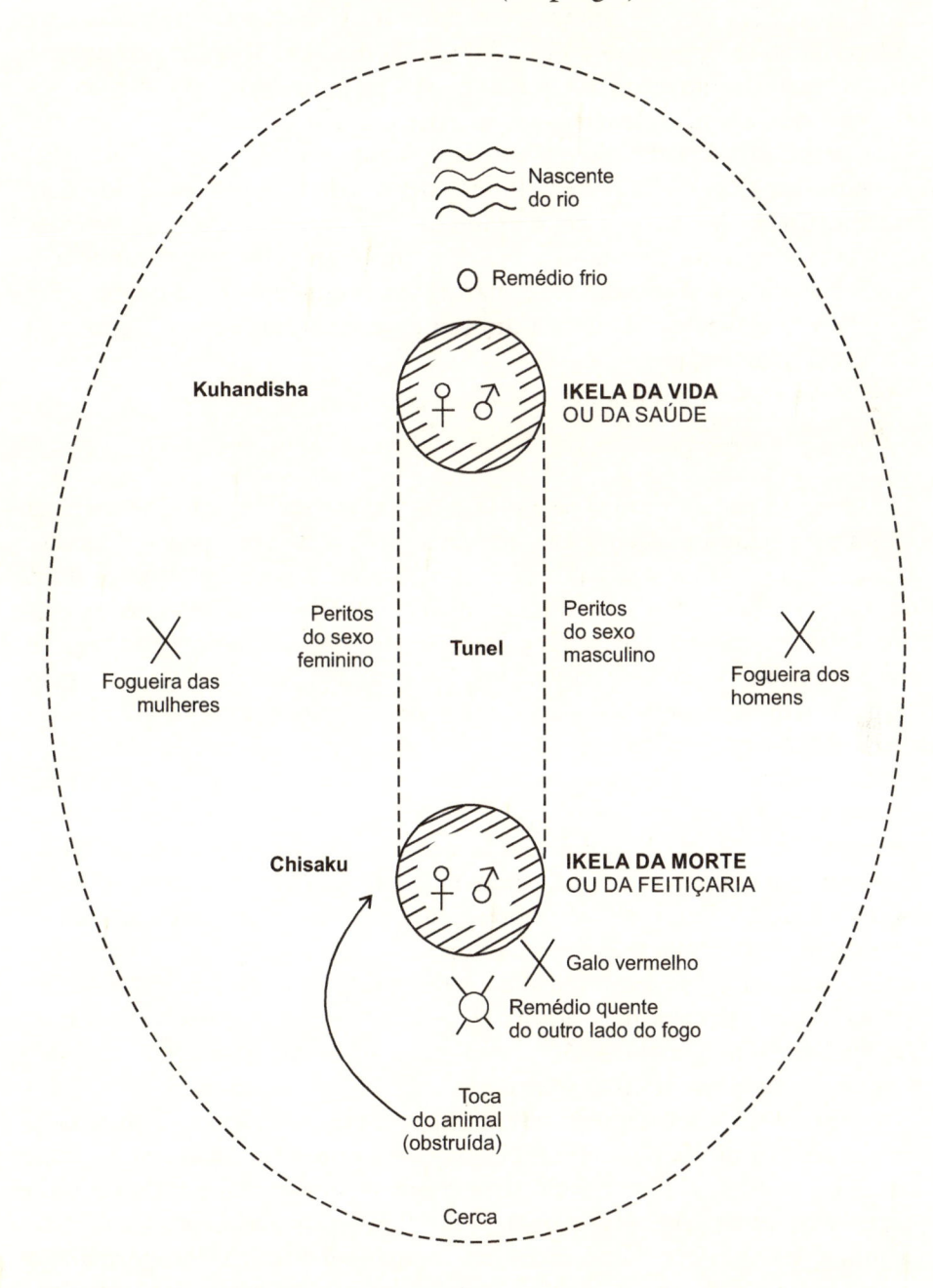

- Nascente do rio
- Remédio frio
- Kuhandisha
- IKELA DA VIDA OU DA SAÚDE
- Peritos do sexo feminino
- Tunel
- Peritos do sexo masculino
- Fogueira das mulheres
- Fogueira dos homens
- Chisaku
- IKELA DA MORTE OU DA FEITIÇARIA
- Galo vermelho
- Remédio quente do outro lado do fogo
- Toca do animal (obstruída)
- Cerca

Começamos agora a ver o desenvolvimento de uma série inteira de classificações, simbolizadas em orientações espaciais e em diferentes tipos de objetos. Elas são organizadas em um conjunto que Lévi-Strauss bem poderia chamar "discriminações binárias". Mas, antes de analisarmos o padrão, mais algumas variáveis devem ser introduzidas no sistema. Nas sessões a que assisti, o marido da paciente entrava na *ikela* "fria" com ela, permanecendo no "lado direito", mais próximo da fogueira dos homens, enquanto ela ficava à esquerda. Então, depois de ter sido aspergida com remédio frio e quente, ela era a primeira a entrar no túnel de conexão, seguida pelo marido. Numa variante, o perito mais velho (ou "grande médico") borrifava ambos, mulher e marido, com remédio frio e quente. Em seguida, seu assistente assumia a direção durante algum tempo e procedia da mesma maneira.

*Aves brancas e vermelhas*

Quando a paciente entra pela primeira vez na *ikela* fria, dão-lhe a franga branca para segurar. Durante os ritos ela a estreita contra o peito esquerdo, no mesmo lugar onde uma criança é carregada (cf. figura 2). Aliás os dois, marido e mulher, estão nus, usando apenas estreitas tiras de pano na cintura. Dizem que isto representa o fato de que eles são, ao mesmo tempo, como bebês e cadáveres. Os oficiantes, em contraste, estão vestidos. O galo vermelho adulto é deitado, atado pelos pés, à direita da *ikela* quente, do lado dos homens, pronto a ser sacrificado por degola, no fim do ritual. Seu sangue e suas penas são derramados dentro da *ikela* como ato final de rito, representando a antítese da recepção da franga branca pela paciente, com que se inicia o ritual. Acredita-se que a franga branca representa *ku-koleka*, "boa sorte ou vigor", e *ku-tooka*, "brancura, pureza, ou bons augúrios". Mas o galo vermelho, como vimos, representa o *chisaku*, ou desgraça mística, o "sofrimento" da mulher. A franga branca, de acordo com um informante, também simboliza *lusemu*, a capacidade de procriar. "É por isso que é dada à mulher", disse ele, "porque é ela que fica grávida e dá nascimento aos filhos. Um homem é um homem, e não pode ficar grávido. Mas o homem dá poder às mulheres para terem filhos, que podem ser vistos, que são visíveis. O galo vermelho representa o homem, talvez o rancor esteja lá" [isto é, contra ele]. "Se a mulher continua a não ter filhos depois do ritual, o rancor estaria com a mulher" [isto é, não se relacionaria com sua situação marital, mas teria origem em outros grupos de parentes. Por fim, é provavelmente significativo, ainda, embora isto não seja declarado, que o galo vermelho permaneça amarrado e imobilizado durante o ritual enquanto a galinha branca acompanha a mulher, à medida que ela se movimenta através do túnel da "vida" para a "morte" e, de volta, para a "vida" outra vez. Em outros contextos do ritual ndembu, o movimento representa a vida e a imobilidade a morte: o galo é destinado a ser abatido.

Figura 2 *Isoma*: a paciente segura a franga branca de encontro ao seio esquerdo, representando o lado da amamentação.

## O processo curativo

Na *makela* os ritos seguem um padrão processual. A primeira fase consiste na passagem da *ikela* fria para a quente, indo a mulher na frente e o homem atrás. Na *ikela* quente os médicos mesclam os borrifos de remédio com exortações a quaisquer feiticeiros ou empregadores, a fim de serem eliminadas suas influências adversas. Depois, o casal, na mesma ordem, retorna à *ikela* fria onde é outra vez aspergido com remédio (cf. figura 3). Cruzam então uma vez mais na direção da *ikela* quente. Segue-se um temporário período de calma, durante o qual o marido é escoltado para fora da *ikela*, indo buscar um pequeno pedaço de pano para enxugar o remédio do rosto do casal e do corpo da franga. Volta à *iketa* fria e, depois de nova medicação, há um prolongado intervalo, durante o qual é trazida cerveja, que é bebida pelos assistentes e pelo marido. Quanto à paciente, está proibida de beber. Após a cerveja, iniciando-se outra vez na *ikela* fria, a aspersão recomeça. Desta vez é o marido quem toma a dianteira para a *ikela* quente (cf. figura 4). Voltam para a *ikela* fria na mesma ordem. Depois da aspersão, há outro intervalo para a cerveja. Então a sequência frio-quente-frio prossegue, a mulher à frente. Finalmente, há uma sequência idêntica, ao fim da qual o galo vermelho é degolado e seu sangue derramado dentro da *ikela* quente (cf. figura 5). O casal é então borrifado mais uma vez com ambos os tipos de remédio, e água fria é derramada sobre os dois (cf. figura 6). No todo, o casal é aspergido vinte vezes, treze das quais na *ikela* fria, sete na quente, uma proporção aproximadamente de dois para um.

Figura 3  *Isoma*: o médico, ao lado da cabaça, borrifa os pacientes com remédio, enquanto os homens ficam de pé, do lado direito do eixo longitudinal do túnel, cantando a canção "ondulante", *kupunjila*.

Enquanto a aspersão continua, os peritos do sexo masculino, à direita, e as mulheres adultas à esquerda, entoam cantos pertencentes aos rituais da grande crise da vida e dos ritos de iniciação dos ndembus: dos *Mukanda*, circuncisão dos meninos; *Mung'ong'i*, ritos de iniciação funerária; *Kayong'u*, iniciação à adivinhação; *Nkula*, culto tradicional de mulheres; e *Wuyang'a*, iniciação a cultos de caçadores. Periodicamente, cantam o canto

*Isoma "mwanami yaya punjila"*, acompanhado por uma dança ondulante, chamada *kupunjila,* que representa o estilo de dança dos *Mvweng'i ikishi*, e, ademais, imita as contrações do trabalho abortivo.

Figura 4 *Isoma*: o marido prepara-se para seguir a mulher através do túnel.

Figura 5 *Isoma*: o galo é degolado sobre o fogo, sendo o sangue espalhado na cavidade "quente".

Figura 6 *Isoma*: água fria é derramada sobre o casal.

## Estrutura classificatória: as tríades

Temos agora dados bastantes para tentar analisar a estrutura dos ritos. Primeiramente, há três séries de tríades. Existe a tríade invisível – feiticeiro, sombra e *Mvweng'i* – à qual se opõe a tríade visível – médico, paciente e marido da paciente. Na primeira tríade, o feiticeiro é o mediador entre os mortos e os vivos, numa hostil e letal conexão; na segunda, o médico é o mediador entre os vivos e os mortos, numa ligação conciliatória e doadora de vida. Na primeira, a sombra é feminina e o *ikishi* masculino, enquanto o feiticeiro pode ser de qualquer sexo; na segunda, a paciente é do sexo feminino e o marido do sexo masculino. O médico serve de intermediário entre os sexos, já que trata de ambos. O médico ndembu, na verdade, tem muitos atributos considerados na cultura ndembu como femininos. Pode moer remédios num almofariz utilizado no preparo de refeições, tarefa normalmente cumprida por mulheres e trata com as mulheres e conversa com elas sobre assuntos particulares de uma maneira que não seria permitida aos homens em funções profanas. O termo usado para designar o "médico", *chimbana*, relaciona-se, segundo os ndembus, com o termo *mumbanda*, que representa "mulher".

Em ambas as tríades há estreitos laços de relações entre dois parceiros. Na primeira, acredita-se que a sombra e o feiticeiro sejam parentes matrilineares; na segunda, marido e mulher são ligados por afinidade. O primei-

Figura 7 *Isoma*: mulher e marido acocoram-se na cabana de reclusão recentemente construída, onde a franga branca também será mantida até a postura do primeiro ovo. A cabana é construída fora da aldeia. O médico segura na mão direita a faca com a qual degolou o galo.

ro par aflige o segundo com a infelicidade. O terceiro parceiro, *Mvweng'i*, representa o modo dessa desgraça e o outro terceiro parceiro, o médico, representa o modo de suprimir o infortúnio.

A terceira tríade é representada pela proporção 2:1 entre as abluções frias e quentes, que, além disso, podem ser consideradas um símbolo da vitória final da vida sobre a morte. Está contida aqui uma dialética que passa da vida, através da morte, para uma vida renovada. Talvez, no nível da "estrutura profunda", fosse possível até mesmo relacionar o movimento da paciente no túnel com seu movimento real, pelo casamento, de uma aldeia para outra, dos parentes maternos para os do marido e, novamente, de volta em caso de morte ou divórcio daquele esposo.

**Estrutura classificatória: as díades**

Os outros aspectos estruturais dos ritos podem ser organizados em termos de oposições binárias cruzadas. Em primeiro lugar, existe a oposição principal entre o lugar do rito e a floresta selvagem, aproximadamente semelhante à estabelecida por Eliade, entre "cosmo" e "caos". As outras oposições são melhor agrupadas em três séries, em forma de coluna, da seguinte maneira:

| Longitudinal | Latitudinal | Altitudinal |
|---|---|---|
| Toca/nova cavidade | Fogueira da esquerda/fogueira da direita | Superfície inferior/superfície superior |
| Sepultura/fertilidade | Mulheres/homens | Candidatos/peritos |
| Morte/vida | Paciente/marido da paciente | Animais/seres humanos |
| Desgraça mística/cura | Raízes cultivadas/remédios do mato | Nus/vestidos |
| Remédio quente/remédio frio | Franga branca/galo vermelho | Raízes medicinais/folhas medicinais |
| Fogo/ausência de fogo | | Sombras/seres vivos |
| Sangue/água | | Franga branca/galo vermelho |
| Galo vermelho/franga branca | | |

Estas séries de pares de valores opostos situam-se em diferentes planos no espaço do ritual. A primeira série é longitudinal, sendo polarizada pela "*ikela* da vida" e pela "*ikela* da morte". A segunda série é latitudinal, especialmente limitada pela fogueira masculina, à direita, e pela fogueira feminina, à esquerda. A terceira série é altitudinal, sendo espacialmente circunscrita pela superfície do solo e pelo chão conjunto da *makela* e do túnel de conexão. Tais oposições são feitas pelos próprios ndembus na exegese, na prática ou em ambas. Em termos de orientação espacial as oposições mais importantes são: buraco feito pelo animal/buraco feito pelo homem; esquerda/direita; abaixo/acima. Correspondem exatamente aos valores emparelhados: morte/vida; feminino/masculino; candidatos/peritos. Mas, uma vez que esses conjuntos de valores se entrecruzem, não devem ser considerados equivalentes.

No *Isoma*, os ndembus não estão afirmando, na linguagem não verbal dos símbolos rituais, que a morte e a feminilidade, assim como a vida e a masculinidade, são equivalentes; nem estão dizendo que os candidatos representam um papel feminino em relação aos peritos (ainda que estejam, indubitavelmente, num papel passivo). As equivalências devem ser procuradas *dentro* de cada série (ou coluna), não *entre* elas. Assim, a entrada bloqueada da toca do animal é considerada semelhante às sepulturas repletas de terra dos seres humanos e à morte, que bloqueia a vida; à desgraça mística, que resulta a morte dos filhos; ao "calor", eufemismo para designar a feitiçaria e os rancores que "queimam"; ao galo vermelho, cuja cor representa "o sangue da feitiçaria" (*mashi awuloji*) no *Isoma* – a feitiçaria ndembu é necrófaga, e nos ritos contra os feitiços, o vermelho representa o sangue derramado em tais festins (cf. TURNER, 1967: 70) – e ao "sangue" como símbolo geral de agressão, perigo, e, em certas circunstâncias, impureza ritual.

A nova cavidade, feita na direção da nascente do rio, simbolizando a fonte da fecundidade, é julgada, por outro lado, ter afinidades com a fecundidade, a vida, os procedimentos de cura, frescura ou frialdade – sinônimo de libertação dos ataques das feiticeiras ou das sombras e, consequentemente, de "saúde" (*wukotu*); com a ausência do "fogo" – nesse contexto símbolo do poder devastador e perigoso da feitiçaria; com a franga branca – que, neste ritual, representa e até mesmo corporifica a fertilidade da paciente e por sua cor simboliza (como demonstrei em outro lugar – por exemplo: 1967: 69-70) qualidades desejáveis, tais como "bondade, saúde, vigor, pureza, boa sorte, fecundidade, alimentação etc."; e, finalmente, com a água que tem a mesma gama de significados que "brancura", embora em termos de processo mais do que de estado.

Dentre essas qualidades positivas e negativas há uma que supera a distinção dos sexos e, creio, seria erro igualá-las muito estreitamente com as diferenças sexuais. As últimas estão ligadas muito mais de perto à oposição lado esquerdo/lado direito. Nesta série, dificilmente se pode dizer que a paciente, a franga branca e as raízes cultivadas fornecidas pelas mulheres têm a significação agourenta encontrada no simbolismo sepultura/morte/calor da primeira série. Menciono isto porque outros autores, como Herz Needham, Rigby e Beidelman, analisando outras culturas, tendem a enumerar, como membro da mesma série, pares como esquerda/direita, feminino/masculino, desfavorável/favorável, impuro/puro etc. considerando assim a ligação entre feminilidade e não próprio como um elemento frequente – quase que como elemento humano-universal – de classificação. Nem a dicotomia abaixo/acima deveria ser correlacionada na cultura ndembu com a divisão dos sexos. A série de termos reunidos sob esses títulos é, repito, independente do sexo, já que, por exemplo, entre as pacientes situadas abaixo e os médicos, acima, encontram-se membros de ambos os sexos.

**Situação e classificação**

Em outros tipos de contextos rituais, outras classificações são aplicáveis. Assim, em ritos de circuncisão masculina, as mulheres e os atributos femininos podem ser considerados desfavoráveis e maculadores. A situação, porém, inverte-se nos ritos de puberdade das moças. O que é realmente necessário para a cultura ndembu e, na verdade para qualquer outra, é uma tipologia das situações culturalmente reconhecidas e estereotipadas, na qual os símbolos utilizados sejam classificados de acordo com a estrutura visada da situação particular. Não existe uma única hierarquia de classificação que possa ser considerada capaz de abranger todos os tipos de situações. Pelo contrário, há diferentes planos de classificação, que se entrecruzam uns com os outros, nos quais os pares binários constitutivos (ou rubricas triádicas) acham-se ligados só temporariamente. Por exemplo, em determinada situação a distinção vermelho/branco pode ser homóloga a masculino/feminino, em outra, a feminino/masculino, e, ainda em outra, a carne/farinha, sem conotação sexual.

*Planos de classificação*

Símbolos únicos podem, sem dúvida, representar os pontos de interconexão entre planos separados de classificação. Deve ter sido notado que, no *Isoma*, a posição galo vermelho/franga branca aparece em todas as três colunas. No plano vida/morte, a franga branca iguala-se à vida e fertilidade, em oposição ao galo vermelho, que se iguala à morte e feitiçaria; no plano direita/esquerda, o galo é masculino e a franga, feminino; e no plano acima/abaixo, o galo está acima, pois será usado como "remédio" (*yitumbu*), derramado de cima para baixo, enquanto a franga está abaixo, uma vez que se liga de perto com a paciente que está sendo medicada, como a criança à mãe. Isto conduz ao problema da "polissemia", ou multivocidade de muitos símbolos, isto é, ao fato de possuírem simultaneamente muitas significações. Uma razão disto pode ser encontrada na sua função "nodal", com referência às séries entrecruzadas de classificações. A oposição binária galo vermelho/franga branca é significativa em pelo menos três séries de classificações no *Isoma*. Se considerarmos separadamente cada um desses símbolos, isolando-os uns dos outros no campo simbólico (de acordo com a exegese nativa ou o contexto simbólico), a multivocidade é a característica mais saliente. Se, por outro lado, os considerarmos do ponto de vista da totalidade como classificações que estruturam a semântica do rito inteiro no qual esses símbolos ocorrem, então cada um dos significados a eles atribuídos aparece como a exemplificação de um só princípio. Na oposição binária, em cada plano, cada símbolo se torna unívoco.

### Conhecimento e existência no simbolismo ritual

Concluo este capítulo relacionando os resultados dele com o ponto de vista de Lévi-Strauss, no *The Savage Mind*. Lévi-Strauss está certo quando acentua que *la pensèe sauvage* tem propriedades tais como homologias, oposições, correlações e transformações, as quais são também características do pensamento requintado. No caso dos ndembus, contudo, os símbolos utilizados indicam que tais propriedades estão envolvidas por revestimento material, forjado na sua experiência da vida. A oposição não aparece como tal, mas como um confronto de objetos sensivelmente perceptíveis; assim, por exemplo, uma franga e um galo de diferentes idades e cores, em variáveis relações espaciais e com destinos diferentes. Embora Lévi-Strauss dedique alguma atenção ao papel dos símbolos místicos, como instigadores de sentimento e desejo, não desenvolve esta linha de pensamento de maneira tão completa como o faz em seu trabalho sobre os símbolos como fatores no conhecimento. (Abordei o assunto em outra parte, com algumas minúcias – p. ex., 1967: 28-30, 54-55.) Como são encontrados no *Isoma*, os símbolos e suas relações não são somente um conjunto de classificações cognoscitivas para estabelecer a ordem no universo ndembu. São também, e talvez de modo igualmente importante, um conjunto de dispositivos evocadores para despertar, canalizar e domesticar emoções poderosas tais como ódio, temor, afeição e tristeza. Estão também imbuídos de motivação e têm um aspecto "volutivo". Numa palavra, a totalidade da pessoa e não só o "espírito" dos ndembus acha-se existencialmente implicada nas questões da vida e da morte a que se refere o *Isoma*.

Finalmente, o *Isoma* não é "grotesco", no sentido de que seu simbolismo seja caricato ou incongruente. Cada elemento simbólico relaciona-se com algum elemento empírico de experiência conforme claramente revelam as interpretações indígenas dos remédios vegetais. Do ponto de vista da ciência do século XX podemos achar estranho que os ndembus julguem que, colocando certos objetos dentro de um círculo de espaço sagrado, tragam com eles os poderes e virtudes que parecem empiricamente possuir e que, ao manipulá-los da maneira prescrita, podem arrumar e concentrar tais poderes, quase como se fossem feixes laser para destruir forças malignas. Mas, dado o limitado conhecimento da ideia de causalidade natural transmitido na cultura ndembu, quem duvidará que em circunstâncias favoráveis o uso desses medicamentos pode produzir considerável benefício psicológico? A expressão simbólica do interesse de grupo pelo bem-estar de uma mulher infeliz, reunido à mobilização de um conjunto de coisas "boas" em favor dela, bem como a associação do destino individual com símbolos dos processos cósmicos da vida e da morte – isto tudo, na realidade, se apresentará para nós como algo meramente "ininteligível"?

# 2
# Os paradoxos da gemelaridade no ritual ndembu

**A gemelaridade no parentesco e na vida: alguns exemplos africanos**

Analisei no primeiro capítulo um tipo de ritual ndembu, realizado para corrigir uma deficiência, por exemplo, a incapacidade temporária de uma mulher gerar e criar filhos com vida. Pretendo, agora, considerar outro ritual ndembu, cuja *raison d'être* é uma desordem de natureza diferente. É o ritual *Wubwang'u*, realizado para fortalecer a mulher que espera ter, ou já teve, filhos gêmeos (*ampamba*). Neste caso, a dificuldade consiste em um excesso, e não em um defeito, uma super-realização, mais do que uma sub-realização. Para os ndembus, o nascimento de gêmeos constitui o que chamaríamos de paradoxo, isto é, algo que entra em conflito com noções preconcebidas a respeito do que é razoável ou possível. Para os ndembus há diversos contrassensos no fato fisiológico da gemelaridade. Em primeiro lugar, como vimos, um alto prêmio cultural é dado à fertilidade (*lusemu*); contudo, temos aqui uma exuberância de fertilidade de que resultam dificuldades fisiológicas e econômicas. Numa sociedade desprovida de gado e da noção de que ovelhas e cabras podem ser ordenhadas para consumo humano, torna-se difícil para uma mãe prover filhos gêmeos com uma alimentação adequada pela amamentação. A sobrevivência deles, em geral, dependerá do fato de que outra mulher que haja perdido recentemente um filho tenha suficiente leite e deseje amamentar um dos gêmeos. E mesmo que os gêmeos sobrevivam até o desmame, pode ser difícil que os pais sozinhos lhes assegurem a sobrevivência. Por esta razão, eles são simbolicamente representados nos ritos como um ônus para a comunidade.

Uma maneira pela qual isto se expressa é numa dança cerimonial onde a mãe dos gêmeos, vestida apenas com uma tira de tecido de fibra com uma aba frontal de couro ou de fazenda e carregando uma cesta de joeirar redonda e achatada (*Iwalu*), dá a volta a todas as aldeias na vizinhança. À medida que dança, levanta a cobertura anterior para mostrar a todos a fonte de sua excessiva fecundidade e pede ofertas de alimentos, roupas e dinheiro, fazendo circular a cesta entre os expectadores. Esta dança exibe diversos motivos característicos de *Wubwang'u*. Um deles é a suspensão das regras de recato que são rigorosamente obrigatórias para as mulheres ndembus; outro é o poder ritual da vulnerabilidade ou da fraqueza, um motivo a que nos dedicaremos mais no capítulo 3. Aqui chamarei a atenção somente para o fato de que a gemelaridade é simultaneamente olhada, como uma bênção e uma desgraça, ambas interessando a comunidade mais ampla no bem-estar da pessoa que é objeto do ritual.

Mas o *Wubwang'u* revela um outro paradoxo na ordem social. O Professor Schapera (e outros estudiosos) chamou a atenção para o fato de que em toda parte onde o parentesco tem importância estrutural e fornece uma moldura para os relacionamentos coletivos e para o *status* social, o nascimento de gêmeos é fonte de dificuldades de classificação. Isto porque na África e em outras partes é largamente difundida a ideia de que as crianças nascidas de um único parto são misticamente idênticas. Mas de acordo com as regras de atribuição ligadas aos sistemas de parentesco, há somente uma posição na estrutura da família ou no grupo conjunto de parentes que elas podem ocupar. Existe a suposição classificatória de que os seres humanos dão à luz somente uma criança de cada vez, havendo unicamente um lugar a ser ocupado nos vários grupos articulados por parentesco, nos quais essa criança ingressa pelo nascimento. A ordem no grupo de irmãos é outro fator importante, pois os irmãos mais velhos exercem direitos sobre os mais jovens, e podem, em alguns casos, suceder a cargos políticos antes deles. A gemelaridade, contudo, apresenta os paradoxos de que uma realidade fisicamente dupla é estruturalmente única, e aquilo que é misticamente uno é empiricamente duplo.

As sociedades africanas resolvem este dilema de variadas maneiras. Uma solução para a contradição estrutural produzida pela gemelaridade é matar os gêmeos. Esta prática é seguida pelos boximanes do Kalahari, sobre os quais escreveu Baumann: "L'infanticide est fréquent par suite des conditions économiques difficiles, mais le meurtre des jumeaux ou de l'un d'entre eux est du à la croyance qu'ils portent malheur"[1] (BAUMANN & WESTERMANN, 1962: 100-101). O paradoxo é aqui resolvido pelo extermínio de um dos gêmeos ou de ambos, por se acreditar que trazem desgraça (mística). Outras sociedades não eliminam os gêmeos, mas os afastam do sistema de parentesco ao qual pertencem por nascimento e lhes conferem uma situação especial, frequentemente com atributos sagrados. Assim, entre os *ashantis*, segundo Rattray (1923), "os gêmeos, se são ambos do mesmo sexo, pertencem por direito ao chefe, e quando meninas se tornam suas esposas em potencial; se são meninos tornam-se chicoteadores de cauda

---

1. O infanticídio é frequente como consequência das condições econômicas difíceis, mas o assassínio de gêmeos, ou de um deles, é devido à crença de que trazem infelicidade.

de elefantes, na corte. Devem ser mostrados ao chefe o mais cedo possível depois do nascimento, sendo levados ao 'palácio' em uma bacia de lata. Os gêmeos, em cerimônias oficiais, vestem-se de branco, um igual ao outro" (p. 99).

A cor branca entre os ashantis é símbolo, *inter alia*, da divindade e dos fluidos "espirituais" e fertilizantes: a água, o sêmen e a saliva. O elefante também se relaciona com a fertilidade exuberante, como fica claro no ritual de puberdade das moças, durante o qual a noviça "toca em três pedaços de orelha assada de elefante, enquanto as seguintes palavras são dirigidas a ela: Possa a elefanta dar-te um útero em que consigas conceber dez filhos" (1925: 73). Os chefes ashantis têm muitos dos atributos dos "reis divinos" e crê-se que estão acima das divisões entre grupos seccionais em seus domínios, e que o bem-estar e a fertilidade desses grupos estão misticamente identificados com os dos chefes. Assim, os gêmeos são elevados acima da estrutura secular e simbolizam a sacralidade e a fertilidade do chefe. Os gêmeos nascidos na família real, porém, são mortos, pois tal acontecimento é considerado "detestável" para o "Banco Dourado", insígnia suprema e expressão da realeza ashanti (1925: 66). Presumivelmente isso acontece porque o nascimento de gêmeos introduziria uma contradição na estrutura da matrilinhagem real, dando origem a problemas de sucessão e precedência.

Segundo Evans-Pritchard (1956) os núeres do Sudão nilótico afirmam que os gêmeos são uma só pessoa e são pássaros: "Sua personalidade social única é algo que se situa acima da dualidade física, dualidade evidente aos sentidos e indicada pela forma plural que se usa ao falar de gêmeos, e pelo modo como são tratados em todas as ocasiões da vida social comum, como dois indivíduos inteiramente distintos. Somente em determinadas situações rituais e simbolicamente é que a unidade dos gêmeos é expressa, particularmente em cerimônias ligadas ao casamento e à morte, nas quais a personalidade sofre uma mudança" (p. 128-129). Nesta sociedade os gêmeos não são retirados da estrutura social, mas, ainda assim, adquirem um valor ritual e simbólico. São simbolicamente identificados com pássaros, não apenas pela semelhança entre "a múltipla incubação dos ovos e o nascimento dual de pássaros" (p. 130), mas também porque os gêmeos, como os pássaros, são classificados pelos núeres como "gente do alto" e "filhos de Deus". "Os pássaros são filhos de Deus porque ficam no ar, e os gêmeos pertencem ao ar porque são filhos de Deus pelo modo de sua concepção e nascimento" (p. 131). Os núeres, desse modo, resolvem o paradoxo da gemelaridade, relacionando a personalidade única dos gêmeos com a ordem sagrada, e sua dualidade física com a ordem secular. Cada aspecto opera em um nível cultural distinto, e o conceito de gemelaridade serve de mediador entre os níveis.

Em muitas sociedades os gêmeos têm esta função mediadora entre animalidade e divindade. São ao mesmo tempo mais do que humanos e menos que humanos. Em quase todas as sociedades tribais é difícil encaixá-los no modelo ideal da estrutura social, mas um dos paradoxos da gemelaridade é que algumas vezes é associada aos rituais que revelam os princípios dessa estrutura. A gemelaridade assume assim um caráter de contraste análogo à relação fundo-forma na psicologia da *Gestalt*. De fato, é frequente, nas culturas humanas, descobrir-se que contradições, assimetrias e anomalias estruturais são recobertas por camadas de mito, ritual e símbolo, o que salienta o valor axiomático dos princípios estruturais básicos em relação àquelas mesmas situações onde parecem ser mais inoperantes.

Entre muitos povos de língua banto, incluindo-se os ndembus, os gêmeos nem são mortos, nem lhes é dada uma situação especial permanente, como entre os ashantis. Mas, nas crises de vida de seu nascimento, casamento e morte, são realizados rituais especiais e sempre têm um caráter sagrado latente, que se torna visível em todos os ritos ligados a nascimentos de gêmeos. Além disso, os pais de gêmeos e alguns dos seus irmãos, especialmente aquele que se segue a eles pela ordem de nascimento, ficam dentro da penumbra dessa sacralidade. Como exemplo, diz Monica Wilson (1957):

> O nascimento de gêmeos é um acontecimento temível para os nyakyusas. Os pais de gêmeos e eles próprios são *abipasya*, os temíveis, considerados muito perigosos para os parentes e vizinhos mais próximos e para o gado, causando-lhe diarreia, purgação e pernas inchadas, se houver algum contato. Os pais, por conseguinte, são segregados sendo realizado um complexo ritual do qual participa um largo círculo de parentes masculinos, vizinhos e gado doméstico. As crianças são segregadas junto com a mãe, mas acentua-se mais o perigo oriundo dos pais do que o proveniente dos gêmeos. *Ilipasa* é comumente usado para significar "gêmeos", "nascimento gemelar", mas uma tradução mais precisa é "nascimento anormal", pois é usado no caso do nascimento de uma criança em que os pés saem primeiro (unsolola), bem como nos nascimentos múltiplos, e o mesmo ritual é realizado, qualquer que seja o tipo de *ilipasa* (p. 152).

A finalidade dos ritos dos nyakyusas é livrar os gêmeos e seus pais do perigoso contágio de sua condição. Os pais devem ser tratados com remédios e ritual, a fim de que, daí por diante, gerem uma só criança em cada nascimento, não podendo mais afetar os vizinhos com a doença mística. Entre os nyakyusas e outras sociedades bantos, tais como os sukus, do Congo, sobre cujos ritos de gemelaridade Van Gennep (1960) escreveu, e os sogas, de Uganda (ROSCOE, 1924: 123), os ritos de gemelaridade abrangem a comunidade local inteira. Van Gennep chama a atenção para o fato de que, nos ritos de reintegração dos sukus, em seguida um longo período "liminar" durante o qual os gêmeos são isolados do contato com a vida pública por seis anos, existe "uma travessia ritual do território pertencente à sociedade como um todo e uma (total) repartição de alimentos" feita pelos aldeões (p. 47). Já fiz menção do modo pelo qual os ndembus consideram os gêmeos uma carga para a comunidade inteira. Isto pode ser visto como outro exemplo de uma tendência social amplamente predominante, seja para tornar aquilo que sai fora da norma um assunto de interesse para o grupo mais amplamente reconhecido, seja para destruir o fenômeno excepcional. No primeiro caso, o anômalo pode ser sacralizado e considerado sagrado. Assim, na Europa Oriental, os idiomas costumam ser vistos como santuários vivos, repositórios de uma santidade que lhes destruiu a natural capacidade intelectual. Eles tinham o direito de receber comida e roupa de todos. Aqui, a anomalia, a "pedra que os construtores rejeitam", é removida da ordem estruturada da sociedade e levada a representar a simples unidade da própria sociedade, conceitualizada como homogênea e não como um sistema de posições sociais heterogêneas. Entre os ndembus, também, a inteira biologia dos gêmeos é sacralizada e transformada num assunto que interessa a todos e não só aos parentes próximos da mãe. O padecimento da mãe com o excesso de uma coisa boa torna-se uma responsabilidade para a comunidade. Transforma-se também numa ocasião em que a comunidade pode celebrar e exaltar alguns de seus essenciais valores e princípios de organização. O paradoxo de que o que é bom (em teoria) é mau (na prática) vem a ser o ponto mobilizador de um ritual que intensifica a total unidade do grupo, superando suas contradições.

Repetindo, diremos que há duas coisas que podem ser feitas em relação à gemelaridade, numa sociedade baseada no parentesco. Pode-se dizer, como o menino que viu uma girafa pela primeira vez: "não acredito no que estou vendo", e negar a existência social do fato biológico; ou então, tendo sido aceito o fato, pode-se tentar controlá-lo. Neste último caso, devemos fazê-lo, se pudermos, parecer coerente com o resto da cultura. Pode-se, por exemplo, em algumas situações, focalizar a atenção sobre a dualidade dos gêmeos e, em outras, sobre a unidade deles. Ou pode-se refletir sobre os processos naturais e sociais em virtude dos quais o que era originalmente dois elementos separados, ou mesmo opostos, funde-se para formar algo novo e único. Pode-se examinar o *processo* pelo qual *dois se tornam um*. Ou examinar o inverso disto, o processo pelo qual um se torna dois, o processo de bifurcação. E ainda, pode-se considerar o número Dois como sendo representativo de todas as formas de pluralidade, oposta à unidade. O número dois representa Muitos, por oposição ao Um, derivando dele ou fundindo-se outra vez com ele.

Além disso, quando se presta atenção ao Dois, desprezando momentaneamente o Um, pode-se considerá-lo ou um *par de similares,* um par dioscural como Castor e Pollux, ou um par de opostos, como masculino e feminino, ou vida e morte, conforme se dá no ritual do *Isoma*. Os ndembus, no idioma simbólico do ritual de gemelaridade, preferiram acentuar o aspecto de oposição e de complementaridade. Ainda que os gêmeos, na natureza, sejam frequentemente do mesmo sexo, e de fato os gêmeos idênticos são sempre do mesmo sexo, os ndembus ressaltam no *Wubwang'u* o aspecto igual, mas *oposto*, da dualidade. Desenvolvendo mais amplamente este ponto de vista, quando expõem o processo de união dos componentes da díada, representam-no como uma coincidência de opostos e não como uma duplicação de similares. O simbolismo sexual é utilizado para retratar esse processo, mas tentarei mostrar que tem por finalidade muito mais do que as relações sexuais. O idioma da sexualidade é usado para representar os processos pelos quais as forças sociais, aproximadamente iguais em poder e opostas em qualidade, aparecem trabalhando em harmonia. Neste capítulo estarei especialmente preocupado com os referentes *sociais* dos símbolos que também representam aspectos da sexualidade. A fusão de uma pluralidade de referentes socioculturais com uma pluralidade de referentes orgânicos (inclusive os de caráter sexual) numa única representação visível, revestida pelos crentes de um extraordinário poder e possuindo nova qualidade de comunicação humana, é uma importante característica dos símbolos religiosos. Dizer que um dos dois grupos de referentes, os culturais ou os orgânicos, é "básico" ou "primário", sendo o outro redutível ao primeiro, é deixar de ver a diferença qualitativa de um e de outro grupo, representada pelo padrão de sua interdependência.

## O enredo do ritual ndembu dos gêmeos

A unificação de um par de opostos, predominantemente expressa nos símbolos da diferença masculino-feminino, oposição e união, constitui o que pode ser chamado "enredo" ritual do *Wubwang'u*. Proponho selecionar dois importantes episódios no ritual e examinar cada um por sua vez, com referência ao simbolismo nele contido. Como a maior parte dos cultos de calamidade dos ndembus, a associação cultural do *Wubwang'u* é formada de pessoas que foram submetidas como pacientes ao tratamento ritual característico do *Wabwang'u*. Acredita-se que o espírito atormentador tenha sido um membro, já falecido, do culto. Os peritos ou os médicos coletam remédios vegetais para a paciente, adornam-se de maneira especial, e então lavam a paciente com folhas medicinais esmagadas, dando-lhe para beber um remédio misturado com água. Um sacrário é construído perto da porta de sua cabana, e os membros do culto executam um certo número de ritos em conexão com ele. Ambos, homens e mulheres, têm a permissão de agir como médicos, pois os homens que foram membros de um par de gêmeos, que foram filhos ou pais de gêmeos, ou cujas esposas, mães ou irmãs tenham sido tratadas com sucesso pelo procedimento *Wubwang'u*, têm o direito de aprender os remédios e as técnicas do *Wubwang'u*. Segundo minhas anotações, o espírito atormentador é sempre o de uma mulher e, na maioria dos casos, acredita-se que seja a própria avó materna da paciente.

O *Wubwan'u* pode ser executado em favor de uma mulher que acaba de ter gêmeos ou de uma mulher que espera ter gêmeos. Supõe-se, por exemplo, que uma mulher cuja mãe, ou cuja avó materna, ou ambas tenham dado nascimento a gêmeos ou que a mesma faça parte de um par de gêmeos, também terá gêmeos.

Se tal mulher sofre qualquer tipo de perturbação obstétrica durante a gravidez, o *Wubwang'u* pode ser executado em favor dela, muitas vezes sem precisar consultar um adivinho. Outras mulheres, sem qualquer conexão com a gemelaridade, podem vir a tornar-se pacientes do *Wubwang'u*, se tiverem sofrido de perturbações dos órgãos reprodutores. Isto é frequente porque parentes da mulher enfermiça consultaram um adivinho, que consultou seus objetos simbólicos e decidiu que um espírito "de forma *Wubwang'u*" pegou-a. Todos os rituais dos ndembus referentes à reprodução feminina têm, duplamente, um aspecto específico e outro geral, relacionado de modo explícito com um distúrbio particular culturalmente definido, tendo, porém, a capacidade de curar outros tipos de perturbações. Assim, o *Nkula* é empregado adequadamente para problemas menstruais, mas também para o aborto, a frigidez e a esterilidade, enquanto o *Isoma* é usado para o aborto e nos casos de crianças natimortas, mas também se emprega em perturbações menstruais. Do mesmo modo, acredita-se que o *Wubwang'u*, como ritual curativo genérico, beneficia as mulheres que sofrem de várias perturbações dos órgãos reprodutores. Mas sua principal importância simbólica refere-se ao nascimento de gêmeos, assim como a do *Nkula* relaciona-se com a menorragia, e a do *Isoma* com os abortos.

São dois os episódios (dos quais o segundo é dividido em duas fases) para os quais gostaria de chamar a atenção: 1) os Ritos da Nascente do Rio; e 2) a construção do sacrário dos gêmeos, com a Prolífica Competição dos Sexos. No primeiro, a unidade dos sexos no casamento é representada como um mistério; no segundo, os sexos são representados em sua divisão e oposição.

## *As propriedades dos símbolos rituais*

Cada um dos episódios é carregado de simbolismo[2]. Os símbolos possuem as propriedades de *condensação, unificação de referentes díspares*, e *polarização de significado*. Um único símbolo, de fato, representa muitas coisas ao mesmo tempo; é multívoco e não unívoco. Seus referentes não são todos da mesma ordem lógica, e sim tirados de muitos campos da experiência social e de avaliação ética. Finalmente, os referentes tendem a aglutinar-se em torno de polos semânticos opostos. Num polo, as referentes são feitas a fatos sociais e morais, no outro, a fatos fisiológicos. Assim, a árvore *mudyi* (*Diplorrhyncus condylocarpon*), símbolo central do rito de puberdade das moças, significa simultaneamente leite do seio e linhagem materna, enquanto a árvore *mukula* (*Pterocarpus angolensis*) representa o sangue da circuncisão e a comunidade moral dos homens adultos de uma tribo.

---

2. Cf. Turner (1967) para o estudo do que considero ser os tipos de dados dos quais os mais importantes componentes semânticos e propriedades dos símbolos religiosos podem ser inferidos; não repetirei aqui a argumentação completa.

Tais símbolos, portanto, unem a ordem orgânica com a sociomoral, proclamando a unidade religiosa suprema de ambos, acima dos conflitos entre essas ordens e no interior delas. No processo ritual poderosas energias e emoções ligadas à fisiologia humana, em especial à da reprodução, são despojadas da qualidade antissocial e agregadas aos componentes da ordem normativa, fortalecendo esta última com uma vitalidade tomada de empréstimo, e deste modo tornando desejável o "obrigatório" de Durkheim. Os símbolos são tanto os resultados quanto os instigadores desse processo, e englobam sua propriedade.

### Os Ritos da Nascente do Rio: a coleta de remédios

Os Ritos da Nascente do Rio, no *Wubwang'u*, exemplificam a maioria dessas propriedades. Formam parte de uma sequência de atividades rituais que constituem a primeira fase deste ritual de gemelaridade. Como no *Isoma*, e na verdade em outros rituais de calamidade dos ndembus, a coleta de remédios (*ku-hukula yitumbu* – literalmente "apoderar-se de remédios ou roubá-los" – ou *ku-lang'ula yitumbu*) é a primeira atividade na sequência. Os especialistas do médico no *Wubwang'u*, que a desempenham, levam para a floresta uma certa quantidade de alimentos dentro da cesta de joeirar (lwalu) do mais velho profissional. Entre esses alimentos contam-se uma raiz de mandioca, feijão, amendoim, um torrão de sal, grãos de milho, porções de carne de animais domésticos e de porco selvagem, e outros comestíveis. Trazem cerveja branca feita de milho ou de sementes de junco; sua cor torna-se uma libação adequada às sombras, que são simbolicamente seres "brancos" (a-tooka). Levam, também, argila branca numa cabaça em forma de falo (cf. figura 8) e argila vermelha em pó na concha de um molusco aquático (*nkalakala*) (cf. figura 17). Segundo os informantes "os alimentos são trazidos para fortalecer os corpos da mãe e dos filhos", enquanto a argila branca serve para "fazer as criações fortes, puras e afortunadas". Vários informantes asseguraram que a argila vermelha significa "má sorte (*ku-yindama*), falta de vigor (*kubula kukoleka*) e ausência de sucesso (ku-halwa)". Porém, como veremos adiante, à p. 76, esta mesma argila vermelha, nos Ritos da Nascente do Rio, representa "o sangue da mãe". Este é, ainda, outro exemplo do modo pelo qual os mesmos símbolos têm variadas significações em diferentes contextos. A oposição binária branco/vermelho nos diferentes episódios do *Wubwang'u* representa robustez/fraqueza, boa sorte/má sorte, saúde/doença, pureza de coração/rancor que causará feitiçaria, sêmen/sangue materno, masculinidade/feminilidade.

O grupo de conhecedores é chefiado por um profissional mais idoso, do sexo masculino ou do sexo feminino. Estes peritos são acompanhados por seus filhos. De fato, o *Wubwang'u* é o único tipo de ritual ndembu em que as crianças são mandadas a participar, recolhendo "remédios" (*yitumbu*), empregando um termo tradicional, mas não inteiramente apropriado para designar as substâncias vegetais. Cada criança carrega um ramo com folhas, tirado de toda árvore de "remédio" ou mato visitado. Durante a coleta de remédios são cantadas canções obscenas "para tornar a paciente" forte, sendo tocado um sino duplo de caça (*mpwambu*) pelo principal médico. A finalidade disto é "abrir os ouvidos das crianças que ainda não nasceram, a fim de que possam saber que são gêmeos". O canto e o soar do sino servem também para "despertar as sombras" (*ku-tonisha akishi*), pois cada perito do médico tem uma sombra guardiã, que foi outrora um membro do culto *Wubwang'u*. Além disso, são encarregados de "despertar" as árvores medicinais, as espécies com as quais serão preparadas as poções e as loções de remédio *Wubwang'u*. Sem esses sons estimulantes acredita-se que as árvores continuariam a ser meramente árvores; com eles, e mais o acompanhamento dos ritos de sacralização, tornam-se poderes magicamente eficazes, semelhantes às "virtudes" possuídas pelas ervas medicinais na terapêutica ocidental.

Figura 8  Cerimônia dos gêmeos: uma especialista carrega a cesta de joeirar do ritual, contendo uma cabaça de cerveja branca e uma cabaça em forma de falo cheia de argila branca. Ela está recebendo um ramo de remédio.

Em um texto sobre a coleta de remédios, que cito integralmente nas p. 90-92, há uma passagem que diz: "Deve haver renovação (ou uma causa de levantamento) e dispersão daquelas palavras primitivas (ou tradicionais) e um corte (de remédios)". Estas "palavras" são as canções e as preces do *Wubwang'u* e afetam misticamente o corte das plantas medicinais. Encontra-se um exemplo de prece quando o remédio simbólico dominante dos ritos é consagrado, isto é, a árvore *kata wubkang'u*. Primeiramente, o profissional mais velho dança em torno dela em círculo, porque "deseja agradecer à sombra", pois ela é a grande árvore da sombra *Wubwang'u* – "grande" no âmbito do ritual, porque todas as árvores que vi tratadas dessa maneira eram espécimes jovens e delgados. Então ele cava um buraco em cima da raiz principal da árvore e deposita nele os alimentos, enquanto profere a seguinte prece:

*Eyi mufu wami kanang'a wading'i na Wubwang'u*
Tu, ó minha morta (parente materna) que tiveste *Wubwang'u*,
*neyi muntu wunamwidyikili dehi muWubwang'u*
saíste para encontrar alguém hoje no Wubwang'u,
*fuku dalelu mukwashi chachiwahi*
neste mesmo dia deves ajudá-la bem,
*ashakami chachiwahi nawanyana.*
para que ela possa ser adequada aos filhos.

Uma libação de cerveja é então derramada na cavidade sobre os alimentos, a fim de que "as sombras possam vir comer e beber ali". Em seguida, o médico enche de água, ou de cerveja, e de argila branca pulverizada (*mpemba* ou *mpeza*) e sopra isto sobre os risonhos assistentes dispersos, o que é feito em sinal de bênção. Depois, a paciente é posta de pé, encostada à árvore, com o rosto voltado para o leste, enquanto pedaços de casca são cortados da árvore e postos na cesta (cf. figuras 9 e 10), e um ramo frondoso é cortado e dado a um perito do sexo feminino para carregar. Segundo um conhecedor, "ela volta-se para o leste, porque tudo vem do leste (*kabeta kamusela*), onde o sol nasce; quando alguém morre, o rosto é virado na direção do leste, significando que ele nascerá outra vez, mas uma pessoa estéril (*nsama*) ou uma feiticeira (*muloji*) é enterrada com a face para o oeste, a fim de que morra para sempre". Em resumo, o leste é a direção auspiciosa e doadora de vida.

A árvore *kata wubwang'u*, como no *Isoma*, é conhecida como "a mais velha", ou "o lugar de saudação", sendo um símbolo multívoco (isto é, que tem muitas acepções). Tal símbolo é considerado o lugar crítico de transição dos modos de comportamento seculares para os sagrados. No *Wubwang'u* faz-se clara diferenciação entre os remédios colhidos na floresta seca (*yitumbu ya mwisang'a*) e os apanhados no mato à beira d'água (*yitumbu yetu*). O mato liga-se regularmente ao mesmo tempo à caça e à virilidade, enquanto as moitas à beira d'água estão relacionadas com a feminilidade. As mulheres fazem jardins no solo rico e preto

Figura 9 Cerimônia dos gêmeos: a paciente fica de pé, encostada à árvore medicinal, com o rosto voltado para o leste, a direção do renascimento. O médico corta porções de casca, com a machadinha do ritual, e lança-as na cesta.

de aluvião ao lado dos riachos, e ensopam as raízes de mandioca em poças formadas ali por perto. No *Wubwang'u* há uma árvore "mais velha" separada para o mato e outra para o riacho. *Kata wubwang'u* é a árvore "mais velha" para o mato. O fruto desta árvore é dividido em duas porções simétricas, que os ndembus comparam explicitamente aos gêmeos (*ampamba* ou *ampasá*). Uma quantidade de outras árvores da mata seca são a seguir visitadas à procura de pedaços de casca e de galhos frondosos. Cito a seguir uma lista contendo os nomes de cada espécie, acompanhada de uma abreviada explicação nativa sobre a razão por que a árvore é utilizada.

Figura 10 Cerimônia dos gêmeos: esta figura ilustra a identificação ritual dos gêmeos, neste caso de sexos opostos. O homem de branco é gêmeo da paciente que está de costas para a trepadeira *molu-wawubwang'u* da qual estão sendo cortadas folhas medicinais. Ele deve ficar perto dela em cada ato de cortar medicinal.

A este conjunto de remédios vegetais acrescenta-se uma porção de casas de marimbondos. "Talvez por causa de seu grande número de crias", foi a suposição de um informante.

Fica, assim, completa a lista de remédios da mata. Em seguida, vários remédios são obtidos na mata à beira d'água, que forma uma verdadeira galeria. A árvore "mais velha" à beira do riacho é uma trepadeira chamada *molu wa Wubwang'u*: "a trepadeira do *Wubwang'u*". Os ndembus dizem: "*Molu waWubwang'u* cresce dando muitos ramos diferentes e espalha-se para formar seu próprio lugar, bem

|  | Espécie |  | Explicação ndembu |
|---|---|---|---|
| Termo ndembu | Denominação botânica |  |  |
| 1. *Kata Wubwang'u* | ? | | "Duplos frutos gêmeos" |
| 2. *Musengu* | *Ohna pulchra* | | "Uma flor produz muitos frutos pequenos – os gêmeos são como uma só pessoa". |
| 3. *Mung'indu* | *Swartzia madagascariensis* | | "Produz frutos, e assim dará à mãe muitos filhos". |
| 4. *Mucha* | *Parinari mobola* | | Idêntica à de n. 3. |
| 5. *Mufung'u* | ? *Arisophyllea boehmii* | | Idêntica à de n. 3. |
| 6. *Kapepi* | *Hymenocardia acida* | | Idêntica à de n. 3 – "tem frutos finos, como folhas; são azedos (*batuka*), usados como condimento". |
| 7. *Musoli* | *Vangueriopsis lanciflora* | | "De *ku-solola* 'tornar visível' – fazer com que uma mulher que não tenha filhos possa gerá-los". |
| 8. *Mukula* | *Pterocarpus angolensis* | | "Sua resina vermelha é chamada 'sangue' – para dar à mulher bastante sangue, por ocasião do nascimento". |
| 9. *Mudumbila* | ? | | "Tem frutos, dá fertilidade à mulher". |
| 10. *Muhotuhotu* | *Canthium venosum* | | "De ku-h otomoka, 'cair subitamente' para que a enfermidade da mulher deslize para fora do corpo dela" |
| 11. *Mudeng'ula* | ? | | "Tem frutos" (cf. n. 3). |
| 12. *Mwang'alala* | *Paropsia brazzeana* | | "De *ku-mwang'a*, 'dispersar', significa dispersar a doença". |

espaçoso. Da mesma maneira uma mulher deveria ter tantos filhos quantos são os ramos da trepadeira". Sua utilização ulterior, no *Wubwang'u*, é dupla: primeiro, ela é entrelaçada entre os ramos de remédio das crianças, que foram colocados em pé junto da cabana da paciente para formar um pequeno cercado duplo, semelhante à letra *m*, que servirá como santuário para a sombra atormentadora; em segundo, ela é pendurada sobre os ombros da paciente e ao redor do busto. Este uso relembra seu papel de remédio que deverá fazer com que o leite do peito de uma mulher fique branco, caso se torne amarelo ou avermelhado. O leite de cor alterada é chamado de *nshidi* ("pecado"). Se o leite estiver avermelhado ou amarelo, sabe-se que de alguma forma houve bruxaria na anomalia; a própria mãe pode ser uma feiticeira, ou outra pessoa estará enfeitiçando-a. O remédio *molu* devolve ao leite a cor normal (cf. tb. TURNER, 1967: 347). Os ndembus creem que as coisas brancas representam virtudes e valores tais como bondade, pureza, boa saúde, sorte, fertilidade, franqueza, comunhão social e várias outras auspiciosas qualidades. Assim, *molu*, o símbolo dominante dentre os remédios da beira d'água representa maternidade, lactação, os seios, e fertilidade. Como *Mudyi*, *molu* representa os aspectos nutricionais da maternidade.

Os outros remédios da beira d'água são, então, colhidos. Ei-los segundo a ordem da colheita:

| | Espécie | Explicação ndembu |
|---|---|---|
| *Termo ndembu* | Denominação Botânica | |
| 1. *Molu waWubwang'a* | Possivelmente uma espécie das *Convolvulaciae* | "Cresce dando muitos e diferentes ramos, e forma seu próprio lugar, bem espaçoso; ela se espalha, assim uma mulher deveria ter tantos filhos quantos são os ramos da trepadeira". |
| 2. *Musojisoji* | ? | "Tem muitos frutos, fará fértil a mulher". |
| 3. *Muhotuhotu* | *Canthium venosum* | Cf. n. 10 da lista de remédios da floresta (p. 67). |
| 4. *Mudyi* | *Diplorrhyncus condylocarpon* | "Porque é usado no *Nkang'a*, os ritos de puberdade das moças, para fazer com que uma mulher seja fértil e amadurecida". |
| 5. *Katuna* | (*Uvariastrom hexalobodies*) *Harungana madagascarien sis* | "Katuna tem seiva vermelha. Assim como uma criança nasce acompanhada de sangue, assim também a mãe deve ter muito sangue". |
| 6. *Mutungulu* | ? | "Tem muitas raízes espalhadas – uma mulher deve ter muitos filhos. *Kutung'u-la* significa 'falar de uma pessoa pelas costas', talvez o ódio (*chitela*) venha disto". |

*Comentário*

A grande maioria dessas espécies representa a fertilidade desejada pela mulher. Algumas relacionam-se com a ideia do sangue materno. Um entendido con-

Figura 11 Cerimônia dos gêmeos: as crianças são marcadas com círculos brancos e vermelhos em torno dos olhos, distinguindo-os assim em categorias de gêmeos e não gêmeos.

cedeu-me a informação de que uma criança que ainda não nasceu "alimenta-se através do sangue da mãe", indicando desse modo algum conhecimento sobre a fisiologia da reprodução. De grande interesse é a conexão de remédios como *muhotuhotu* e *matung'ulu* com dificuldade, maledicência e rancores. Estas condições são como um fio vermelho que corre através da estrutura ideológica do *Wubwang'u* e, de fato, associam-se ao simbolismo do vermelho. Assim, as crianças que acompanham o médico de seus pais na mata decoram os rostos com a argila vermelha pulverizada e trazida pelo profissional mais idoso (cf. figura 11). As que são gêmeas desenham um círculo vermelho em volta do olho esquerdo, e, com argila branca em pó, um círculo branco em volta do olho direito. Estes são feitos "para as sombras dos gêmeos, ou para as mães deles", disseram-me os informantes. De acordo com o que disse um deles, o círculo vermelho "representa o sangue", enquanto o branco representa o "vigor" ou a "sorte". Porém, outro disse explicitamente que o círculo vermelho representa "o rancor" (*chitela*), e já que foi feito em torno do olho esquerdo, ou olho "feminino", "talvez a causa do ressentimento venha deste lado". Perguntado sobre o que pretendia dizer com isto, ele prosseguiu afirmando que talvez houvesse hostilidade entre a paciente e sua avó, quando esta última, agora uma sombra *Wubwang'u* atormentadora, era viva. Por outro lado, continuou ele, a sombra pode ter ficado enraivecida por brigas dentro do grupo ligado por parentesco matrilinear (*akwamama*, "aqueles que estão do lado da mãe") e então resolveu punir um dos seus membros. De qualquer maneira, disse ele, o ódio encontra-se mais frequentemente na matrilinhagem (*ivumu* ou "útero") do que entre os parentes paternos, que são benevolentes uns com os outros. Esta era uma tentativa consciente de correlacionar as oposições binárias masculino/feminino, patrilateralidade/matrilinearidade, benevolência/rancor, branco/vermelho, de maneira inteiramente coerente.

Nessa interpretação acha-se implícito também o próprio paradoxo da gemelaridade. Os gêmeos constituem, ao mesmo tempo, sorte e fecundidade razoável; e quanto a isto têm afinidade com relação ideal que deveria ligar os parentes do lado paterno – e má sorte e excessiva fecundidade. Diga-se, de passagem, que os ndembus consideram os gêmeos de sexos opostos como sendo mais auspiciosos do que os gêmeos do mesmo sexo – ponto de vista largamente difundido nas sociedades africanas – possivelmente pelo fato de os gêmeos do mesmo sexo ocuparem idêntica posição como irmãos, na estrutura política e de parentesco.

Exceto o simbolismo gêmeos – fruto do *kata wubwang'u* e o simbolismo dos muitos-em-um do *museng'u* –, os remédios como tais não fazem explícita referência à gemelaridade. Ao contrário representam, cumulativamente, fecundidade exuberante. Mas a incisiva distinção feita nos ritos entre remédios da selva e remédios do mato com passagens, distinção relacionada pelos informantes com a existente entre masculinidade e feminilidade, associa-se ao principal tema dualista do *Wubwang'u*.

## Os Ritos da Nascente do Rio: o riacho e o arco

A árvore *mudyi* (a "árvore de leite"), símbolo central dos ritos de puberdade das moças aparece também no ritual dos gêmeos. De maneira característica, aparece em um episódio que retrata a unidade mística dos opostos. Após a coleta dos remédios na cesta, o profissional mais velho do sexo masculino corta uma flexível vara de *mudyi* e outra de *muhotuhotu*. São levadas para junto da nascente de um riacho (cf. figura 12). As varas são plantadas em cada margem do córrego, opostas uma à outra, com as pontas encurvadas para formar um arco e bem amarradas. A vara de *muhotuhotu* fica por cima da vara de *mudyi*. O arco completo é chamado *mpanza* ou *kuhimpa*, substantivo verbal que significa "troca".

A árvore *muhotuhotu* é usada em vários contextos rituais. Seu significado tende a ser associado pelos ndembus com algumas de suas propriedades naturais, e também com dois verbos dos quais certos "peritos" em ritual derivam alguns dos seus referentes. O hábito de utilização da etimologia, conforme mencionei no capítulo 1, é muito característico da exegese da África Central. Não têm importância saber se a explicação etimológica dos nomes dos objetos e ações do ritual é verdadeira ou falsa. Os ndembus estão apenas fazendo uso de um dos processos que enriquecem o conteúdo semântico de todas as línguas, a *homonímia*, que se pode definir como um tipo de trocadilho sério. Se duas palavras de derivação diferente, mas que soam de modo semelhante, podem emprestar uma a outra alguns de seus significados, efetua-se então o enriquecimento semântico. A homonímia é excepcionalmente útil no ritual, onde, segundo já disse, relativamente poucos símbolos devem representar uma multiplicidade de fenômenos.

Figura 12  Cerimônia dos gêmeos: os participantes do ritual chegam à nascente do rio, "onde a capacidade procriativa começa", carregando ramos de árvores medicinais.

*Muhotuhotu* é algumas vezes derivado do verbo *kuhotumuna*, que significa "cair repentinamente". Diz-se que no final da estação da seca as folhas desta árvore começam a cair simultaneamente, deixando os ramos nus de repente. Do mesmo modo, quando a *muhotuhotu* é usada como remédio, as doenças, as desgraças e os efeitos da feitiçaria e da bruxaria "cairão" da paciente tratada com ela. Todas as vezes que os ndembus usam uma vassoura medicinal para varrer o corpo com folhas de remédio trituradas a *muhotuhotu* forma um de seus três componentes. Esta vassoura é utilizada mais tipicamente no ritual contra a feitiçaria.

Porém o radical *hotu* tem outro derivado, que também influencia o significado de *muhotuhotu*. É o verbo *ku-hotomoka*, cujo sentido me foi dado através desta formulação perifrástica: "uma árvore que se aloja sobre outra árvore e cai subitamente quando o vento sopra; a queda é chamada *ku-hotomoka*. Algumas vezes significa uma árvore que cresce sobre o corpo de outra árvore. Uma doença está sobre o corpo de uma pessoa, e o médico deseja que ela se vá embora".

Na particular situação encontrada no *Wubwang'u*, contudo, afirma-se que *muhotuhotu* representa "o homem" (*iyala*), enquanto a vara de *mudyi* representa "a mulher" (*mumbanda*). Todos os conhecedores a quem perguntei concordam que é assim, ressaltando que a *muhotuhotu* fica colocada sobre a *mudyi*. Além disso, dizem que o ato de amarrar as varas representa a união sexual (*kudisunda*). Às vezes, uma vara de madeira da *kabalabala* (espécie *Pseudolachnostylis*) é usada em lugar da *muhotuhotu*. Um galho em forquilha desta madeira é frequentemente usado como santuário no culto dos caçadores. É uma madeira rija, resistente às térmites, sendo comparada no ritual de circuncisão dos meninos a um falo ereto. No ritual em questão é usado como medicamento para produzir a potência masculina. Neste caso a conexão com a virilidade transparece claramente.

Outro grupo de referentes dos objetos rituais relaciona-se com a forma do arco sobre o riacho. Sua denominação *mpanza* significa "a forquilha" ou a bifurcação do corpo humano. Eis o que disse um informante: "*Mpanza* é o lugar onde as pernas se juntam. É o lugar dos órgãos da reprodução, nos homens e nas mulheres". O mesmo símbolo aparece no rito de puberdade das moças, onde um pequenino arco de madeira *mudyi* (*kawuta*) é colocado na ponta da cabana de reclusão da noviça, exatamente onde uma vara de madeira *mudyi* é atada a outra vara da madeira vermelha *mukula*. O arco ornado de contas brancas que simbolizam filhos representa a desejada fecundidade da noviça. O ponto de junção das varas é também chamado *mpanza*. Esta bifurcação, básica para a continuidade biológica e social, reaparece no simbolismo dualista da gemelaridade.

O termo *mpanza* é empregado, na circuncisão dos meninos, para designar um túnel formado pelas pernas dos oficiantes e dos circuncisores mais idosos, sob o qual os guardiães mais jovens que cuidam dos noviços durante o retiro são obrigados a passar. O túnel é ao mesmo tempo uma entrada para a situação da circuncisão e também um modo mágico de fortalecer os órgãos genitais dos jovens guardiães. O simbolismo do túnel neste ritual relembra aquele já encontrado no *Isoma*.

O motivo *mpanza* torna a aparecer no próprio rito do *Wubwang'u*. Durante os ritos executados mais tarde no santuário da aldeia, os médicos do sexo masculino passam por baixo das pernas entreabertas, uns dos outros (cf. figura 19).

Mesmo a paciente tem de passar por baixo das pernas dos médicos. Chama-se a isto *kuhanwisha muyeji mwipanza*. O túnel do *Isoma*, o leitor deve estar lembrado, designava-se *ikela dakuhanuka* ou de *kuhanuka* tem a mesma raiz que *ku-hanwisha*.

Até agora, pois, o arco representa a fecundidade, resultante da masculinidade e da feminilidade combinadas. A localização do *mpanza* junto da nascente do riacho é também significativa. Tal fonte (*ntu* ou *nsulu*) é tida pelos ndembus como o lugar "onde a capacidade de procriar (*lusemu*) começa". A água é classificada pelos especialistas em ritual na categoria dos símbolos "brancos". Como tal, tem os significados genéricos de "bondade", "pureza", "sorte" e "vigor", de que participa juntamente com outros símbolos desta classe. (Uma das funções desse rito é, segundo me disseram os informantes, a de "afastar" as doenças, lavando-as" (*nyisong'u*). Os pés dos médicos são lavados "a fim de se purificarem" (*nakuyitookesha*), pois existe um elemento de impureza no *Wubwang'u*, na sua linguagem indecente e agressividade.) Porém, a água tem outras significações correspondentes a suas propriedades peculiares. Assim, o fato de a água ser "fria" (*atuta*) ou "fresca" (*atontola*) representa "estar vivo" (*ku-handa*), por oposição ao candente calor do fogo, que, como a febre, significa "morte" (*ku-fwila*), especialmente a morte resultante de feitiçaria. Além disso a água, na forma de chuva ou de rios, representa "aumento" ou "multiplicação" (*ku-senguka*), fertilidade em geral. O simbolismo do *mpanza* nos ritos de gemelaridade dá a entender que a fertilidade humana correlaciona-se com a fertilidade da natureza.

O motivo da "frialdade" é também exemplificado quando a profissional mais idosa tira um pedaço de solo preto de aluvião (*malowa*) do riacho, exatamente abaixo do arco. O pedaço é colocado na cesta de medicamentos e depois forma um dos componentes do santuário da aldeia para o espírito *Wubwang'u*. Os informantes afirmam que o uso de *malowa* aqui se assemelha ao emprego do mesmo pedaço de solo nos ritos de puberdade das moças. Nestes, *malowa* representa felicidade conjugal (*wuluwi*), termo relacionado com *luwi*, significando "perdão" ou "bondade". Em muitos outros contextos julga-se que é usado porque é "frio" devido ao contato com a água. Sendo "frio", enfraquece as doenças, que, no ritual *Isoma*, são interpretados como "quentes". Mas está também relacionada, segundo os informantes, com a fecundidade, já que as colheitas crescem exuberantemente nesse tipo de solo.

Depois da noite nupcial que se segue ao rito de puberdade das moças, a instrutora das noviças (*nkong'u*) coloca um pouco de terra *malowa* em contato com a noiva e com o noivo, espalhando em seguida fragmentos dela na soleira de cada cabana da aldeia que seja habitada por um casal. Os ndembus dizem que isto significa que "o casal agora se ama convenientemente e a instrutora deseja unir todos os casais da aldeia com amor idêntico". A noção de que o casamento deveria ser, de maneira ideal, fecundo e pacífico, está expressa de maneira bastante clara pelas mulheres ndembus. Afirmam que o tipo de marido que preferem é um homem bem disposto, trabalhador e de fala tranquila. Um homem assim, dizem elas, será "pai de dez filhos". Este tipo ideal, como é visto pelas mulheres, representa exatamente o oposto do tipo de personalidade masculina exaltado nos cultos dos caçadores, a espécie de homem que, como diz um canto ritual dos caçadores, "dorme com dez mulheres num só dia, e é um grande ladrão". De fato, recomenda-se às mulheres, em tais contextos, que deem os corações a esses brutais, rixentos e sensuais homens da floresta. Os dois ideais antitéticos coexistem na sociedade ndembu, como na nossa, conforme reconhecerá qualquer leitor de *E o vento levou*. Este romance, diga-se de passagem, também se baseia num tema dualista, o do Norte contra o Sul, o do capitalismo contra os grandes proprietários de terra. Além disso, não só a união fecunda, mas também o combate dos sexos é mostrado em vários episódios do ritual dos gêmeos.

Assim, o arco *mpanza* representa o amor fecundo e legítimo entre o homem e a mulher. Os princípios masculino e feminino estabelecem uma "troca" de qualidades; as margens opostas do riacho são reunidas pelo arco. A água da vida flui por baixo dele, sendo a frialdade e a saúde os modos predominantes.

Depois que o *mpanza* é feito, a paciente fica de pé sobre uma tora de madeira no meio da água (cf. figura 13). Os peritos do sexo feminino e suas filhas alinham-se sobre o tronco atrás dela, por ordem de idade. O mais idoso profissional do sexo masculino traz a cabaça pequena (*ichimpa*), francamente comparada pelos informantes a um falo (*ilomu*), sendo do tipo usado para treinar as noviças na técnica sexual, no rito de puberdade das moças, e retira da cabaça a argila branca (*mpemba*) em pó. Os médicos do sexo masculino previamente acrescentaram determinados ingredientes à argila branca, pequenas porções de *mpelu* ou pedaços de matéria animal ou orgânica, usados como ingredientes da magia de contágio. No *Wubwang'u* são classificados como símbolos "brancos", contando-se entre eles porções brancas, pulverizadas, do besouro gigante, também usado como talismã nos cultos de caça; alguns fios de cabelo de um albino (*mwabi*), considerado como um ser auspicioso; penas brancas de papagaio pardo (*kalong'u*); e penas de pombo branco (*kapompa*). Todos esses elementos correlacionam-se com a caça e a masculinidade, bem como com a brancura. A própria argila branca refere-se explicitamente ao sêmen (*matekela*), que, por sua vez, diz-se que é o "sangue purificado pela água". O profissional mais velho defronta-se com a paciente, põe-lhe o pó branco na boca e sopra-o sobre o rosto e o peito. Em seguida, a profissional feminina mais idosa, de pé logo atrás da paciente, toma um pouco de argila vermelha (*mukundu*) em pó da concha de um grande caracol aquático chamado *nkalakala*; põe-no na boca e sopra-o sobre o rosto e o peito da paciente.

O ato de soprar (*ku-pumina* ou *ku-pumbila*) representa ao mesmo tempo o orgasmo e a bênção com as boas coisas da vida (*ku-kiswila nkisu*). Proporciona, ainda, outro exemplo da bipolaridade semântica dos símbolos rituais. O sopro

Figura 13 Cerimônia dos gêmeos: paciente e entendidos enfileiram-se sobre uma tora de madeira, no riacho, e os médicos preparam-se para soprar argila branca e vermelha em pó dentro da orelha da paciente.

com a argila branca e depois com a vermelha dramatiza a teoria ndembu da procriação. Meu melhor informante, *Muchona,* interpretou o rito da seguinte maneira: "A argila branca representa o sêmen e a argila vermelha o sangue materno. O pai primeiro dá sangue à mãe, que o guarda no corpo e o faz crescer. O sêmen é este sangue, misturado e embranquecido com a água. Origina-se do poder do pai. Permanece na mãe como uma semente de vida" (*kabubu kawumi*). *Muchona,* e alguns outros, defendem o ponto de vista de que *ambas,* a argila branca e a vermelha, deveriam ficar dentro da concha do caracol, para representar a união dos dois parceiros, o masculino e o feminino, na concepção de um filho. Todavia, em todas as execuções do *Wubwang'u* a que presenciei, a argila branca e a vermelha eram guardadas em recipientes separados. O que há de interessante no ponto de vista de *Muchona* é que ele acentua o aspecto unificador do rito.

### A construção do sacrário dos gêmeos na aldeia

O dualismo prevalece no rito público que se realiza em seguida na aldeia da paciente. Isto é significativamente representado tanto pela estrutura binária do sacrário dos gêmeos, como pela explícita oposição dos sexos na mímica, na dança e nos cantos. Os médicos retornam do rio carregando galhos cheios de folhas, como numa procissão de Domingo de Ramos, embora constituída principalmente de mulheres e crianças (cf. figura 14). Lévi-Strauss consideraria talvez a presença de crianças na coleta de medicamentos, muito anômala no ritual ndembu, como sinal de que as crianças são "mediadores" entre os homens e as mulheres, porém, os ndembus julgam-nas símbolos (*yinjikijilu*) de gemelaridade (*Wubwang'u*) e de fecundidade (*lusemu*). Querem também que "se fortaleçam, pois tudo o que cai no âmbito do *Wubwang'u* por nascimento, ou relação, crê-se que se tenha enfraquecido e necessite de revigoramento místico".

O sacrário da gemelaridade na aldeia é construído acerca de cinco metros em frente da cabana da paciente. É feito com os galhos frondosos recolhidos na mata, um de cada espécie medicinal, em forma de semicírculo, tendo mais ou menos quarenta e cinco centímetros de diâmetro. Faz-se no centro uma separação dos ramos, dividindo-o em dois compartimentos. Cada um deles é finalmente preenchido com grupos de objetos rituais. Mas, em diferentes execuções a que assisti, os oficiantes mais idosos tinham diferentes opiniões sobre o modo como os compartimentos deveriam ser considerados, e isto influenciava a escolha dos objetos. Uma escola de pensamento afirmava que o compartimento chamado do "lado esquerdo" deveria conter: 1) uma base de lama preta do rio (*malowa*) tirada do lugar situado debaixo dos pés da paciente, nos Ritos da Nascente do Rio, "para enfraquecer as sombras causadoras da condição de *Wubwang'u*; 2) um pote de argila preta (*izawu*), salpicado de argila branca e vermelha, tirada de dentro da cabaça em forma de falo e da concha do molusco aquático (cf. figura

Figura 14  Cerimônia dos gêmeos: os participantes do ritual voltam do rio carregando ramos, como uma procissão de Domingo de Ramos.

15); e 3) no vaso deveria haver água fria misturada a lascas da casca das árvores medicinais (cf. figuras 16 e 17). Em contraste, o compartimento do lado direito deveria conter uma pequena cabaça com cerveja sagrada feita de mel (*kasolu*), normalmente uma bebida de homens e de caçadores, usada como beberagem sagrada nos cultos de caçadores. É muito mais inebriante do que qualquer outra das cervejas dos ndembus, e sua qualidade "de subir à cabeça" é considerada apropriada à brincadeira sexual que caracteriza os ritos. O mel, também, é um símbolo do prazer das relações sexuais (cf., por exemplo, a canção à p. 86). Nessa variante, o compartimento do lado esquerdo é considerado feminino, e o do lado direito, masculino. Cada compartimento é chamado *chipang'u*, o que significa "cercado" ou "sebe", em geral circundando um espaço sagrado, como o lugar da habitação e a cabana de medicamentos de um chefe.

Figura 15 Cerimônia dos gêmeos: construção do sacrário dos gêmeos. O vaso de remédios é decorado com pequenas pinceladas brancas e vermelhas. Na cesta há uma roliça raiz de mandioca, que é o alimento mencionado à p. 62.

A paciente é salpicada com remédio do vaso, enquanto os peritos, homens e mulheres, bebem cerveja juntos. Nesta forma do ritual o principal dualismo é o do sexo.

Porém, em outra variante – descrita à p. 90 – o compartimento da esquerda é de proporções menores do que o outro. Aqui a oposição é entre fecundidade e esterilidade. O compartimento da direita do *chipang'u* representa a fecundidade e as sombras férteis e benéficas; o compartimento da esquerda é considerado como o das pessoas estéreis (*nsama*) e das sombras de pessoas estéreis e maléficas (*ayikodjikodji*). Um grande vaso de barro decorado com argila branca e vermelha, como na primeira forma dos ritos, é colocado no compartimento maior. Este é

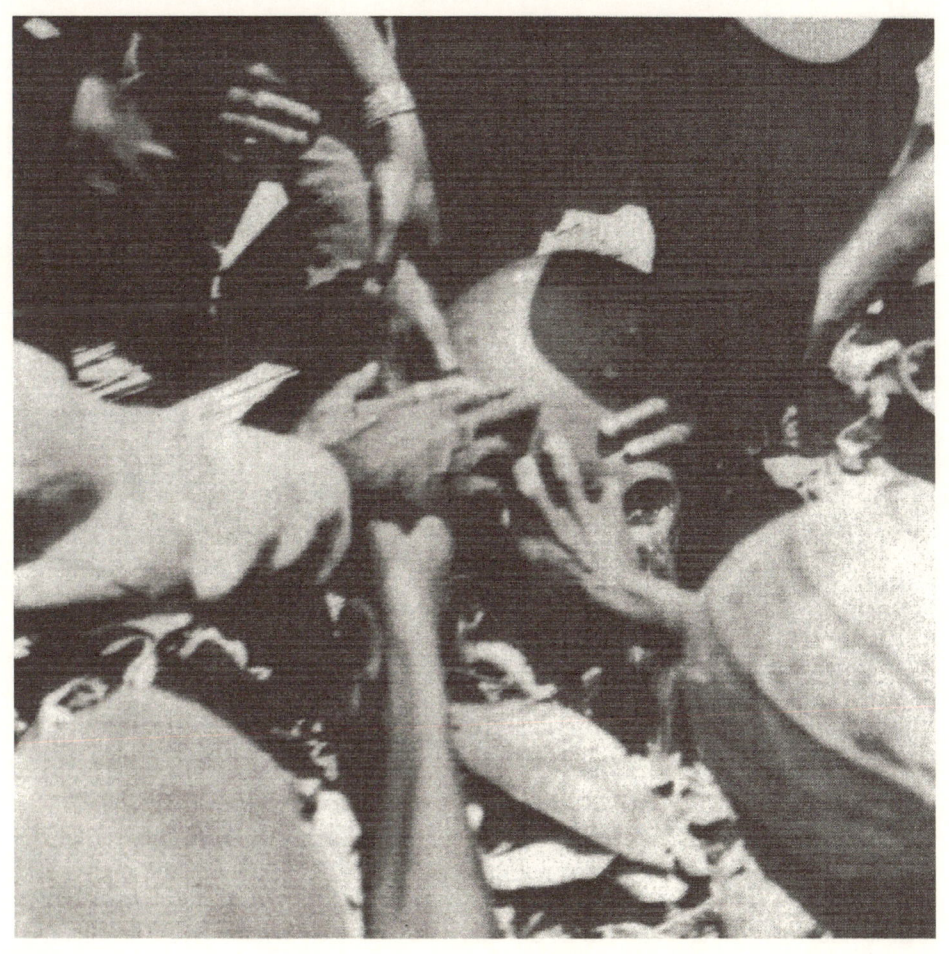

Figura 16 Cerimônia dos gêmeos: as mãos de todos os peritos coletivamente despejam água dentro do vaso de medicamentos, cada um deles acrescentando sua própria "força".

conhecido como a "avó" (*nkaka yamumbanda*), e representa a sombra atormentadora que outrora foi também mãe de gêmeos. O outro compartimento é que tem interesse para a pesquisa antropológica. Há uma frase enigmática na narrativa dos ritos reais (cf. adiante, à p. 91), *nyisoka yachifwifwu chansama*, que literalmente significa "rebentos de um feixe de folhas de uma pessoa estéril". O termo *nsama* representa um homônimo, na realidade um sinistro jogo de palavras. Um dos sentidos da palavra é "um feixe de folhas, ou de capim". Quando um caçador deseja obter mel, sobe a uma árvore até a colmeia (*mwoma*) e puxa atrás dele numa corda um feixe de capim ou de folhas. Joga a corda sobre um galho, põe fogo no feixe *nsama*, e suspende-o até ficar sob a colmeia. Começa a fumegar intensamente e a fumaça expulsa as abelhas. Os restos enegrecidos do feixe são

Figura 17 Cerimônia dos gêmeos: o sacrário dos gêmeos está pronto. É evidentemente um sacrário binário, com dois compartimentos, envolvidos pela trepadeira *molu waWubwang'u*. No compartimento da esquerda fica o vaso preto de medicamentos, sob o qual se pode ver a lama preta. No da direita está a cabaça contendo cerveja sagrada feita de mel; a cabaça é besuntada com argila vermelha e branca.

também chamados *nsama*. Nsama significa ainda "uma pessoa estéril ou infecunda", talvez no mesmo sentido em que dizemos "um caso sem esperanças". O preto é, com frequência, mas nem sempre, a cor da esterilidade no ritual ndembu.

No *Wubwang'u*, quando os hábeis conhecedores retornam da floresta com ramos frondosos, o profissional mais velho arranca algumas folhas desses galhos e amarra-as formando um feixe, conhecido como *nsama yawayikodjikodji abulanga kusema anyana*, "o feixe das sombras malévolas que não deixam parir filhos" ou, abreviadamente, *nsama*. Então, esse *chimbuki* (médico) toma uma cabaça (*chikashi* ou *lupanda*) de cerveja de milho ou de uma espécie de sorgo e despeja-a no *nsama* como uma libação, dizendo: "Vós todas, sombras sem filhos, aqui está a vossa cerveja. Não podeis beber a cerveja que já está despejada dentro deste vaso grande" (no compartimento do lado direito). "Aquela é a cerveja para as sombras que tiveram filhos". Coloca então a porção de lama preta do rio no *chipang'u* e põe o feixe *nsama* em cima da lama. Acredita-se que a argila preta *malowa* sirva para "enfraquecer as sombras causadoras de doenças".

Outra diferença entre as duas formas de cercado *chipang'u* é que naquela que acentua o dualismo sexual se insere uma flecha atrás do vaso situado, no compartimento da esquerda, com a ponta para baixo (cf. figura 18). A seta representa o marido da paciente. As setas com esse significado aparecem em vários rituais dos ndembus, e o nome para a quantia paga pelo marido para obter a noiva é *nsewu*, "flecha". Nos ritos que acentuam a dicotomia entre fecundidade e esterilidade a flecha não é empregada. Nos últimos parece haver uma igualdade entre esterilidade e gemelaridade, pois os gêmeos frequentemente morrem; o excesso é a mesma coisa que a deficiência. Em ambos os tipos, não obstante, a trepadeira fluvial, *molu waWubwang'u*, é entrelaçada lateralmente através dos ramos verticais, cheios de folhas, do sacrário.

Faz-se a paciente sentar-se numa esteira diante do sacrário, e os ombros dela são envolvidos em ramos da trepadeira *molu waWubwang'u*, para lhe dar fecundidade e, em especial, um bom suprimento de leite (cf. figura 19). Ela é, então, constantemente aspergida com remédios enquanto aquilo que chamo "ritos da peleja de fecundidade entre os sexos" estrondeia alegremente no lugar das danças, entre o sacrário e a cabana da paciente. Considera-se conveniente se pedaços de folhas de remédios aderem à pele da paciente. São os *yijikijilu*, ou "símbolos" da manifestação *Wubwang'u* das sombras. Fazem com que a sombra se torne visível para todos nesta forma de gemelaridade embora transubstanciada em folhas.

## Peleja de fecundidade entre os sexos

O aspecto seguinte do *Wubwang'u* para o qual gostaria de chamar a atenção é a brincadeira sexual entre dois sexos, que marca duas fases daquele rito. Temos aqui uma expressão do paradoxo dos gêmeos, apresentada como brincadeira, ou, conforme dizem os ndembus, como "uma relação jocosa" (*wusensi*). A referência específica dos ritos dirige-se à divisão da humanidade em homens e mulheres e ao despertar do desejo sexual pela acentuação da diferença entre eles, em forma de comportamento antagônico. As sombras dos mortos, de certa maneira, não têm sexo, já que se acredita que dão seu nome e características pessoais às crianças de ambos os sexos, e, num determinado sentido, que nasçam de novo nelas. É a sua humanidade genérica que se salienta, ou talvez sua bissexualidade. Mas os seres vivos são diferenciados pelo sexo, e as diferenças sexuais são, como escreve Gluckman (1955), "exageradas pelos costumes" (p. 61). No *Wubwang'u*, os ndembus estão obcecados pela alegre contradição de que quanto mais os sexos acentuam as diferenças entre eles e a agressão mútua, mais desejam o encontro sexual. Cantam

Figura 18 Cerimônia dos gêmeos: uma flecha é inserida no compartimento esquerdo do sacrário dos gêmeos. A cesta foi colocada sobre o vaso de medicamentos.

canções obscenas e rabelaisianas durante a coleta dos remédios na floresta e no final da dança pública, quando a paciente é borrifada com esses remédios, sendo que algumas canções põem em relevo o conflito sexual e outras são ditirambos em louvor da união sexual, frequentemente especificada como adúlteras. Crê-se que essas canções "revigorem" (*ka-kolesha*) tanto os medicamentos quanto a paciente. Acredita-se também que façam os assistentes ficarem fortes sexual e corporalmente.

Figura 19 Cerimônia dos gêmeos: os ombros da paciente são cobertos com a trepadeira *molu waWubwang'u* para lhe dar fecundidade e uma boa quantidade de leite. Vê-se um médico do sexo masculino arrastando-se por baixo das pernas de outro médico, a fim de dar vigor sexual (cf. p. 72 e 94).

A princípio, antes de cantar as canções obscenas, os ndembus entoam uma fórmula especial: *"kaikaya wō, kakwawu weleti"* ("aqui outra coisa é feita"), que tem o efeito de tornar legítima a menção de assuntos que, de outro modo, seriam o que chamam de "uma coisa secreta, de vergonha ou de pudor" (*chama chakujinda chansonyi*). Idêntica fórmula é repetida nos casos legais concernentes a assuntos como adultério e quebras de exogamia, quando as irmãs e as filhas, ou contraparentes (*aku*), dos queixosos e dos defensores estão presentes. Os ndembus têm uma frase costumeira que explica as canções *Wubwang'u*. Este canto é liberado da vergonha, porque o despudor (uma característica) do tratamento curativo do *Wubwang'u* (*kamina kakadi nsonyi mulong'a kaWubwang'u kakuuka nachu nsonyi kwosi*). Em resumo, o *Wubwang'u* é uma ocasião de desrespeito autorizado e de impudícia prescrita. Mas nenhuma promiscuidade sexual é posta em prática no comportamento real deles; a indecência é expressa somente por palavras e por gestos.

Os cânticos, em ambas as fases, decorrem segundo uma série ordenada. Primeiramente, os membros de cada sexo depreciam os órgãos sexuais e as façanhas dos membros do sexo oposto, exaltando os seus próprios. As mulheres, por zombaria, asseguram a seus maridos que têm amantes secretos e os homens replicam que tudo o que conseguem das mulheres são doenças venéreas, consequência do adultério. Posteriormente, ambos os sexos louvam, em termos líricos, os prazeres da relação sexual. A atmosfera é alegre e agressivamente jovial; homens e mulheres empenhando-se em apuparem-se uns aos outros (cf. figura 20). Julga-se que o canto agrade à poderosa e alegre manifestação das sombras no *Wubwang'u*.

*Nafuma mwifundi kumwemweta*
"Vou embora para ensinar a ela como sorrir,
*Iyayi lelu iyayi kumwemweta.*
À sua mãe, hoje, à sua mãe como sorrir.
*Kakweji nafu namweki,*
A lua, que se tinha ido, aparece,
*Namoni iyala hakumwemweta.*
Eu vi o homem para quem sorrir.
*Eye iyayi eye!*
Mãe!
*Twaya sunda kushiya nyisong'a,*
Venha e copule para deixar as doenças,
*Lelu tala mwitaku mwazowa*
Hoje olhe para uma vulva úmida
*Nyelomu eyeye, nyelomu!*
Mãe do pênis! Mãe do pênis!
*Ye yuwamuzang'isha*
Aquilo dará a você muito prazer.
*Nashinkaku. Nashinki dehi.*
Eu não fecho. Eu já fechei.
*Wasemang'a yami wayisema,*
Você está dando nascimento, eu sou a que dá nascimento
*Nipibuyi yami.*
Sou o mais velho dos gêmeos.

Figura 20 Cerimônia dos gêmeos: homens e mulheres jovialmente insultam-se uns aos outros, simbolizando verbalmente a competição de fecundidade entre os sexos.

> *Mwitaku mweneni dalomu kanyanya,*
> Uma vulva grande, um pênis pequeno,
> *Tala mwitaku neyi mwihama dachimbu,*
> Olhe, uma vulva como a testa de um leão,
> *Nafumahu ami nganga yanyisunda.*
> Vou-me embora, eu, um verdadeiro mágico da cópula.
> *Kamushindi ilomu,*
> Esfregarei o seu pênis
> *Yowu iyayi, yowu iyayi!*
> Mãe, ó Mãe!
> *Mpanga yeyi yobolong'a chalala.*
> Seu escroto intumescido estimula a vulva, sem dúvida.

*Mwitaku wakola nilomu dakola,*
Uma vulva forte e um pênis forte,
*Komana yowana neyi matahu, wuchi wawutowala sunji yakila.*
Como comicha feito grama! A cópula é como o doce mel.
*Ilomu yatwahandanga*
O pênis está fazendo com que eu fique forte,
*Eyi welili neyi wayobolang'a, iwu mutong'a winzeshimu.*
Você fez algo quando brincou com a minha vulva, aqui está a cesta, encha-a".

## A brincadeira entre os sexos e entre os primos cruzados

O que é notável é a perfeita igualdade entre os sexos nesta mútua e gracejadora "flyting" (disputa)[3], usando um termo tomado de empréstimo aos poetas escoceses chaucerianos, empregado para designar uma competição de versos satíricos. Não há indícios de que este seja um "ritual de rebelião", no sentido de Gluckman (1954). O que é representado no *Wubwang'u* parece associar-se mais ao conflito entre virilocalidade, que interliga os parentes e expulsa as parentas de suas aldeias nativas, e matrilinearidade, que assegura a supremacia estrutural fundamental da descendência através das mulheres. Esses princípios acham-se muito uniformemente equilibrados na vida secular, como sugeri em *Schism and Contimity in an African Society* (1957). Os ndembus explicitamente relacionam as brincadeiras do *Wubwang'u* com as costumeiras brincadeiras entre primos cruzados. As duas espécies são chamadas *wusensi*, e implicam um elemento de réplica sexual.

A importância da relação entre primos cruzados (*wusonyi*) na sociedade ndembu deriva, em grande parte, da oposição entre virilocalidade e matrilinhagem. Isto porque as aldeias tendem a conter quase a metade, do total de crianças, igual ao número de filhos de irmãs de homens da geração mais idosa do parentesco matrilinear (TURNER, 1957: 71 quadro 10). Estes são agrupados em conjunto, como membros de uma única geração genealógica em oposição à geração adjacente mais velha. Mas os primos cruzados estão também separados uns dos outros: os filhos de homens da aldeia entram em competição com seus primos cruzados pelos favores e atenções dos pais. A virilocalidade, numa sociedade de descendência matrilinear, também dá ao indivíduo duas aldeias, nas quais terá fortes direitos legítimos de residir; aquelas, respectivamente, dos parentes do pai e dos parentes da mãe. Na prática, muitos homens acham-se dilacerados entre lealdades rivais a uns ou a outros, ao lado paterno ou ao lado materno. Contudo, como filho de seu pai e de sua mãe, cada homem representa a união de ambos.

---

3. *Flyting*: gerúndio do dialeto inglês (*flyte*); uma disputa ou troca de insulto pessoal, em forma de versos [N.T.].

Julgo que a igualdade aproximada de vínculos existentes entre os lados masculino e feminino da sociedade ndembu, sem que nenhum dos dois grupos seja considerado axiomaticamente dominante, está simbolizada no *Wubwang'u* pela oposição ritual entre homens e mulheres. A relação entre primos é o laço de parentesco que mais plenamente expressa a fecunda tensão entre esses princípios, pois exprime a unidade residencial de parentes ligados por matrilinearidade e patrilinearidade. Os primos cruzados de sexos opostos são encorajados a se casarem, e, antes do casamento, podem entregar-se a divertimentos amorosos e a brincadeiras obscenas uns com os outros. Pois o casamento produz uma unidade temporária dos sexos, cujas diferenças, estereotipadas e exageradas pelo costume, foram associadas a princípios iguais e opostos da organização social. Consequentemente, não é contrário com o modo ndembu de ver as coisas que comparem as relações sexuais jocosas com as brincadeiras entre primos cruzados. O *Wubwang'u* também, apesar de toda a sua impudicícia, exalta a instituição do casamento no simbolismo do arco *mpanza* e no da flecha que representa o marido, introduzida no sacrário *chipang'u*. A flecha representa o marido da paciente. No ritual de puberdade das moças, uma flecha colocada na árvore *mudyi* simboliza a figura do noivo, e, na verdade, o termo usado para designar o principal pagamento de núpcias é *nsewu*, que significa "flecha". O impulso de procriar fica domesticado a serviço da sociedade através da instituição do casamento. É isto que o simbolismo sugere. E o casamento entre primos cruzados, quer matrilineares quer patrilineares, é a forma preferida.

## A contenda pela filiação residencial entre matrilinhagem e virilocalidade

Repetindo, diremos que a sociedade ndembu regula-se por dois princípios residenciais, de poder quase igual: a descendência matrilinear e a virilocalidade-patrilocalidade. Esses princípios tendem a entrar em conflito e não a se ajustar, como afirmei em *Schism and Continuity* (1957), o que se deve, em parte, a razões ecológicas. Os ndembus cultivam uma espécie vegetal de consumo geral, a mandioca, que se desenvolve em muitos tipos de solo, e caçam animais das florestas, largamente distribuídos por todo o território. Não criam gado, e os homens atribuem alto valor à caça, que pode ser exercida em todo o país ndembu. A água encontra-se por toda parte. Nada há que obrigue as populações a se fixarem em zonas limitadas do território. Dada a existência de dois principais modos de filiação, não existe peso ecológico a favor de qualquer dos dois princípios. Só quando uma comunidade africana está fixada a áreas limitadas de terra fértil ou quando pode explorar apenas uma única espécie de recursos móveis (como grandes rebanhos de gado) é que se pode encontrar a supremacia em diversos campos de atividade de um único princípio de organização do parentesco, a patrilinearidade e a matrilinearidade. Nas condições ecológicas dos ndembus a filiação residencial através dos laços masculinos (marido ou pai) entra em livre competição com a matrilinearidade. Em certo momento, uma determinada aldeia pode mostrar, em sua composição residencial, a predominância de um modo, e, em outro momento, a de outro modo.

Acredito que essa competição estrutural entre os mais importantes princípios da filiação residencial é um fator decisivo para explicar (1) a maneira como os ndembus tratam os gêmeos, e (2) seu conceito da dualidade, não em termos de um par de semelhantes, mas de um par de opostos. A unidade de tal par é a mesma de uma unidade tensa, ou *Gestalt*, cuja tensão se constitui de forças ou realidade inextirpáveis, implacavelmente opostas, e cuja natureza, enquanto unidade, é constituída e limitada pelas próprias forças que lutam no seu íntimo. Se essas forças irreprimíveis e mutuamente implicadas são partes de um ser humano ou de um grupo social, podem também constituir poderosas unidades, ainda mais se ambos os princípios ou protagonistas em conflito são conscientemente reconhecidos e aceitos. São unidades naturais por si mesmas devendo ser distinguidas das unidades planas arbitrárias, que podem ser reduplicadas externamente. Porém não são exatamente iguais aos pares dialéticos de opostos de Hegel ou de Marx, uma de cujas partes, depois de dominar a outra, dá origem a novas contradições no seu próprio interior. Levada em conta a persistência da ecologia ndembu, as partes dessa unidade tensa são da mesma classe e, na sua mesma oposição, passam a modelá-la, a constituí-la. Uma não aniquila a outra; de certo modo, estimulam-se mutuamente, como fazem em forma simbólica os sexos que escarnecem um do outro no *Wubwang'u*. Somente a mudança socioeconômica pode romper este tipo de *Gestalt* social.

Em *Schism and Continuity* tentei analisar vários aspectos desse tipo de unidade, a da matrilinearidade por oposição à virilocalidade; o indivíduo ambicioso por oposição ao encadeamento mais amplo da família matrilinear; a família elementar em face do grupo de irmãos uterinos, oposição que pode também ser considerada como tensão entre os princípios patrifiliais e matrilineares; a audácia da juventude contra a tirania da geração mais velha; a busca de uma posição social diante da responsabilidade; a feitiçaria – isto é, os sentimentos hostis, rancores e intrigas – contra o amistoso respeito pelos outros etc. Todas essas forças e princípios podem estar contidos dentro da unidade ndembu, pertencem a ela, dão-lhe colorido, constituem essa própria unidade. O que não pode estar incluído nela são as pressões modernas e o enriquecimento.

O que acontece, portanto, no decurso do ritual *Wubwang'u*? Os princípios opostos não estão permanentemente conciliados ou combinados. Como podem estar, se os ndembus permanecem no nível da tecnologia e com a particular ecologia que descrevi? Mas, ao invés de ficarem uns contra os outros no antagonismo cego do interesse material, "não vendo nada além de si mesmos", por assim dizer, eles se reorganizam uns com os outros na unidade transcendente, consciente, reconhecida da sociedade ndembu, da qual constituem os princípios. E assim, em determinado sentido, por certo tempo, eles realmente se tornam um jogo de forças[4] em vez de uma batalha implacável. Os efeitos de tal "jogo" logo desaparecem, mas o ferrão venenoso é temporariamente arrancado de certas relações perturbadas.

## A gemelaridade como mistério e absurdidade

Os episódios rituais que apresentei, embora superficialmente – os Ritos da Nascente do Rio, e do Duplo Sacrário com a Luta de Fecundidade entre os Sexos – relacionam-se com dois aspectos do paradoxo da gemelaridade. O primeiro encontra-se no fato da noção 2 = 1 poder ser encarada como um mistério. De fato, os ndembus caracterizam o primeiro episódio por um termo que exprime amplamente este sentido. É *mpang'u*, que se aplica ao episódio central e mais esotérico de um rito. A mesma palavra também significa "uma expressão secreta ou senha", tal como é usada pelos noviços e seus guardiães na cabana da circuncisão. Os ritos na nascente do riacho representam um mistério religioso, como os antigos gregos e romanos, ou os dos cristãos modernos, porquanto dizem respeito a assuntos ocultos inexplicáveis, além da razão humana. O segundo aspecto é a impressão que os ndembus têm de que 2 = 1 constitui um absurdo, uma enorme e quase brutal brincadeira. Embora grande parte de seus ritos seja devotada à conquista da fecundidade sob várias espécies, no entanto a mãe de gêmeos recebe demasiada quantidade dela de uma só vez.

O que há de interessante a respeito tanto do mistério quanto do absurdo da gemelaridade é que os ndembus, no ritual do *Wubwang'u*, decidiram exibir os principais conjuntos de díades complementares e antitéticas reconhecidos em sua cultura. Contudo, quanto ao aspecto de mistério, há também o evidente aparecimento do sagrado triângulo de cores, branco-vermelho-preto (cf. TURNER, 1967: 69-81). Estas cores constituem, para os ndembus, rubricas classificatórias que agrupam e ordenam toda uma hierarquia de objetos, pessoas, atividades, episódios, gestos, acontecimentos, ideias e valores rituais. Na fonte do rio, os dois tipos de argila, a branca e a vermelha, reúnem-se com a fria lama preta do rio, sendo o conjunto interpretado como significando a união dos sexos em um casamento pacífico e fecundo. Mas, evidentemente, o triângulo, conforme se pode deduzir de seu aparecimento em outros rituais, mais complexos e fundamentais, principalmente os referentes à crise da vida, têm um significado mais profundo do que esta especificação de situação dentro de sua total riqueza semântica. O

---

4. Minha cunhada, a Sra. Helen Bernard, da Universidade de Wellington, Nova Zelândia, chamou-me a atenção para a semelhança deste ponto de vista com a noção hindu de um *lila*.

triângulo representa a ordem social e cósmica inteira reconhecida pelos ndembus, na sua harmonia e equilíbrio, onde todas as contradições empíricas se resolvem misticamente. A perturbação ocasionada pela manifestação das sombras no *Wubwang'u* é aqui ritualmente neutralizada por uma representação de ordem quintessencial, representação que, acredita-se, tem eficácia, e não é uma mera reunião de sinais cognoscitivos.

O *Wubwangu* é um ritual que vai, com regularidade, da expressão de desordem jocosa à de ordem cósmica, voltando à desordem, para finalmente ser resolvido pela remoção da paciente, parcialmente segregada da vida secular até que tenha sido retirada dela a condição de perigo. Esta oscilação é, até certo ponto, homóloga à estrutura processual do *Isoma*. Porém, a maior diferença entre esses ritos é a constante acentuação no *Wubwang'u* da oposição entre os sexos e dos princípios sociais de filiação, derivados dos pais de sexo oposto. No *Isoma*, a díada sexual ficava subordinada à antítese vida/morte. No *Wubwang'u* a oposição social é o principal tema.

*Uma concepção ndembu sobre o* wubwang'u

Receio que até aqui não tenha permitido aos ndembus falarem suficientemente sobre o significado do *Wubwang'u*. Para apresentar a "concepção interior" que eles têm, e oferecer ao leitor a oportunidade de comparar a interpretação deles com a minha, traduzirei comentários que gravei, feitos por peritos do *Wubwang'u* quer durante as reais execuções dos ritos quer logo depois, em debates informais.

Começarei por um relato sucinto do processo inteiro, tal como foi contado por um experiente médico do sexo masculino:

*Neyi nkaka yindi wavwalili ampamba,*
Se a avó dela (da paciente) deu à luz gêmeos,
*neyi nkaka yindi nafwi dehi*
e se a avó dela já morreu,
*chakuyawu nakuhong'a kutiya mukwakuhong'a*
quando eles vão adivinhar o adivinho responde
*nindi nkaka yeyi diyi wudi naWubwang'u*
e diz: Sua avó é a que tem *Wubwang'u,*
*diyi wunakukwati nakutwali,*
ela é a que apanhou você,
*kulusemu lwaWubwang'u*
que trouxe você para o estado reprodutivo do *Wubwang'u*
*dichu chochina hikukeng'a walwa*
e assim, por conseguinte, ela deseja cerveja
*nakumwimbila ng'oma yaWubwang'u*
para o toque dos tambores (ou dança) do *Wubwang'u*.

*Neyi wudinevumu akumujilika hakuvwala chachiwahi*
Se você tem um útero (isto é, se está grávida), ela proíbe-a de dar à luz de maneira satisfatória.
*Neyi eyi navwali dehi chachiwahi*
Se você já deu à luz de maneira satisfatória,
*kunyamuna mazu amakulu*
deve (haver) uma renovação e dispersão daquelas palavras primitivas
*hikuyimwang'a hikutela acheng'i*
e um corte (de remédios) (isto é, os ritos devem ser cumpridos outra vez)
*nakuwelishamu mwana mukeki.*
A fim de que o bebê possa ser lavado (neles).
*Neyi nawa aha mumbanda navwali ajnpamba.*
Algumas vezes quando uma mulher teve gêmeos
*akuya ninyana mwisang'a*
eles irão com as crianças ao mato
*nakamukunjika kunyitondu yakumutwala kumeji*
e põem-na de pé ao lado das árvores e levam-na até a água
*nakusenda nyolu*
e carregam ramos (da trepadeira *mola waWubwang'u*)
*yakupakata nakukosa mama yawu*
para enfeitá-la (por cima e por baixo dos braços) e lavam a mãe –
*ninyana hamu hikutwala anyana ku mukala*
e as crianças exatamente da mesma maneira – e transportam as crianças para a aldeia.
*Kushila kuna ku mukala*
Quando chegam lá na aldeia,
*Hikutung'a chipang'u kunona yitumbu*
eles constroem um (pequeno) cercado (para um sacrário) e apanham remédios
*hikusha mu mazawu izawu dimu danyanya dakusha*
e colocam-nos em gamelas de medicamentos (ou potes de argila) – uma pequena gamela (ou pote)
*nyisoka yachifwifu chansama*
para rebentos verdes de um feixe de folhas para uma pessoa estéril
*hikwinka muchipang'u china chanyanya*
eles põem naquele pequeno cercado,
*hikunona isawu hikwinka mu chipang'u cheneni.*
eles pegam (outra) gamela de medicamentos e põem-na no cercado grande.
*Akwawu anading'i nakuhang'ana nanyoli*
Outros estão dançando com trepadeiras,
*asubolang'a nyoli nakutenteka mu chipang'u,*
eles se despojam das trepadeiras e guardam-nas no cercado.
*Kushala yemweni imbe-e hakuwelisha anyana hamu*
Eles ficam lá cantando e lavam as crianças (com remédio)

> *nakuhitisha munyendu;*
> e passam-nas sob (suas) pernas;
> *chikukwila namelele hikuyihang'a;*
> isto é feito à noitinha, quando eles os perseguem;
> *mwakukama nawufuku kunamani.*
> quando dormem à noite tudo está terminado.
> *Mafuku ejima anyana chinga kuyiwelisha ma mazawu,*
> Todos os dias devem lavar as crianças (com remédio) nas gamelas,
> *hefuku hefuku diku kukula kwawanyana ampamba.*
> dia após dia até que os gêmeos cresçam.

## *Comentário*

Este relato traduz o *Wubwang'u* em poucas palavras. Mas, como é natural, omite muitos dos detalhes fascinantes que, para os antropólogos, constituem as principais indicações do universo privado de uma cultura. Torna claro que a sombra atormentadora no *Wubwang'u* é tipicamente uma mãe de gêmeos, já falecida (*nyampasa*). Ela própria era membro do culto, pois no modo de pensar ritual dos ndembus, conforme observei, somente um membro do culto, depois da morte, pode afligir os vivos no modo de manifestação tratada por aquele culto. Mais ainda, o texto torna claro que a atribulação está na linha de descendência matrilinear. Todavia, comentários fornecidos por outros informantes insistem em afirmar que uma sombra do sexo masculino pode "aparecer no *Wubwang'u*" se foi pai de gêmeos (*sampasa*) ou, ele mesmo, um gêmeo. No entanto, nunca encontrei um único caso desses. O *Wubwang'u* não é considerado um espírito independente, mas representa o modo pelo qual uma sombra de ancestrais demonstra seu desenvolvimento para com o conhecido vivo.

Segundo outros informantes, são "as mulheres que explicam aos homens os remédios e as técnicas curativas do *Wubwang'u*. A irmã de um médico ensinou a ele; ela era uma *nyampasa*, uma mãe de gêmeos. Então ele disse que ambos os gêmeos morreram – e, de fato, é muito comum que um deles morra, ou ambos, pois os ndembus afirmam que a mãe ou favorecerá um, com leite e alimentação suplementar, negligenciando o outro, ou tentará alimentar ambos igualmente com uma quantidade que é suficiente para um apenas. Os gêmeos são conhecidos por meio de termos especiais: o mais velho é *mbuya*; o mais jovem, *kapa*. A criança que se segue a eles em ordem de nascimento é chamada *chikomba,* e tem por tarefa tocar os tambores rituais na execução do *Wubwang'u*. Frequentemente os ritos são realizados em favor do *chikomba* e de sua mãe, quando a criança ainda está dando os primeiros passos, para "fazê-la ficar forte". Um *chikomba* pode, também, tornar-se um médico *Wubwang'u*. Apesar de os homens aprenderem os remédios com as mulheres conhecedoras do culto, tornam-se os principais médicos e chefes de cerimônias. Um sinal de sua posição social é a dupla sineta de caça (*mpwambu*), que mais uma vez representa a dualidade dos gêmeos.

## O salto com a flecha

A parte final dos ritos ressalta ainda mais a divisão sexual. Ao pôr do sol o profissional mais idoso pega a cesta de poeirar, que foi colocada sobre o pote no compartimento "feminino", coloca-a sobre a cabeça da paciente, em seguida levanta-a e abaixa-a várias vezes. Então, põe na cesta o equipamento ritual que sobrou e mantém o conjunto todo no alto. Em seguida, toma a flecha e coloca-a entre o dedo grande do pé e o segundo dedo, convidando a paciente a segurar-lhe na cintura. O par sai, então, pulando na perna direita em direção à cabana da paciente. Duas horas mais tarde, a paciente é levada para fora e lavada com a sobra do remédio que ficou no pote de argila ou gamela de medicamentos.

Encerro esta descrição dos ritos do Duplo Sacrário com um texto que descreve de maneira completa o episódio do saltitar com a flecha.

*Imu mumuchidika.*
"Isto é o que está no ritual.
*Neyi chidika cha Wubwang'u chinamani dehi namelele*
Quando o ritual do *Wubwang'u* já está terminado à noitinha
*chimbuki wukunora nsewu*
o médico pega a flecha
*wukwinka mumpasakanyi janyinu yakumwendu wachimunswa*
e coloca-a na divisão dos dedos do pé esquerdo.
*Muyeji wukwinza wukumukwata nakumukwata mumaya.*
A paciente chega e segura-o pela cintura.
*Chimbuki neyi wukweti mfumwindi*
Se o doutor pegar o marido dela
*mumbanda wukumukwata mfumwindi mumaya*
a mulher segurará seu marido pela cintura
*hiyakuya kanzonkwela mwitala*
e eles vão pulando até entrar na cabana
*nakuhanuka munyendu yawakwawu adi muchisu.*
e passarão por baixo das pernas das outras pessoas que estão à porta.
*Iyala ning'odindi akusenda wuta ninsewu mwitala dawu.*
O homem e sua mulher carregarão um arco e uma flecha para dentro da cabana.
*Chimbanda wayihoshang'a*
O médico diz a eles:
*nindi mulimbamulimba*
Entrem no curral (como um homem diz a suas ovelhas e cabras),
*ing'ilenu mwitala denu ing'ilenu mwitala*
entrem na sua cabana, entrem na sua cabana!
*Chakwing'ilawu antu ejima hiyakudiyila kwawu kunyikala yawu.*

> Quando eles vão para dentro, todas as pessoas vão embora para suas próprias aldeias.
> *Tunamanishi.*
> Nós terminamos".

*Comentário*

Vale a pena chamar a atenção para o fato de que o termo usado para dizer "entre os dedos", *mumpasakanyi,* relaciona-se etimologicamente com o termo *mpasa,* a palavra ritual para designar "gêmeos". No ritual ndembu, de modo geral, a flecha representa o homem ou o marido, sendo segurada na mão direita, enquanto o arco representa a mulher, e é mantido na mão esquerda. Arco e flecha, juntos, simbolizam o casamento "Salutar" (*kuzonkwela*), que representa o ato sexual, e tem este significado nos ritos de circuncisão dos meninos, quando os noviços são obrigados a pular numa perna só, como parte da disciplina durante a reclusão. No *Wubwang'u* o médico e a paciente pulam com a perna direita, porque a direita é o lado da força. A frase *mulimbamulimba* é gritada para os animais domésticos, quando são tocados para os currais, à noite. Expressa o aspecto bestial da gemelaridade, que, como modo de nascimento múltiplo, é considerado mais apropriado a animais do que a homens. O túnel de pernas feito pelos entendidos, sob o qual o pai e a mãe de gêmeos devem passar, assemelha-se ao dos ritos de circuncisão, pelo qual os jovens guardiães dos noviços devem passar. Esse túnel, como vimos, é feito pelos homens mais velhos no *Mukanda* e significa 1) vigor sexual para os jovens guardiães que passam sob ele, e 2) o rito de passagem da juventude para a idade madura. No *Wubwang'u,* o túnel parece significar, por homologia, a incorporação dos pais de gêmeos na associação do culto do *Wubwang'u,* na qual nasceram provindo dos corpos dos conhecedores profundos.

*Conclusão*

**1) As formas de dualidade**

O ritual de gemelaridade entre os ndembus põe em relevo muitos tipos de dualidade reconhecidos por eles próprios. A separação entre homens e mulheres, a oposição entre o rancor mesquinho e privado e o sentimento social, e entre esterilidade e fecundidade, são comuns ao *Wubwang'u* e ao *Isoma*. Porém, o *Wubwang'u* tem certos aspectos especiais, próprios dele. Mostra plenamente a animalidade e a humanidade do sexo, nas formas de excessiva proliferação, justaposta ao mistério do casamento, que une os dissemelhantes e reprime o excesso. O casal é, ao mesmo tempo, elogiado por sua excepcional contribuição à sociedade, e amaldiçoado pelo excesso em fazê-lo. Simultaneamente, a profunda contradição entre descendência matrilinear e patrilateralidade emerge na turbulenta relação jocosa entre os sexos, explicitamente comparada à relação jocosa entre primos-cruzados. Existe, além do mais, uma forte disposição ao igualitarismo nos ritos. Os sexos são retratados como iguais, embora opostos. Esta igualdade manifesta algo profundo na natureza de todos os sistemas sociais, ideia que desenvolvo mais extensamente no capítulo 3. Um acontecimento como o nascimento de gêmeos, que se situa fora das classificações ortodoxas da sociedade, torna-se paradoxalmente a ocasião ritual para uma exibição de valores que se relacionam com a comunidade em totalidade como uma unidade homogênea e não estruturada, transcendendo as diferenciações e contradições. O tema do dualismo entre "estrutura" e "communitas", e sua resolução final na *societas*, vista como processo e não como entidade eterna, domina os três capítulos seguintes deste livro.

### 2) A obscenidade prescrita

Julgo oportuno mencionar aqui um importante artigo, injustamente esquecido, escrito pelo Professor Evans-Pritchard: "Some Collective Expressions of Obscenity in Africa", recentemente publicado pela segunda vez na sua coleção de ensaios *The Position of Women in Primitive Society* (1965a). O artigo estabelece os seguintes pontos:

1) Há certos tipos de comportamento obsceno (na sociedade africana) cuja expressão é sempre coletiva. São habitualmente proibidos, mas permitidos ou prescritos em determinadas ocasiões.

2) Estas ocasiões são, todas elas, de importância social e enquadram-se, aproximadamente, em duas categorias, Cerimônias Religiosas e Empreendimentos Econômicos Coletivos (p. 101).

O autor explica a obscenidade da seguinte maneira:

1) O cancelamento, pela sociedade, de suas proibições normais acentua de modo especial o valor social da atividade.

2) Também canaliza a emoção humana para os canais prescritos de expressão, nos períodos de crise humana (p. 101).

O *Wubwang'u* inclui-se claramente na categoria de ritos de obscenidade prescrita e estereotipada, embora contenha episódios decisivos que exaltam o casamento, cuja rede de relações é caracteristicamente inibidora de expressões de obscenidade. Nos ritos de gemelaridade defrontamo-nos com o fato da domesticação dos impulsos selvagens, sexuais e agressivos, os quais os ndembus acreditam sejam comuns aos homens e aos animais. As energias brutas, liberadas nos patentes simbolismos de sexualidade e de hostilidade entre os sexos, são canalizadas para os símbolos superiores, representativos de ordem estrutural, e para valores e virtudes de que depende essa ordem. Cada oposição é superada ou transcendida em uma unidade restabelecida, unidade que, além disso, é reforçada pelas próprias potências que a ameaçam. Estes ritos revelam um aspecto do ritual que é um meio de colocar a serviço da ordem social as próprias forças da desordem, inerentes à constituição do homem como mamífero. A biologia e a estrutura são colocadas numa correta relação pela ativação de uma ordenada sucessão de símbolos, que têm as funções gemelares de comunicação e eficácia.

# 3
# Liminaridade e *communitas*

**Forma e atributos dos ritos de passagem**

Neste capítulo retomo um tema que já discuti resumidamente em outra ocasião (TURNER, 1967: 93-111); observo algumas de suas variações, e passo a considerar-lhe as ulteriores implicações para o estudo da cultura e da sociedade. Este tema é, em primeiro lugar, representado pela natureza e características do que Arnold van Gennep (1960) chamou "fase liminar" dos *rites de passage*. O próprio Van Gennep definiu os *rites de passage* como "ritos que acompanham toda mudança de lugar, estado, posição social de idade". Para indicar o contraste entre "estado" e "transição", emprego "estado", incluindo todos os seus outros termos. É um conceito mais amplo do que *status* ou "função", e refere-se a qualquer tipo de condição estável ou recorrente, culturalmente reconhecida. Van Gennep mostrou que todos os ritos de passagem ou de "transição" caracterizam-se por três fases: separação, margem (ou *limen*, significando "limiar" em latim) e agregação. A primeira fase (de separação) abrange o comportamento simbólico que significa o afastamento do indivíduo ou de um grupo, quer de um ponto fixo anterior na estrutura social, quer de um conjunto de condições culturais (um "estado"), ou ainda de ambos. Durante o período "limiar" intermédio, as características do sujeito ritual (o "transitante") são ambíguas; passam através de um domínio cultural que tem poucos, ou quase nenhum, dos atributos do passado ou do estado futuro. Na terceira fase (reagregação ou reincorporação) consuma-se a passagem. O sujeito ritual, seja ele individual ou coletivo, permanece num estado relativamente estável mais uma vez, e em virtude disto tem direitos e obrigações perante os outros de tipo claramente definido e "estrutural", esperando-se que se comporte de acordo com certas normas costumeiras e padrões éticos, que vinculam os incumbidos de uma posição social, num sistema de tais posições.

*Liminaridade*

Os atributos de liminaridade, ou de *personae* (pessoas) liminares são necessariamente ambíguos, uma vez que esta condição e estas pessoas furtam-se ou escapam à rede de classificações que normalmente determinam a localização de estados e posições num espaço cultural. As entidades liminares não se situam aqui nem lá; estão no meio e entre as posições atribuídas e ordenadas pela lei, pelos costumes, convenções e cerimonial. Seus atributos ambíguos e indeterminados exprimem-se por uma rica variedade de símbolos, naquelas várias sociedades que ritualizam as transições sociais e culturais. Assim, a liminaridade frequentemente é comparada à morte, ao estar no útero, à invisibilidade, à escuridão, à bissexualidade, às regiões selvagens e a um eclipse do sol ou da lua.

As entidades liminares, como os neófitos nos ritos de iniciação ou de puberdade, podem ser representadas como se nada possuíssem. Podem estar disfarçadas de monstros, usar apenas uma tira de pano como vestimenta ou aparecer simplesmente nuas para demonstrar que, como seres liminares, não possuem *status*, propriedade, insígnias, roupa mundana indicativa de classe ou papel social, posição em um sistema de parentesco, em suma, nada que as possa distinguir de seus colegas neófitos ou em processo de iniciação. Seu comportamento é normalmente passivo e humilde. Devem, implicitamente, obedecer aos instrutores e aceitar, sem queixa, punições arbitrárias. É como se fossem reduzidas ou oprimidas até uma condição uniforme, para serem modeladas de novo e dotadas de outros poderes, para se capacitarem a enfrentar sua nova situação de vida. Os neófitos tendem a criar entre si uma intensa camaradagem e igualitarismo. As distinções seculares de classe e posição desaparecem ou são homogeneizadas. A condição da paciente e de seu marido no *Isoma* tinha alguns desses atributos – passividade, humildade, nudez quase completa – num ambiente simbólico que representava ao mesmo tempo uma sepultura e um útero. Nas iniciações com longo período de reclusão, tais como os ritos de circuncisão de muitas sociedades tribais ou a entrada em sociedades secretas, há frequentemente uma rica proliferação de símbolos liminares.

*Communitas*

O que existe de interessante com relação aos fenômenos liminares no que diz respeito aos nossos objetivos atuais é que eles oferecem uma mistura de submissão e santidade, de homogeneidade e camaradagem. Assistimos, em tais ritos, a um "momento situado dentro e fora do tempo", dentro e fora da estrutura social profana que revela, embora efemeramente, certo reconhecimento (no símbolo, quando não mesmo na linguagem) de um vínculo social generalizado que deixou de existir, e contudo simultaneamente tem de ser fragmentado em uma multiplicidade de laços estruturais. São os laços organizados em termos ou de casta, classe ou ordens hierárquicas, ou de oposições segmentares, nas sociedades onde não existe o Estado, tão estimada pelos antropólogos políticos. É como se houvesse neste caso dois "modelos" principais de correlacionamento humano, justapostos e alternantes. O primeiro é o da sociedade tomada como um sistema estruturado, diferenciado e frequentemente hierárquico de posições político-jurídico-econômicas, com muitos tipos de avaliação, separando os homens de acordo com as noções de "mais" ou de "menos". O segundo, que surge de maneira evidente no período liminar, é o da sociedade considerada como um *comitatus* não estruturado, ou rudimentarmente estruturado e relativamente indiferenciado, uma comunidade, ou mesmo comunhão, de indivíduos iguais que se submetem em conjunto à autoridade geral dos anciãos rituais.

Prefiro a palavra latina *communitas* a *comunidade* para que se possa distinguir esta modalidade de relação social de "área de vida em comum". A distinção entre estrutura e *communitas* não é apenas a distinção familiar entre "mundano" e "sagrado", ou a existente, por exemplo, entre política e religião. Certos cargos fixos nas sociedades tribais têm muitos atributos sagrados; na realidade toda posição social tem *algumas* características sagradas. Porém este componente "sagrado" é adquirido pelos beneficiários das posições durante os *rites de passage*, graças aos quais mudam de posição. Algo da sacralidade da transitória humildade e ausência de modelo toma a dianteira e modera o orgulho do indivíduo incumbido de uma posição ou cargo mais alto. Como Fortes (1962: 86) demonstrou de maneira convincente, não se trata simplesmente de dar um cunho geral de legitimidade às posições estruturais de uma sociedade. É antes uma questão de reconhecer um laço humano essencial e genérico, sem o qual *não* poderia haver sociedade. A liminaridade implica que o alto não poderia ser alto sem que o baixo existisse, e quem está no alto deve experimentar o que significa estar no baixo. Sem dúvida um pensamento deste tipo esteve na base da decisão do Príncipe Philip, alguns anos atrás, de mandar o filho, o herdeiro presuntivo do trono britânico, para uma escola no meio da floresta na Austrália, por determinado tempo, a fim de que pudesse aprender a "levar uma vida dura".

*A dialética do ciclo de desenvolvimento*

De tudo isso, concluo que, para os indivíduos ou para os grupos, a vida social é um tipo de processo dialético que abrange a experiência sucessiva do alto e do baixo, de *communitas* e estrutura, homogeneidade e diferenciação, igualdade e desigualdade. A passagem de uma situação mais baixa para outra mais alta é feita através de um limbo de ausência de *status*. Em tal processo, os opostos por assim dizer constituem-se uns aos outros e são mutuamente indispensáveis. Ainda mais, como qualquer sociedade tribal é composta de múltiplas pessoas, grupos e categorias, cada uma das quais tem seu próprio ciclo de desenvolvimento, num determinado momento coexistem muitos encargos correspondentes a posições fixas, havendo muitas passagens entre as posições. Em outras palavras, a experiência da vida de cada indivíduo o faz estar exposto alternadamente à estrutura e à *communitas*, a estados e a transições.

## A liminaridade de um rito de investidura

Um exemplo sumário de um *rite de passage* dos ndembus de Zâmbia será citado com utilidade aqui, porque se refere à mais alta posição social naquela tribo, a do chefe mais velho Kanongesha. Também servirá para desenvolver nossos conhecimentos sobre o modo como os ndembus se utilizam de seus símbolos rituais e os explicam. A posição de chefe mais velho ou supremo entre os ndembus, como em muitas outras sociedades africanas, é paradoxal, pois ele representa ao mesmo tempo o ápice da hierarquia político-legal estruturada e a comunidade total, enquanto unidade não estruturada. É também, simbolicamente, o próprio território tribal e todos os seus recursos. A fecundidade e a condição de não sofrer seca, fome, doença e pragas de insetos estão ligadas ao seu cargo e a seu estado físico e moral. Entre os ndembus os poderes rituais do chefe mais antigo eram limitados, combinando-se com eles pelos poderes possuídos pelo chefe mais velho de tribo do povo autóctone mbwela, que só foi submetido depois de longa luta com os conquistadores lundas, conduzida pelo primeiro Kanongesha. O chefe chamado Kafwana, dos humbos, um ramo dos ndembus, foi investido de um importante direito. Era o direito de conferir, impregnando-o periodicamente de substâncias medicinais, o símbolo supremo da posição de chefia entre as tribos de origem lunda, o bracelete *lukanu*, feito com os órgãos genitais e tendões humanos embebidos no sangue sacrifical de escravos e escravas, em cada investidura. O título ritual do Kafwana era Chivwikankanu, "aquele que se veste ou se cobre com o *lukanu*". Possuía também o título de *Mama yakanongesha*, "mãe de Kanongesha", porque simbolicamente dava nascimento a cada novo ocupante daquele cargo. Dizia-se que o Kafwana ensinava a cada novo Kanongesha os remédios da feitiçaria, que o faziam ser temido por seus rivais e subordinados, talvez um indício de fraca centralização política.

O *lukanu*, primitivamente conferido pelo chefe de todos os lundas, o Mwantiyanvwa, que governava em Katanga, muitas milhas ao norte, era ritualmente tratado pelo Kafwana e oculto por ele durante os interregnos. O poder místico do *lukanu*, e portanto da condição de Kanongesha vinha conjuntamente do Mwantiyanvwa, o chefe de quem emanava o poder político, e do Kafwana, a fonte ritual. O emprego dele em benefício da terra e do povo estava nas mãos de uma sucessão de indivíduos incumbidos da chefia. A origem no Mwantiyanvwa simbolizava a unidade histórica do *povo* ndembu e sua diferenciação política em subchefias dominadas pelo Kanongesha. A medicação periódica do *lukanu* pelo Kafwana simbolizava a *terra* – da qual o Kafwana era o "proprietário" original – e a comunidade inteira que vivia nela. As invocações diárias feitas a ele pelo Kanongesha, ao nascer e ao pôr do sol, visavam à fertilidade, à saúde e vigor permanentes da terra, dos animais e recursos vegetais, e do povo – em resumo, ao bem público. Mas o *lukanu* tinha um aspecto negativo, o de poder ser usado pelo Kanongesha para amaldiçoar. Se o Kanongesha tocava a terra com ele e proferia uma certa fórmula, acreditava-se que a pessoa ou o grupo amaldiçoado se tornava estéril, sua terra perdia a fertilidade e sua caça desaparecia. No *lukanu*, finalmente, os lundas e os mbwelas se uniam no conceito coletivo da terra e da gente ndembu.

Na relação entre os lundas e os mbwelas, e entre o Kanongesha e o Kafwana, encontramos uma distinção comum na África entre o povo política ou militarmente forte e o povo autóctone subjugado, entretanto, ritualmente potente. Iowan Lewis (1963) definiu esses inferiores estruturais como tendo "o poder ou os poderes do fraco" (p. 111). Um exemplo bastante conhecido na literatura encontra-se no relato de Meyer Fortes sobre os tallensis do norte de Gana, onde a chegada dos namoos trouxe a chefia e um culto ancestral altamente desenvolvido para os autóctones tales, que, por sua vez, julga-se terem importantes poderes rituais relativos à terra e às cavernas. No grande festival Golib, realizado anualmente, a união dos poderes de chefia e de sacerdócio é simbolizada pelo casamento místico entre o chefe de Tongo, líder dos namoos, e o sumo sacerdote da terra, o Golibdaana, dos tales, retratados, respectivamente, como "marido" e "mulher". Entre os ndembus, Kafwana é também considerado, como vimos, simbolicamente feminino em relação ao Kanongesha. Poderia multiplicar os exemplos deste tipo de dicotomia, retirados apenas de fontes africanas, e seu âmbito abrange o mundo inteiro. O ponto que gostaria de acentuar aqui é a existência de certa homologia entre a "fraqueza" e a "passividade" da liminaridade nas transições diacrônicas entre uma posição social e outra, e a inferioridade "estrutural" ou sincrônica de certas pessoas, grupos e categorias sociais nos sistemas políticos, legais e econômicos. As condições "liminares" e "inferiores" estão frequentemente associadas aos poderes rituais e à comunidade inteira, considerada como indiferenciada.

Voltemos aos ritos de investidura do Kanongesha dos ndembus. O componente liminar de tais ritos começa com a construção de um pequeno abrigo de folhas, distante mais ou menos um quilômetro e meio da aldeia principal. Esta cabana é conhecida por *kafu* ou *kafwi*, termo ndembu derivado de *ku-fwa*, "morrer", porque é aí que o chefe eleito morre para o seu estado de homem comum. As imagens da morte proliferam na liminaridade dos ndembus. Por exemplo, o lugar secreto e sagrado onde os noviços são circuncisados é conhecido como *ifwilu* ou *chifwilu*, termo também derivado de *ku-fwa*. O chefe eleito, vestido apenas com um pano esfarrapado na cintura e uma esposa ritual, que é ou sua esposa mais idosa (*mwadyi*) ou uma mulher escrava especial, conhecida como *lukanu* (em conformidade com o bracelete real), nessa ocasião vestida da mesma maneira, são convocados pelo Kafwana a entrar no abrigo *kafu* logo depois do pôr do sol. Diga-se de passagem que o próprio chefe também é conhecido nesses ritos como *mwadyi* ou *lukanu*. O casal é conduzido para a cabana como se fossem inválidos. Lá, o homem e a mulher se sentam agachados numa postura indicativa de vergonha (*nsonyi*) ou de recato, enquanto são lavados com remédios misturados com água trazida do Katukang'onyi, o local do rio onde os chefes ancestrais da diáspora lunda meridional habitaram durante algum tempo, na viagem iniciada na capital Mwantiyanvwa, antes de se separarem para conquistar reinos para si. A madeira para o fogo não deve ser cortada com um machado, mas deve ser encontrada caída no solo. Isto significa que é produto da terra e não artefato. Uma vez mais vemos a conexão do caráter ancestral de pertencer aos lundas com os poderes ctônicos.

Em seguida começa o rito de *Kumukindyila*, que quer dizer literalmente "falar palavras más ou insultantes contra ele". Podemos denominar este rito como "O Insulto ao Chefe Eleito". Começa quando o Kafwana faz um corte no lado inferior do braço esquerdo do chefe – no qual o bracelete *lukanu* será colocado no dia seguinte –, esprema um remédio na incisão e aperta uma esteira sobre a parte superior do braço. O chefe e sua mulher são, então, forçados rudemente a se sentarem na esteira. A mulher não deve estar grávida, pois os ritos que se seguem são considerados destruidores da fecundidade. Além do mais, o par soberano deve ter-se abstido de relações sexuais por vários dias antes dos ritos.

O Kafwana começa a fazer uma homilia, transcrita a seguir:

> Silêncio! Tu és um tolo egoísta e desprezível, além de ter mau gênio! Não amas teus companheiros, só te zangas com eles! Baixeza e ladroeira é tudo o que tens! No entanto, chamamos-te aqui e te dizemos que deves ser o sucessor na chefia. Põe de lado a mesquinhez, põe de lado a cólera, renuncia às relações adúlteras, renuncia a elas imediatamente! Nós te outorgamos a chefia. Deves comer junto com teus companheiros, deves viver bem com eles. Não prepares remédios de feitiçaria a fim de poderes destruir teus companheiros nas cabanas deles – isto é proibido! Desejamos que tu e só tu sejas nosso chefe. Que tua mulher prepare alimento para as pessoas que vêm aqui, à aldeia principal. Não sejas egoísta, não conserves a chefia somente para ti! Deves rir junto com o povo, deves abster-te de praticar feitiçaria, se porventura já a realizaste! Não deverás matar gente! Não deves deixar de ser generoso para com o povo!

Mas tu, Chefe Kanongesha, Chifwanakenu ["filho que se parece com o pai"] de Mwantiyanvwa, dançaste para obter a chefia porque teu predecessor morreu [isto é, porque tu mataste]. Mas hoje tu nasceste como um novo chefe. Deves conhecer o povo, ó Chifwanakenu. Se eras mesquinho, e costumavas comer teu pirão de mandioca, ou tua carne sozinho, hoje estás na chefia. Deves abandonar tuas maneiras egoístas, deves saudar amavelmente a todos, és o chefe! Deves deixar de ser adúltero e briguento. Não deves fazer julgamentos parciais em nenhum caso legal que envolva teu povo, especialmente se teus próprios filhos estiverem implicados. Deves dizer: "Se alguém dormiu com minha mulher, ou me fez algum mal, no dia de hoje não devo julgar seu caso injustamente. Não devo guardar ressentimento no coração.

Depois de toda esta arenga, qualquer pessoa que julgue ter sido prejudicada pelo chefe eleito, no passado, está autorizada a insultá-lo e a expressar plenamente seu ressentimento, entrando em detalhes conforme desejar. O chefe eleito, durante tudo isso, deve ficar sentado silenciosamente, com a cabeça inclinada, "o modelo de paciência" e da humildade. Entrementes, o Kafwana borrifa o chefe com remédio, de vez em quando batendo com o traseiro contra ele (*kumubayisha*) de modo insultuoso. Muitos informantes me disseram que "um chefe é como um escravo (*ndung'u*) na noite antes de subir ao trono". Fica proibido de dormir, em parte como ordálio, em parte porque se acredita que se ele cochilar terá maus sonhos com as sombras dos chefes mortos, "quem dirá que não tem razão em suceder a eles, pois ele não os matou?" O Kafwana, seus assistentes, e outros homens importantes, como os chefes da aldeia maltratam o chefe e sua mulher – que é igualmente insultada – e lhes ordenam que apanhem lenha e realizem outras tarefas servis. O chefe não pode ofender-se com isto ou reter a lembrança do que lhe fizeram e usá-la no futuro contra os que praticaram tais ações.

## Os atributos das entidades liminares

A fase de reagregação, neste caso, compreende a investidura pública do Kanongesha com toda a pompa e cerimônia. Apesar deste ato ter o máximo interesse para o estudo da chefia dos ndembus e para uma importante tendência da antropologia social britânica da atualidade, não nos ocuparemos aqui do assunto. Nossa atenção prende-se agora à questão da liminaridade e dos poderes rituais dos fracos. Estes aparecem sob dois aspectos. Primeiramente, o Kafwana e as outras pessoas comuns do povo ndembu revelam-se privilegiados ao exercer autoridade sobre a imagem da suprema figura da tribo. Na liminaridade o subordinado torna-se o predominante. Em segundo lugar, a suprema autoridade política é retratada "como um escravo", lembrando o aspecto da coroação do papa na cristandade ocidental em que ele é chamado *servus servorum Dei*. Sem dúvida, uma parte do rito tem aquilo que Monica Wilson (1957: 46-57) chamou "uma função profilática". O chefe precisa exercer o autocontrole nos ritos para ser capaz de autodomínio depois, diante das tentações do poder. Mas o papel de chefe humilhado é somente um exemplo extremo de um tema repetido das situações liminares. Este tema consiste no despojamento dos atributos pré-liminares e pós-liminares.

Vejamos os principais ingredientes dos ritos Kumukindyila. O chefe e sua mulher vestem-se da mesma maneira, com uma tira de pano esfarrapada na cintura, e partilham do mesmo nome: *mwadyi*. O termo é também aplicado a meninos submetidos à iniciação e à primeira esposa de um homem, na ordem cronológica do casamento. É um sinal do estado anônimo do "iniciando". Esses atributos de ausência de sexualidade e de anonímia são inteiramente característicos da liminaridade. Em muitas espécies de iniciação, nas quais os neófitos são de ambos os sexos, homens e mulheres vestem-se do mesmo modo e são denominados pelo mesmo termo. É o que acontece, por exemplo, em muitas cerimônias batismais nas seitas cristãs, ou sincréticas da África, assim as do culto *Bwiti* no Gabão (James Fernandez, comunicação pessoal). Também é verdade na iniciação para a entrada na associação funerária dos ndembus de Chiwila. Simbolicamente, todos os atributos que distinguem categorias e grupos na ordem social estruturada ficam aqui temporariamente suspensos. Os neófitos são meramente entidades em transição, não tendo ainda lugar ou posição.

Outras características são a submissão e o silêncio. Não somente o chefe, nos ritos agora examinados, mas também os neófitos, em muitos *rites de passage*, devem submeter-se a uma autoridade que nada mais é senão a da comunidade total. Esta comunidade é a depositária da gama completa dos valores da cultura, normas, atitudes, sentimentos e relações. Seus representantes nos diversos ritos – e podem variar, de ritual a ritual – representam a autoridade genérica da tradição. Nas sociedades tribais, também, a fala não é apenas comunicação, mas poder e sabedoria. A sabedoria transmitida na liminaridade sagrada não consiste somente num aglomerado de palavras e de sentenças; tem valor ontológico, remodela o ser do neófito. É por isto que, nos ritos *Chisungu*, dos bembas, tão bem descrito por Audrey Richards (1956), as mulheres mais velhas dizem que a moça reclusa "cresceu e se tornou mulher"; cresceu em virtude das instruções verbais e não verbais que recebeu mediante os preceitos e os símbolos, especialmente pela revelação, que lhe é feita, dos *sacra* tribais em forma de imagens de barro.

O neófito na liminaridade deve ser uma *tabula rasa*, uma lousa em branco, na qual se inscreve o conhecimento e a sabedoria do grupo, nos aspectos pertinentes ao novo *status*. Os ordálios e humilhações, com frequência de caráter grosseiramente fisiológico, a que os neófitos são submetidos, representam em parte a destruição de uma condição anterior e, em parte, a têmpera da essência deles, a fim de prepará-los para enfrentar as novas responsabilidades e refreá-los de antemão, para não abusarem de seus novos privilégios. É preciso mostrar-lhes que, por si mesmos, são barro ou pó, simples matéria, cuja forma lhes é impressa pela sociedade.

Outro tema liminar, exemplificado nos ritos de investidura dos ndembus, é a continência sexual. É um tema difundido no ritual ndembu. De fato, o reatamento das relações sexuais é usualmente uma marca cerimonial de retorno à sociedade como estrutura de posições. Embora este seja um traço de certos tipos de comportamento religioso em quase todas as sociedades, na sociedade pré-industrial, com sua forte acentuação do parentesco como base de muitos tipos de filiação ao grupo, a continência sexual tem, além disso, força religiosa. Tal acontece porque o parentesco, ou as relações configuradas pela linguagem do parentesco, constitui um dos principais fatores da diferenciação estrutural. O caráter indiferenciado da liminaridade reflete-se na descontinuidade das relações sexuais e na ausência de uma marcada polaridade sexual.

É instrutiva a análise do sermão do Kafwana para se procurar apreender o significado de liminaridade. O leitor certamente se lembrará de que ele repreendeu o chefe eleito por seu egoísmo, mesquinharia, roubo, cólera, feitiçaria e avareza. Todos esses vícios representam o desejo de possuir para si mesmo aquilo que deveria ser repartido para o bem comum. Uma pessoa incumbida de um alto cargo fica especialmente tentada a usar a autoridade de que foi revestida pela sociedade para satisfazer desejos particulares e exclusivos. Mas deveria encarar seus privilégios como dádivas da comunidade inteira, que em última análise tem um direito supremo sobre todas as suas ações. A estrutura e os altos cargos providos pela estrutura são assim considerados como meios para o bem-estar público, e não como recursos de engrandecimento pessoal. O chefe não deve "conservar a chefia só para si". Deve rir junto com o povo, e o riso (*ku-seha*) é para os ndembus uma qualidade "branca", participando da definição da "brancura" ou das "coisas brancas". A brancura representa a teia inconsútil de conexão, que deverá idealmente incluir ao mesmo tempo os vivos e os mortos. É a relação certa entre as pessoas apenas enquanto seres humanos, e seus frutos são a saúde, o vigor, e os outros bens. O riso "branco", por exemplo, que é visivelmente manifestado pelo brilho dos dentes, representa camaradagem e companhia agradável. É o reverso do orgulho (*winyi*), da inveja, da cobiça, e dos rancores secretos que dão em resultado comportamentos de feitiçaria (*wuloji*), roubo (*wukombi*), adultério (*kushimbana*), baixeza (*chifwa*) e homicídio (*wubanji*). Mesmo quando um homem tenha se tornado chefe, continua sendo ainda membro da comunidade inteira das pessoas (*antu*), e demonstra isso "rindo junto com elas", respeitando-lhes os direitos, "saudando amavelmente a todos", e partilhando do alimento com elas. A função purificadora exercida pela liminaridade não está confinada a esse tipo de iniciação, mas forma um componente de muitos outros tipos, em várias culturas. Um exemplo bastante conhecido é o da vigília medieval, feita pelo cavaleiro durante a noite que precede a sua investidura, quando promete empenhar-se em servir aos fracos e aflitos e a meditar em sua própria indignidade. Acredita-se que o poder subsequente que possui deriva parcialmente desta profunda imersão na humildade.

A pedagogia da liminaridade, portanto, representa a condenação de duas espécies de separação do vínculo comum da *communitas*. A primeira espécie consiste em agir somente de acordo com os direitos conferidos ao indivíduo pelo exercício do cargo na estrutura social. A segunda consiste em seguir os impulsos psicológicos do indivíduo à custa de seus companheiros. Atribui-se um caráter místico ao sentimento de bondade humana em muitos tipos de liminaridade, e em várias culturas este estágio de transição relaciona-se estreitamente com as crenças nos poderes protetores e punitivos de seres e potências divinas ou sobrenaturais. Por exemplo, quando o chefe eleito ndembu sai da reclusão, um dos subchefes – que desempenha um papel sacerdotal nos ritos de investidura – constrói uma cerca ritual em redor da nova morada do chefe e reza da seguinte maneira, dirigindo-se às sombras dos antigos chefes, diante do povo que se reuniu para assistir à posse no cargo:

> Ouvi, vós, todo o povo. O Kanongesha nasceu para a chefia hoje. Esta argila branca (*mpemba*), com a qual o chefe, os sacrários dos ancestrais e os oficiantes serão ungidos significa para vós todos os antigos Kanongeshas, reunidos aqui. [Neste ponto os antigos chefes são mencionados pelo nome.] Portanto, todos vós que morrestes, olhai para vosso amigo que vos sucedeu [no banco da chefia], para que ele possa ser forte. Ele deve continuar a orar a vós. Deve tomar conta das crianças, cuidar de todo o povo, homens e mulheres, para que sejam fortes e para que ele próprio seja vigoroso. Eis aqui a argila branca. Eu vos entronizei, ó chefe. Que o povo lance sons de louvor. Surgiu a chefia.

Os poderes que modelam os neófitos na liminaridade para a entrada em uma nova "condição", nos ritos em todas as partes do mundo, são considerados poderes sobre-humanos, embora sejam invocados e canalizados pelos representantes da comunidade.

## A liminaridade confrontada com o sistema de posições sociais

Expressemos, agora, à maneira de Lévi-Strauss, a diferença entre as propriedades da liminaridade e as do sistema de posições sociais, em termos de uma série de oposições ou discriminações binárias. Estas podem ser ordenadas do modo seguinte:

> Transição/estado
> Totalidade/parcialidade
> Homogeneidade/heterogeneidade
> *Communitas*/estrutura
> Igualdade/desigualdade
> Anonímia/sistemas de nomenclatura
> Ausência de propriedade/propriedade
> Ausência de *status*/status
> Nudez ou uniformidade de vestuário/variedade de vestuário

> Continência sexual/sexualidade
> Subestimação das distinções sexuais/Alta importância das distinções sexuais
> Ausência de classe/distinções de classe
> Humildade/justo orgulho da posição
> Descuido com a aparência pessoal/cuidado com a aparência pessoal
> Nenhuma distinção de riqueza/distinções de riqueza
> Altruísmo/egoísmo
> Obediência total/obediência apenas à classe superior
> Sacralidade/secularidade
> Silêncio/fala
> Suspensão dos direitos e obrigações de parentesco/obrigações e direitos de parentesco
> Referência contínua aos poderes místicos/referência intermitente aos poderes místicos
> Insensatez/sagacidade
> Simplicidade/complexidade
> Aceitação de dores e sofrimentos/evitação de dores e sofrimentos
> Heteronomia/graus de autonomia

Esta lista poderia ser consideravelmente aumentada se ampliássemos a extensão das situações liminares consideradas. Ainda, os símbolos em que essas propriedades se manifestam e corporificam são vários e múltiplos, e frequentemente se relacionam com os processos fisiológicos de morte e de nascimento, de anabolismo e de catabolismo. O leitor terá notado, de imediato, que muitas dessas propriedades constituem aquilo que julgamos serem características da vida religiosa na tradição cristã. Indubitavelmente, também os muçulmanos, os budistas, os hindus e os judeus enumerariam muitas delas entre as suas características religiosas. O que parece ter acontecido é que, com o incremento da especialização da sociedade e da cultura, com a progressiva complexidade na divisão social do trabalho, aquilo que era na sociedade tribal principalmente um conjunto de qualidades transitórias "entre" estados definidos da cultura e da sociedade, transformou-se num estado institucionalizado. Mas traços da qualidade de *passage* da vida religiosa permanecem em várias formulações, tais como: "O cristão é um estranho no mundo, um peregrino, um viajante, sem nenhum lugar para descansar a cabeça". A transição tornou-se, neste caso, numa condição permanente. Em parte alguma esta institucionalização da liminaridade foi mais claramente marcada e definida do que nos estados monástico e mendicante, nas grandes religiões mundiais.

Por exemplo, a regra cristã ocidental de São Bento "provê a subsistência de homens que desejam viver em *comunidade* e devotar-se inteiramente ao serviço de Deus pela *autodisciplina*, a oração e o *trabalho*. Devem formar essencialmente *famílias*, sob os cuidados e o *controle absoluto* de um pai (o abade); individualmente, são obrigados à *pobreza* pessoal, *abstenção do casamento* e *obediência aos superiores*, bem como pelos votos de estabilidade e conversão de conduta [sendo originariamente sinônimo de 'vida em comum', 'a vida monástica' distinguia-se da vida secular]; um grau moderado de austeridade é imposto pelo ofício noturno, o jejum, pela abstinência de carne e *restrição na conversa*" (ATTWATER, 1961: 51 – grifos meus). Acentuei os traços que denotam uma notável semelhança com a condição do chefe eleito durante a transição para os ritos públicos de tomada de posse, quando inicia seu reinado. Os ritos de circuncisão dos ndembus (*Mukanda*) apresentam novos paralelos entre os neófitos e os monges beneditinos. Erving Goffman (*Asylums*, 1962) estuda aquilo que chama "características de instituições totais". Entre essas inclui os mosteiros, devotando grande atenção "aos processos de despojamento e de nivelamento que [...] diretamente atravessam as várias distinções sociais com que os recrutas chegam". Em seguida, cita um conselho de São Bento ao abade: "Que ele não faça distinção de pessoas no mosteiro. Que uma não seja mais amada que outra, a menos que se distinga em boas obras e em obediência. Que o indivíduo de origem nobre não seja elevado acima do que era antes um escravo, exceto se intervier alguma outra causa justa" (p. 119).

Neste ponto, os paralelos com o *Mukanda* são surpreendentes. Os noviços são "despojados" das roupas seculares quando passam através de um portão simbólico; são "nivelados" pelo fato de abandonarem seus antigos nomes, dando-se a todos a designação comum de *mwadyi*, ou "noviço", e tratados da mesma maneira. Um dos cantos entoados pelos circuncisores dirigindo-se às mães dos noviços na noite antes da circuncisão contém a seguinte frase: "Mesmo que seu filho seja o filho de um chefe, amanhã ele será igual a um escravo", exatamente como um chefe eleito é tratado como escravo antes da sua investidura. Além do mais, na cabana de reclusão o instrutor mais idoso é escolhido em parte por ser pai de vários meninos submetidos aos ritos, e porque se torna um pai para o grupo inteiro, uma espécie de "abade", embora seu título *Mfumwa tubwiku* signifique literalmente "marido dos noviços", para acentuar o papel passivo destes últimos.

## O perigo místico e os poderes dos fracos

Pode-se perguntar por que em quase toda parte se atribuem às situações e papéis liminares propriedades mágico-religiosas, ou por que tão frequentemente estas são consideradas perigosas, de mau agouro, ou contaminadoras para pessoas, objetos, acontecimentos e relações que não foram ritualmente incorporados ao contexto liminar. Minha opinião, em resumo, é que, na perspectiva daqueles aos quais incumbe a manutenção da "estrutura", todas as manifestações continuadas da *communitas* devem aparecer como perigosas e anárquicas, e precisam ser rodeadas por prescrições, proibições e condições. E, como afirmou Mary Douglas (1966), aquilo que não pode, com clareza, ser classificado segundo os critérios tradicionais de classificação, ou se situe entre fronteiras classificadoras, quase em toda parte é considerado "contaminador" e "perigoso" (passim).

Repito o que disse anteriormente: a liminaridade não é a única manifestação cultural da *communitas*. Na maioria das sociedades há outras áreas de manifestação facilmente reconhecidas pelos símbolos que se agrupam em torno delas e pelas crenças a elas vinculadas, tais como "os poderes dos fracos", ou, em outras palavras, os atributos permanente ou transitoriamente sagrados relativos a um *status* ou posição baixa. Nos sistemas estruturais estáveis há muitas dimensões de organização. Já mencionamos que os poderes místicos e morais são mantidos pelos autóctones subjugados sobre o total bem-estar de sociedades cuja estrutura política é constituída pela linhagem ou pela organização territorial de conquistadores invasores. Em outras sociedades – a ndembu e a lamba, de Zâmbia, por exemplo – podemos indicar associações de culto, cujos membros, devido a um infortúnio comum ou circunstâncias debilitantes, conseguiram acesso a poderes terapêuticos relativos a certos bens gerais da humanidade, como a saúde, a fecundidade e o clima. Essas associações seccionam importantes componentes do sistema político secular, como linhagens, aldeias, subchefias e chefias. Poderíamos também mencionar o papel de nações estruturalmente pequenas e politicamente insignificantes dentro de sistemas de nações como sustentáculos de valores religiosos e morais, tais como os hebreus no antigo Oriente Próximo, os irlandeses na primitiva cristandade medieval e os suíços na Europa moderna.

Muitos escritores chamaram a atenção para o papel do bobo da corte. Max Gluckman (1965), por exemplo, escreve: "O bobo da corte operava como árbitro privilegiado dos costumes, dada a permissão que tinha de zombar de reis e cortesãos, ou do senhor do solar". Os bobos da corte eram "comumente homens da classe baixa – algumas vezes no Continente Europeu eram sacerdotes – que claramente saíam do seu estado habitual [...]. Em um sistema onde era difícil para outros censurar o chefe de uma unidade política, podíamos ter aqui um trocista institucionalizado, atuando no ponto mais alto da unidade [...] um galhofeiro capaz de expressar os sentimentos da moralidade ofendida". Menciona ainda que os bobos da corte ligados a muitos monarcas africanos eram "frequentemente anões e outros indivíduos estranhos". Semelhantes a esses pela função eram os tamborileiros da barcaça real dos barotses, na qual o rei e sua corte se deslocavam de uma capital na planície aluvial do Rio Zambezi para uma das margens durante as cheias anuais. Eles tinham o privilégio de atirar na água qualquer dos grandes nobres "que tivesse ofendido a eles e a seu sentido de justiça durante o ano anterior" (p. 102-104). Estas figuras, representando os pobres e os deformados, simbolizam os valores morais da *communitas* contrapondo-se ao poder coercitivo dos dirigentes políticos supremos.

A literatura popular é rica em figuras simbólicas, como os "mendigos santos", "terceiro filho", "pequenos alfaiates" e "simplórios", que arrancam as pretensões dos detentores de categorias e cargos elevados e reduzem-nos ao nível da humanidade e dos mortais comuns. Ainda, nos tradicionais filmes de "faroeste", vemos o misterioso "estranho" sem lar, sem riqueza ou nome, e que restaura o equilíbrio legal e ético num grupo local de relações políticas de poder, eliminando os "chefões" profanos injustos que oprimem os pequenos proprietários. Os membros de grupos étnicos e culturais desprezados ou proscritos desempenham importantes papéis nos mitos e nos contos populares como representantes ou expressões de valores humanos universais. São famosos entre estes o bom samaritano, o violinista judeu Rothschild, no conto de Tchekhov "O violino de Rothschild"; o escravo negro fugitivo Jim, em *Huckleberry Finn*, de Mark Twain, e Sonya, a prostituta que redime o imaginário "super-homem" nietzscheano Raskolnikov, em *Crime e castigo* de Dostoievski.

Todos esses tipos místicos são estruturalmente inferiores ou "marginais", não obstante representem o que Henri Bergson chamaria de "moralidade aberta", opondo-se à "moralidade fechada", sendo a última essencialmente o sistema normativo de grupos limitados, estruturados, particularistas. Bergson fala do modo como um grupo fechado preserva sua identidade contra os membros de grupos abertos, protege-se contra as ameaças ao seu modo de vida, e renova o desejo de manter as normas de que depende o comportamento rotineiro necessário à sua vida social. Nas sociedades fechadas ou estruturadas, é a pessoa marginal ou "inferior", ou o "estranho" que frequentemente chega a simbolizar o que David Hume chamou "o sentimento com relação à humanidade", o qual por sua vez se liga ao modelo que denominamos *communitas*.

## Os movimentos milenaristas

Entre as mais extraordinárias manifestações da *communitas* encontram-se os movimentos religiosos, chamados milenaristas, que surgem no meio das massas que Norman Cohn (1961) denominou "massas desarraigadas e desesperadas, na cidade e no campo [...] vivendo à margem da sociedade" (p. 31-32) (isto é, da sociedade estruturada), ou onde sociedades anteriormente tribais são postas sob o domínio estranho e absoluto de sociedades complexas e industriais. Os atributos de tais movimentos devem ser bastante conhecidos dos leitores. Somente lembrarei aqui algumas das propriedades da liminaridade nos rituais tribais que mencionei antes. Muitos desses correspondem bem de perto aos dos movimentos milenaristas: homogeneidade, igualdade, anonímia, ausência de propriedade (muitos movimentos realmente ordenam aos seus membros a destruição de qualquer propriedade que possuam, a fim de tornarem mais próximos o advento do estado perfeito de harmonia e comunhão que desejam, pois os direitos de propriedade estão ligados a distinções estruturais, tanto verticais quanto horizontais); redução de todos ao mesmo nível de "condição social"; uso de vestuário uniforme (às vezes para ambos os sexos); continência sexual (ou a antítese desta, a comunidade sexual, pois tanto a continência quanto a comunidade sexual liquidam com o casamento e com a família, que legitimam o estado da estrutura); redução ao mínimo das distinções de sexo (todos são "iguais à vista de Deus" ou dos ancestrais); abolição de categorias, humildade, descuido pela aparência pessoal, altruísmo, obediência total ao profeta ou líder, instrução sagrada; levar ao máximo as atitudes e o comportamento religioso, por oposição ao secular; suspensão dos direitos e obrigações de parentesco (todos são irmãos ou camaradas uns dos outros, quaisquer que tenham sido os laços mundanos anteriores); simplicidade de fala e de maneiras, loucura sagrada, aceitação da dor e do sofrimento (até o ponto de se submeter ao martírio), e assim por diante.

É digno de nota que muitos desses movimentos permeiam, seccionando-as, as divisões tribais e nacionais durante o impulso inicial. A *communitas*, ou "sociedade aberta", difere neste ponto da estrutura ou da sociedade fechada, pelo fato de ser potencial ou idealmente extensiva aos limites da humanidade. Na prática, naturalmente, o ímpeto logo se exaure, e o próprio "movimento" se torna uma instituição entre outras instituições, frequentemente mais fanático e militante que os restantes, por julgar-se o único possuidor das verdades humanas universais. Muitas vezes, tais movimentos ocorrem durante fases da história que sob vários aspectos são "homólogas" a períodos liminares de importantes rituais em sociedades estáveis e rotineiras, quando os mais importantes grupos ou categorias sociais naquelas sociedades estão passando de um estado cultural para outro. São essencialmente fenômenos de transição. Talvez seja esta a razão pela qual em tantos desses movimentos muito da mitologia e do simbolismo que possuem é tomado de empréstimo dos mitos e símbolos de tradicionais *rites de passage*, quer nas culturas em que se originam, quer nas culturas com as quais estão em contato dramático.

## Os *hippies*, a *communitas* e os poderes dos fracos

Na moderna sociedade ocidental os valores da *communitas* estão surpreendentemente presentes na literatura e no comportamento do fenômeno que veio a ser conhecido como a "geração *beat*", a que se sucederam os *hippies*, os quais, por sua vez, têm uma jovem divisão conhecida como o *teeny-boppers*. São os membros "audaciosos" das categorias de adolescentes e jovens adultos – que não têm as vantagens dos *rites de passage* nacionais – que "optaram" fugir da ordem social ligada ao *status* e adquiriram os estigmas dos mais humildes, vestindo-se como "vagabundos", ambulantes em seus hábitos, "populares" no gosto musical e subalternos em qualquer ocupação casual de que se incumbam. Valorizam mais as relações pessoais do que as obrigações sociais, e consideram a sexualidade instrumento polimórfico da *communitas* imediata, ao invés de tomá-la por base para um vínculo social estruturado e duradouro. O poeta Allen Ginsberg é, em particular, eloquente sobre a função da liberdade sexual. Também as propriedades "sagradas", com frequência atribuídas à *communitas*, não estão ausentes aqui. Comprova-se isto pelo uso habitual de termos religiosos, como "santo" e "anjo", para definir seus congêneres, e pelo interesse no zen-budismo. A fórmula zen "tudo é um, um é nada, nada é tudo" expressa bem o caráter não estruturado e global primitivamente aplicado à *communitas*. A acentuação dada pelos *hippies* à espontaneidade, ao imediatismo e à "existência" põe em relevo um dos sentidos em que *communitas* contrasta com a estrutura. A *communitas* pertence ao momento atual; a estrutura está enraizada no passado e se estende para o futuro pela linguagem, a lei e os costumes. Embora nosso interesse se centralize aqui nas sociedades pré-industriais tradicionais, torna-se claro que as dimensões coletivas, a *communitas* e a estrutura devem encontrar-se com todos os estádios e níveis da cultura e da sociedade.

## A estrutura e a *communitas* nas sociedades baseadas no parentesco

### 1 Os talensis

Há algumas outras manifestações desta distinção encontradas nas sociedades mais simples. Serão consideradas por mim não como passagens entre estados, mas antes como estados binários opostos, que, sob certos aspectos, expressam a distinção entre a sociedade considerada como estrutura de partes opostas hierárquica ou segmentariamente e como totalidade homogênea. Em muitas sociedades é feita a distinção terminológica entre parentes do lado materno e os do lado paterno, sendo os últimos vistos como pessoas de espécie completamente diferente. É o que acontece especialmente com relação ao irmão do pai e ao da mãe. Onde existe descendência unilinear, a propriedade e a posição social passam ou de pai para filho ou do irmão da mãe para o filho da irmã. Em certas sociedades, ambas as linhas de descendência são usadas para fins de herança. Mas mesmo neste caso os tipos de propriedade e posição social que passam em cada linha são muito diferentes.

Consideremos de início uma sociedade na qual existe descendência unilinear somente na linha paterna. O exemplo é tirado mais uma vez do povo talensi, de Gana, do qual temos grande quantidade de informações. Nosso problema consiste em descobrir se, numa discriminação binária em um nível estrutural do tipo "superioridade estrutural/inferioridade estrutural", podemos encontrar algo que se aproxime do "poder do fraco", no ritual, que, por sua vez, demonstra-se estar relacionado com o modelo *communitas*. Fortes (1949) escreve:

> A linha dominante de descendência confere os atributos claramente significativos da personalidade social, o estado jurídico, os direitos de

> herança e de sucessão quanto à propriedade e ao cargo, a fidelidade política, privilégios e obrigações rituais. A linha subjacente [constituída por matrifiliação; eu preferiria dizer o "lado subjacente" já que o vínculo é pessoal entre o indivíduo e sua mãe, e através desta chega tanto aos parentes patrilineares dela quanto aos seus cognatos] confere certas características espirituais. Entre os talensis é fácil observar-se que isso é um reflexo do fato de o elo da descendência uterina ser mantido como *vínculo puramente pessoal*. Não favorece os interesses comuns de espécie material, jurídica ou ritual; une os indivíduos apenas por laços de *interesses e preocupações mútuos*, semelhantes aos que prevalecem entre parentes colaterais próximos, em nossa cultura. Embora constitua um dos fatores que contrabalançam a exclusividade da linha agnatícia, *não cria grupos associados* em competição com a linhagem agnatícia e com o clã. Transportando *apenas um atributo espiritual*, o laço uterino não pode enfraquecer a solidariedade jurídica e político-ritual da linhagem patrilinear (p. 32 – os grifos são meus).

Temos aqui a oposição patrilinear/matrilinear, que tem funções de dominante/subjacente. O laço patrilinear relaciona-se com a propriedade, o cargo, a fidelidade política, a exclusividade, podendo ainda dizer-se incluídos os interesses setoriais e particulares. É o vínculo "estrutural" por excelência. O laço uterino refere-se às características espirituais, interesses e preocupações mútuos, e à colateralidade. Contrapõe-se à exclusividade, o que presumivelmente significa que contribui para a inclusividade, e não está a serviço de interesses materiais. Em resumo, a matrilateralidade representa, na dimensão do parentesco, a noção de *communitas*.

Um exemplo, tomado dos talensis, do caráter "espiritual" e "comunitário" da matrilateralidade encontra-se nos ritos de consagração do chamado *bakologo*, ou do sacrário do adivinho. Por definição, este sacrário, quem o diz é Fortes (1949), é "feminino":

> Isto é, os ancestrais relacionados com ele derivam, por definição, de uma linhagem matrilinear do adivinho, e a figura dominante entre eles é geralmente uma mulher, "uma mãe". O *bakologo* [...] é a autêntica encarnação do aspecto vingativo e invejoso dos ancestrais. Persegue o homem em cuja vida intervém inexoravelmente, até que o homem afinal se submeta e o "aceite, isto é, encarregue-se de montar um sacrário para os espíritos [matrilaterais] *bakologo* em sua própria casa, a fim de poder oferecer-lhes sacrifícios com regularidade. *Todo homem, e não apenas aqueles que sofreram infortúnios excepcionais*, é levado pelo sistema religioso dos talensis a projetar seus mais íntimos sentimentos de culpa e de insegurança amplamente sobre a imagem da mãe, corporificada no complexo *bakologo*. Em geral, também, um homem não se sujeita, imediatamente, às exigências dos ancestrais *bakologo*. Contemporiza, foge, resiste, às vezes durante anos, até ser, por fim, forçado a submeter-se

e a aceitar o *bakologo*. Nove de cada grupo de dez homens acima de quarenta anos têm sacrários *bakologo,* mas nem todo homem tem talento para ser adivinho, e por isso a maioria dos homens simplesmente possui sacrário, mas não o usa para a adivinhação" (p. 325 – grifos são meus).

Transcrevi mais longamente o relato de Fortes, por achar que demonstra claramente não só a oposição e a tensão entre os vínculos de parentesco matrilinear e patrilinear, mas também a tensão produzida no psiquismo dos indivíduos, à medida que alcançam a idade madura, entre o modo estrutural e o comunitário de considerar a sociedade talensi. Devemos lembrar-nos de que o dogma da patrilinearidade, que Homans e Schneider chamariam de linha de descendência "rigorosa" através da qual são transmitidos os direitos sobre a propriedade e a posição social, é dominante e dá colorido aos valores dos talensis em muitos níveis da sociedade e da cultura. Do ponto de vista e da perspectiva das pessoas ocupantes de posições de autoridade na estrutura patrilinear os vínculos sociais estabelecidos através das mulheres, simbolizando a comunidade tale mais ampla, onde secciona os estreitos laços grupais de descendência e localidade, parecem necessariamente ter um aspecto destruidor. É por isso que, segundo minha opinião, os talensis têm a "imagem da mãe" *bakologo*, que "persegue" o homem maduro e "intervém" na vida dele, até que a "aceite". Porque, à medida que os homens se desenvolvem e passam a influenciar uns aos outros em círculos mais e mais amplos de relações sociais, tornam-se cada vez mais conscientes de que sua patrilinhagem é meramente parte da totalidade dos talensis. Para eles, de maneira rigorosamente literal, a comunidade maior intervém, destruindo a autossuficiência e a relativa autonomia da linhagem setorial e dos assuntos do clã. Os sentimentos globais, anualmente acentuados nos grandes festivais de integração, como o do Golib, onde, conforme mencionei, realiza-se uma espécie de casamento místico entre representantes dos invasores namoos e dos tales autóctones, tornam-se cada vez mais significativos para os "homens acima dos quarenta anos" que participam das festas como chefes de família e de sublinhagens, e não mais como menores, sob autoridade paterna. As normas e os valores "provenientes de fora" rompem o exclusivismo da lealdade à linhagem.

É perfeitamente adequado que a *communitas* seja aqui simbolizada pelos ancestrais *matrilaterais*, em especial pelas imagens da mãe, já que nesta sociedade patrilinear e virilical as mulheres penetram de fora nos patrissegmentos da linhagem, e, como o demonstrou Fortes, os parentes matrilaterais, na maioria, habitam fora do "campo do clã" de um homem. É compreensível também que tais espíritos sejam considerados "vingativos" e "invejosos": são as "mães" (as instituidoras das *tetas*, ou matrissegmentos) que introduzem divisões na unidade ideal da patrilinhagem. Resumindo, diremos que em determinadas crises da vida: a adolescência, a chegada da velhice e a morte, variando em significação de cultura para cultura, a passagem de uma condição estrutural para outra pode ser acompanhada por um forte sentimento de "bondade humana", um sentido do laço social genérico entre todos os membros da sociedade – em alguns casos transcendendo do mesmo as fronteiras tribais ou nacionais – independentemente das afiliações subgrupais ou da ocupação de posições estruturais. Em casos extremos, como a aceitação da vocação para xamã entre os saoras, da Índia Central (ELWIN, 1955), isto pode dar em resultado a transformação do que é essencialmente uma fase liminar ou extraestrutural em uma condição permanente de "estrangeirice" sagrada. O xamã, ou profeta, assume uma condição sem *status*, exterior à estrutura social secular, que lhe dá o direito de criticar todas as pessoas ligadas à estrutura segundo uma ordem moral que envolve a todos, e também de servir de intermediário entre todos os segmentos ou componentes do sistema estruturado.

Nas sociedades em que o parentesco constitui o que Fortes chama um "princípio irredutível" de organização social e onde a patrilinearidade é a base da estrutura social, a ligação de um indivíduo aos outros membros da sociedade através da mãe e, consequentemente, por extensão e abstração, através das "mulheres" e da "feminilidade", tende a simbolizar a comunidade mais ampla e seu sistema ético, que abrange e invade o sistema político-legal. Pode-se mostrar a existência de fascinantes correlações em várias sociedades entre esta conversão à perspectiva da *communitas* e a afirmação da individualidade por oposição ao desempenho de uma posição social. Por exemplo, Fortes (1949) demonstrou-nos as funções individualizantes do vínculo entre o filho da irmã e o irmão da mãe entre os talensis. Isto, diz ele, "é uma importante brecha na cerca genealógica que circunda a linhagem agnatícia; é uma das aberturas mais importantes para as relações sociais de um indivíduo com os membros de outros clãs que não o seu" (p. 31). Pela matrilateralidade o indivíduo, em seu caráter integral, fica emancipado dos encargos da posição segmentar, determinados pela patrilinhagem, entrando na vida mais ampla de uma comunidade que se estende, além dos talensis, propriamente ditos, alcançando grupos tribais de cultura religiosa semelhante.

Vejamos agora um exemplo concreto do modo pelo qual a consagração de um sacrário *bakologo* torna visível e explícita a comunidade talensi mais ampla, através dos laços matrilaterais. Todos os rituais têm esse caráter exemplar, modelar. Em certo sentido, pode-se dizer que "criam" a sociedade mais ou menos da mesma maneira pela qual Oscar Wilde considerou a vida – "uma imitação da arte". No caso citado (FORTES, 1949), um homem chamado Naabdiya "aceitou" como seus ancestrais *bakologo* o pai de sua mãe, a mãe do pai de sua mãe, e a mãe da mãe do pai de sua mãe. Foram os membros do clã destes últimos que vieram instalar o sacrário para o seu neto por classificação, Naabdiya. Mas, para chegar a eles, Naabdiya primeiramente teve de ir ao povo do irmão de sua mãe; este o escolhou até a linhagem do irmão da mãe de sua mãe, vinte quilômetros distante do seu próprio povoado. Em cada localidade ele devia sacrificar uma galinha e uma galinha-d'angola – isto é, uma ave domesticada e uma não domesticada – ao "bogar" da linhagem, ou ao sacrário do ancestral fundador.

A linhagem do ancestral dominante, ou mais frequentemente uma ancestral do complexo *bakologo*, quase sempre uma ancestral matrilateral, tem a responsabilidade de instalar o sacrário para a pessoa aflita. O chefe da linhagem sacrifica as duas aves trazidas pelo paciente no sacrário de sua linhagem, explicando aos ancestrais a natureza da ocasião que trouxe o filho de sua irmã ou neto matrilateral a fazer-lhes súplicas. Pede-lhes que abençoem o estabelecimento de um novo sacrário, que ajudem o candidato a tornar-se um adivinho bem-sucedido, e que lhe concedam prosperidade, filhos e saúde – isto é, as coisas boas em geral. Em seguida, apanha alguns sedimentos que ficaram no fundo do pote, que é o mais importante componente de um sacrário *bogar*, e coloca-os num pequenino pote que o candidato deve levar para casa e acrescentá-lo ao seu novo sacrário. "Deste modo", diz Fortes, a "continuidade direta do novo sacrário *bakologo* com o *bogar* da linhagem matrilateral fica tangivelmente simbolizada" (p. 326).

Assim, dois sacrários separados por mais de trinta quilômetros – e é preciso lembrar que a própria Talelândia "quase não tem trinta quilômetros de extensão" – e diversos outros sacrários intermediários são direta e "tangivelmente" ligados pelos ritos. O fato de ser quase impossível o contato físico contínuo entre as linhagens em questão não é ideologicamente importante no caso, porque os sacrários *bakologo* são símbolos e expressões da comunidade tale. "Nove entre dez" dos homens maduros têm uma quantidade de ancestrais *bakologo* cada um. Todos esses homens estão ritualmente interligados através deles a uma pluralidade de povoados; inversamente, cada *bogar* de linhagem tem ligado a si um certo número de sacrários *bakologo* mediante conexões sororais ou de irmãs. Tais encadeamentos, nos seus conjuntos e secções transversais, são mais do que vínculos meramente pessoais ou espirituais; representam os laços da *communitas* opondo-se às divisões da estrutura. São, além de tudo, vínculos criados a partir do lado "subjacente" do parentesco, o lado juridicamente mais fraco ou inferior. Mais uma vez pudemos manifestar a íntima conexão existente entre *communitas* e os poderes dos fracos.

## 2 *Os núeres*

É a tensa oposição permanente entre *communitas* e estrutura que, para mim, está situada por detrás dos aspectos sagrados e "afetivos" da relação irmão da mãe/filho da irmã em muitas sociedades patrilineares. Nessas sociedades, como numerosos estudiosos do assunto o demonstraram, o irmão da mãe, que tem fraca autoridade jurídica sobre o sobrinho, pode ter, contudo, um estreito vínculo pessoal de amizade com ele, pode dar-lhe refúgio contra a rispidez paterna, e muito frequentemente tem poderes místicos de abençoá-lo e amaldiçoá-lo. Neste caso a fraca autoridade legal no âmbito de um grupo unido sofre a oposição de fortes influências pessoais e místicas.

Entre os núeres do Sudão o papel de "sacerdote de pele de leopardo" une, de maneira bastante interessante, o valor simbólico do irmão da mãe na sociedade patrilinear com alguns dos outros atributos de figuras liminares, marginais e politicamente fracas, que já examinamos. Segundo Evans-Pritchard (1956) "em certos mitos das tribos jikany [dos núeres] a pele do leopardo [insígnia da função sacerdotal] foi concedida pelos ancestrais das linhagens [agnatícias], dominantes [territorialmente], a seus *tios maternos,* a fim de que estes pudessem desempenhar o papel de sacerdotes tribais. As linhagens do clã, estruturalmente opostas, estavam então na relação comum dos filhos das irmãs com a linha dos sacerdotes, que deste modo possuía uma posição mediadora entre elas" (p. 293 – os grifos são meus). Tanto quanto absolutos irmãos da mãe para os setores políticos, os sacerdotes com pele de leopardo acham-se "na categoria de *rul*, estrangeiros, e não na de *diel*, membros do clã que possuem os territórios tribais [...]. Não possuem territórios tribais próprios, mas vivem formando famílias e pequenas linhagens, na maioria dos territórios possuídos por outros clãs, ou em quase todos. São como membros da tribo de Levi, divididas na de Jacó e dispersos em Israel" (p. 292). (Algo desse caráter sacerdotal se encontra nas linhagens dispersas dos circuncisadores e dos fazedores de chuva entre os gisus, de Uganda.) Os sacerdotes núeres revestidos de pele de leopardo têm "uma relação mística [...] com a terra, em virtude da qual se julga que suas maldições possuem uma potência especial, pois [...] pode afetar não só as colheitas de um homem, mas o seu bem-estar em geral, já que todas as atividades humanas se realizam na terra" (p. 291). O principal papel do sacerdote está em conexão com o homicídio, pois dá abrigo ao assassino, negocia um acordo, realiza sacrifícios para que as relações sociais sejam retomadas e reabilita o assassino. Esse tipo generalizado de irmão da mãe possui assim muitos dos atributos de *communitas* com os quais nos estamos familiarizando: ele é um estrangeiro, um mediador; age em favor da comunidade inteira, tem uma relação mística com a totalidade da terra em que habita, representa a paz contra a discórdia e não está vinculado em nenhum segmento político específico.

## 3 *Os ashantis*

Para que não se julgue que a estrutura está universalmente associada à patrilinearidade e à masculinidade, e que a *communitas* está associada à matrilateralidade e à feminilidade nas sociedades articuladas segundo o princípio da descendência unilinear, vale a pena examinar-se brevemente uma sociedade matrilinear bastante conhecida; a dos ashantis, de Gana. Os ashantis pertencem a um grupo de sociedades da África Ocidental, que possuem sistemas políticos e religiosos muito desenvolvidos. Todavia, o parentesco unilinear ainda tem considerável importância estrutural. A matrilinhagem localizada, estabelecendo a descendência a partir de uma ancestral comum conhecida, durante um período de dez a doze gerações, é a unidade fundamental para as finalidades políticas, rituais e legais. Fortes (1950) descreveu assim o caráter segmentar da linhagem: "cada segmento é definido em relação aos outros da mesma ordem pela referência a ancestrais (femininas) comuns e discriminadoras" (p. 255). A sucessão nos cargos e a herança da propriedade são matrilineares, e os bairros das divisões das aldeias dos ashantis são, cada um deles, habitados por uma matrilinhagem central, envolvida por uma franja de cognatos e de afins.

O nome para designar a matrilinhagem é *abusua*, que, segundo Rattray (1923), é "sinônimo de *mogya*, sangue" (p. 35), como se verifica no provérbio *abusua bako mogya bako*: "um clã, um sangue". Discute-se às vezes se o parentesco ashanti não deveria ser classificado como um sistema de "dupla descendência". Este ponto de vista deriva das referências de Rattray (1923: 45-46) a um modo de categorização social conhecido pelos ashantis como *ntoro* (literalmente "sêmen"), que aquele autor considerava uma divisão exógama, baseada na transmissão pelos homens, exclusivamente. Fortes (1950: 266) pôs em relevo a significação mínima desse elemento patrilinear para o sistema de parentesco e para a ordem político-legal. Refere-se ao *ntoro* como "divisões especificadas semirrituais", porém estas não são nem exógamas nem grupos organizados, em qualquer sentido. Entretanto, do ponto de vista do presente artigo, as divisões *ntoro* são da maior importância. Uma das razões para o olvido da dimensão da *communitas* na sociedade, com suas profundas implicações para a compreensão de muitos fenômenos e processos rituais éticos, estéticos e, na verdade, políticos e legais, tem sido a propensão a igualar o "social" com o "socioestrutural". Sigamos, então, o indício do *ntoro* em muitos recantos obscuros da cultura ashanti.

Em primeiro lugar, o vínculo pai-filho, base da divisão *ntoro*, é o vínculo estruturalmente inferior. No entanto, os símbolos com os quais se associa delineiam um quadro de enorme valor para a compreensão da *communitas*. De acordo com Rattray (1923) os ashantis acreditam que é o "*ntoro* ou o sêmen, transmitido pelo homem, misturado ao sangue [um símbolo de matrilinhagem] na mulher, que explica os mistérios fisiológicos da concepção [...] *ntoro* [...] é [...] empregado às vezes como sinônimo de *sunsum*, o elemento espiritual, no homem ou na mulher, do qual depende [...] a força, o magnetismo pessoal, o caráter, personalidade, poder, alma, chamem-no como quiserem, de que dependem a saúde, a riqueza, o poder da palavra, o sucesso em qualquer empreendimento, enfim, tudo aquilo que faz valer a pena viver" (p. 46). Mais uma vez, deparamo-nos com as particulares correlações entre personalidade e valores universais, de um lado, e "espírito" ou "alma", de outro, que parecem ser os sinais característicos da *communitas*.

Rattray (1923) enumerou nove divisões *ntoro*, embora afirme poder haver mais. Essas divisões, naturalmente, permeiam o conjunto dos membros das matrilinhagens segmentares *abusua*. Um dos *ntoro* é considerado tradicionalmente como "o primeiro *ntoro* já outorgado aos homens, o *ntoro* Bosommuru" (p. 48). O mito correlacionado com o estabelecimento dele, segundo o modo de ver de Rattray, esclarece o modo de pensar dos ashantis sobre o *ntoro* em geral:

> Há muito tempo atrás, um homem e uma mulher desceram do céu, e uma mulher subiu da terra.
>
> Do Deus do Céu (Onyame) também veio uma serpente (*onini*), que fez sua casa no rio chamado Bosammuru.
>
> No princípio, esses homens e essas mulheres não tiveram filhos, não sentiam desejo, e a concepção e o nascimento não eram conhecidos naquele tempo.
>
> Um dia, a serpente perguntou-lhes se não tinham filhos, e sendo-lhe dito que não, ela disse que faria com que a mulher pudesse conceber. Mandou que os casais se defrontassem, depois mergulhou no rio e, ao emergir, borrifou-lhes de água os ventres, com as palavras *kus kus* (usadas na maioria das cerimônias em conexão com *ntoro* e Onyame), e então lhes ordenou que voltassem para casa e se deitassem juntos.
>
> As mulheres conceberam e deram à luz as primeiras crianças no mundo, que tomaram o Bosommuru como seu *ntoro*, passando cada homem adiante este *ntoro* a seus filhos.
>
> Se um homem *ntoro* Bosommuru, ou mulher, vê uma serpente morta (nunca matam uma serpente) espalha argila branca sobre ela e a enterra (p. 48-49).

Esse mito simbolicamente relaciona o *ntoro* ao mesmo tempo sêmen e divisão social com o Deus do Céu (que é também um deus da chuva e da água) com a água, um rio e a fecundação das mulheres. Outras divisões ntoro como o Bosomtwe, grande lago na parte central dos ashantis, e o Bosompra, rio que nasce no território dos ashantis, associam-se com corpos de água. Os principais deuses ashantis são divindades *masculinas*, filhos de Onyame, o supremo deus masculino. Além disso, todos se relacionam com a água, o símbolo dominante da fecundidade, e, por extensão, de todas as coisas boas que os ashantis possuem em comum, independentemente das filiações subgrupais. Rattray (1923) cita os ashantis, que dizem: "Onyame decidiu mandar os seus próprios filhos à terra, a fim de que pudessem receber benefícios da humanidade e também conferi-los a ela. Todos esses filhos traziam os nomes do que são agora rios e lagos [...] ou todo outro rio ou água de alguma importância. Os tributários desses são também seus filhos" (p. 145-146). Acrescenta: "O que foi dito até aqui é suficiente para demonstrar que as águas para os ashantis [...] são consideradas possuidoras do poder ou do espírito do divino Criador, sendo, portanto, uma grande força doadora de vida. Assim como uma mulher dá nascimento a uma criança, do mesmo modo possa a água fazer nascer um deus, disse-me certa vez um sacerdote" (p. 146).

Outros líquidos corpóreos ligam-se simbolicamente com "o elemento *ntoro* no homem", diz Rattray (1923: 54), por exemplo, a saliva; e a água borrifada pela boca do rei ashanti durante os ritos relativos ao Rio Bosommuru, acompanhados pelas seguintes palavras: "Vida para mim, e que esta nação prospere". O simbolismo branco no mito Bosommuru reaparece em muitos contextos rituais, onde os deuses aquáticos são venerados, enquanto os sacerdotes do supremo Deus e de outras divindades regularmente usam vestimentas brancas. Já examinei o simbolismo branco e suas conotações de sêmen, saliva, saúde, vigor e bom augúrio em muitas sociedades africanas, e outras, em vários trabalhos publicados (TURNER, 1961, 1962, 1967). O simbolismo branco dos ashantis não difere, em sua semântica, do simbolismo branco dos ndembus.

Façamos o resumo de nossas descobertas sobre os ashantis até agora. Pareceria haver um nexo entre a ligação pai-filho, *ntoro* (como sêmen, espírito e divisão social com um conjunto de membros grandemente dispersos), a masculinidade (representada pela imagem do pai, Onyame, seus filhos e a serpente mítica, símbolo masculino, a saliva, a água, a bênção com a água borrifada, os lagos, os rios, o mar, o simbolismo branco e o sacerdócio. Além disso, os chefes, especialmente o rei, estão claramente associados, no *Adae* e em outras cerimônias, com o Deus do Céu e com os rios, especialmente o Tano, conforme sugerem as mensagens do tambor de comunicação tocado nos ritos *Adae* (RATTRAY, 1923: 101). O princípio feminino e o *abusua* estão relacionados, como vimos, com o sangue e, por meio deste, a uma rica variedade de símbolos vermelhos. Em quase toda parte o sangue e o vermelho têm significados ao mesmo tempo auspiciosos e inauspiciosos. Para os ashantis, o vermelho está associado à guerra (RATTRAY, 1927: 134), à feitiçaria (p. 29, 30, 32, 34), aos espíritos vingadores das vítimas (p. 22), e aos funerais (p. 150). Em alguns casos, há direta oposição entre o simbolismo branco (masculino) e o simbolismo vermelho (feminino). Por exemplo, o deus do Rio Tano ou Ta kora, segundo Rattray (1923) "parece ser particularmente indiferente, e até hostil, às mulheres. São criaturas ingratas (*bonniaye*), declara ele. Nenhuma mulher tem permissão para tocar no seu santuário e não tem *akomfo* (sacerdotes) do sexo feminino. As mulheres na época da menstruação são um de seus tabus" (p. 183). Deve ser lembrado que o Rio Tano desempenha importante papel nos ritos *Adae* do asantehene, supremo chefe da nação. A feitiçaria e o simbolismo vermelho do ritual funerário têm relação com a qualidade de membros do *abusua*, já que são os parentes matrilineares que acusam-se uns aos outros de feitiçaria, à qual são atribuídas muitas mortes. Existe *outro* significado sinistro escondido aqui na noção do vínculo do sangue. O simbolismo vermelho liga-se também ao culto da terra, *Asase Ya*, julgada "divindade feminina" (RATTRAY, 1929). De acordo com Rattray, "ela não tornou tabu a menstruação (*kyiri bara*); ela gosta de sangue humano" (p. 342).

Poderia fazer inúmeras citações retiradas dos magníficos e minuciosos dados de Rattray (1927) sobre o simbolismo vermelho, com a finalidade de demonstrar a relação que os ashantis estabelecem entre feminilidade, morte, assassinato, feitiçaria, mau agouro, poluição menstrual e o sacrifício de homens e animais. Por exemplo, os ashantis possuem um "vermelho" *suman*, ou "fetiche", que "tem a natureza de um bode expiatório, ou algo que toma sobre si os males e pecados do mundo" (p. 13). É embebido em tinta *esono* vermelha (feita de casca pulverizada da árvore *adwino*, provavelmente uma espécie de *Pterocarpus*), que é "um substituto do sangue humano" utilizado no culto da terra. O *esono* também representa o sangue menstrual. Esse fetiche, chamado *kunkuma*, é ainda "colorido com sangue coagulado de carneiros e de aves que foram sacrificados sobre ele", e nele se "esconde um pedaço de fibra (*baha*) que tenha sido usada por uma mulher na menstruação" (p. 13). Vejamos aqui o sangue sacrifical e a menstruação postos em relação com rupturas das ordens natural e social – "males e pecados". Um exemplo final, talvez o mais interessante de todos, será suficiente. Uma vez por ano há uma violação ritual do sacrário *ntoro* original, o *ntoro* Bosommuru anteriormente mencionado. Este *ntoro* é frequentemente o do próprio Asantehene. No dia dos ritos "o rei é lambuzado com a tinta *esono* vermelha" (p. 136). Deste modo, a brancura do *ntoro* e do Rio Bosommuru é violada. Quando, mais tarde, o santuário é purificado, a água de determinado número de rios sagrados é misturada à argila branca em uma tigela, sendo o sacrário borrifado com ela.

Em muitas sociedades patrilineares, especialmente as que cultivam a vendeta, é a descendência através dos homens que se associa ao simbolismo ambivalente do sangue. Mas, entre os ashantis, onde a matrilinhagem é o princípio organizador dominante, o vínculo de descendência de homem para homem é considerado quase inteiramente auspicioso e correlacionado com o Deus do Céu e com os grandes deuses dos rios, que decidem sobre a fertilidade, a saúde, o vigor e todos os valores da vida compartilhados por todos. Mais uma vez, encontramos os seres estruturalmente inferiores considerados moral e ritualmente superiores, e a fraqueza mundana, como poder sagrado.

## A liminaridade, a baixa condição social, e a *communitas*

Chegou o momento de fazermos o cuidadoso exame de uma hipótese que procura explicar os atributos de fenômenos aparentemente diversos, tais como os neófitos na fase liminar do ritual, os autóctones subjugados, as nações pequenas, os bufões da corte, os mendigos santos, os bons samaritanos, os movimentos quiliásticos, os "vagabundos darma", a matrilateralidade nos sistemas patrilineares, a patrilateralidade nos sistemas matrilineares e as ordens monásticas. Trata-se, sem dúvida, de um feixe de fenômenos sociais que não combinam bem! No entanto, todos têm a seguinte característica comum: são pessoas ou princípios que (1) se situam nos interstícios da estrutura social, (2) estão à margem dela, ou (3) ocupam os degraus mais baixos. Isto leva-nos de volta ao problema da definição da estrutura social. Uma fonte autorizada de definição é *A Dictionary of the Social Sciences* (GOULD & KOLB, 1964) na qual A.W. Eister examina algumas das principais formulações dessa concepção. Spencer e muitos sociólogos modernos consideram a estrutura social como "a combinação mais ou menos distintiva (da qual pode haver mais de um tipo) de *instituições* especializadas e mutuamente dependentes [a acentuação é de Eister] e as organizações institucionais de posições e de atores que implicam, todas originadas no curso natural dos acontecimentos, à medida que os grupos de seres humanos com determinadas necessidades e capacidades atuaram uns sobre os outros (em vários tipos ou modos de interação) e procuraram enfrentar o meio ambiente" (p. 668-669). A concepção de Raymond Firth (1951), mais analítica, exprime-se da seguinte maneira: "Nos tipos de sociedades comumente estudadas pelos antropólogos, a estrutura social pode incluir relações críticas ou fundamentais provenientes de modo semelhante de um sistema de classes baseado nas relações com o solo. Outros aspectos da estrutura social surgem mediante a participação em outros tipos de grupos persistentes, os clãs, castas, grupos etários ou sociedades secretas. Outras relações básicas devem-se também à posição no sistema de parentesco" (p. 32).

A maioria das definições contém a noção de uma combinação de posições ou de situações sociais. Muitas implicam a institucionalização e a persistência de grupos e de relações. A mecânica clássica, a morfologia e a fisiologia dos animais e das plantas, e, mais recentemente, com Lévi-Strauss, a linguística estrutural, foram exploradas pelos cientistas sociais à procura de conceitos, modelos e formas homólogas. Todos têm, em comum, a noção de uma combinação superorgânica de partes ou de posições, a qual persiste, com modificações mais ou menos gradativas, através do tempo. O conceito de "conflito" passou a relacionar-se com o conceito de "estrutura social", desde que a diferenciação das partes se torna oposição entre as partes, e a situação insuficiente se torna objeto de lutas entre pessoas e grupos que pretendem alguma coisa.

A outra dimensão de "sociedade" pela qual me interessei é menos fácil de definir. G.A. Hillery (1955) examinou noventa e quatro definições do termo "comunidade" e chegou à conclusão de que, "além do conceito de que as pessoas estão incluídas na comunidade, não há completo acordo quanto à natureza da comunidade" (p. 119). O campo pareceria, pois, estar ainda aberto a novas tentativas! Procurei fugir à noção de que a *communitas* tem uma localização territorial específica, geralmente de caráter limitado, que permeia muitas definições. Para mim, a *communitas* surge onde não existe estrutura social. Talvez o melhor modo de traduzir em palavras este difícil conceito seja o de Martin Buber, embora julgue que ele deveria ser considerado mais um talentoso informante nativo do que um cientista social! Buber (1961) usa o termo "comunidade" para designar *communitas*: "A comunidade consiste em uma multidão de pessoas que não estão mais lado a lado (e, acrescente-se, acima e abaixo), mas umas *com* as outras. E esta multidão, embora se movimente na direção de um objetivo, experimenta, no entanto, por toda parte uma virada para os outros, o enfrentamento dinâmico com os outros, uma fluência do *Eu* para o *Tu*. A comunidade existe onde a comunidade acontece" (p. 51).

Buber chama a atenção para a natureza espontânea, imediata, concreta da *communitas*, por oposição à natureza governada por normas, abstrata, institucionalizada da estrutura social. Contudo, a *communitas* só se torna evidente ou acessível, por assim dizer, por sua justaposição a aspectos da estrutura social ou pela hibridização com estes. Assim como na psicologia da *Gestalt* a figura e o fundo são mutuamente determinantes ou como certos elementos raros nunca são encontrados na natureza em estado de pureza, mas apenas enquanto componentes de compostos químicos, do mesmo modo a *communitas* unicamente pode ser apreendida por alguma de suas relações com a estrutura. Se o componente constituído pela *communitas* é impreciso, difícil de fixar, isto não quer dizer que seja sem importância. Aqui a história da roda do carro de Lao-Tsé pode vir a propósito. Os raios da roda e o cubo (isto é, o bloco central da roda que segura o eixo e os raios) ao qual estão presos não teriam utilidade se não fosse o buraco, a abertura, o vazio do centro. A *communitas*, com seu caráter não estruturado, representando o "ângulo" do correlacionamento humano, aquilo que Buber chamou *das Zwischenmenschliche*, pode bem ser representada pelo "vazio do centro", que entretanto é indispensável ao funcionamento da estrutura da roda.

Não é por acaso nem por falta de precisão científica que, juntamente com outros que estudaram o conceito de *communitas*, sinto-me forçado a recorrer à metáfora e à analogia. Porque a *communitas* tem uma qualidade existencial, abrange a totalidade do homem, em sua relação com outros homens inteiros. A estrutura, por seu lado, tem qualidade cognoscitiva conforme observou Lévi-Strauss; a estrutura consiste essencialmente num conjunto de classificações, num modelo para pensar a respeito da cultura e da natureza, e para ordenar a vida pública de alguém. A *communitas* tem também um aspecto de potencialidade; está frequentemente no modo subjuntivo. As relações entre os seres totais são geradoras de símbolos de metáforas, de comparações. A arte e a religião são produtos delas, mais do que estruturas legais e políticas. Bergson viu nas palavras e nos escritos dos profetas e dos grandes artistas a criação de uma "moral aberta", expressão ela própria do que chamou *élan vital* ou "força vital" evolutiva. Os profetas e os artistas tendem a ser pessoas liminares ou marginais, "fronteiriços" que se esforçam com veemente sinceridade por libertar-se dos clichês ligados às incumbências da posição social e à representação de papéis, e entrar em relações vitais com os outros homens, de fato ou na imaginação. Em suas produções podemos vislumbrar por momentos o extraordinário potencial evolutivo do gênero humano, ainda não exteriorizado e fixado na estrutura.

A *communitas* irrompe nos interstícios da estrutura, na liminaridade; nas bordas da estrutura, na marginalidade; e por baixo da estrutura, na inferioridade. Em quase toda parte a *communitas* é considerada sagrada ou "santificada", possivelmente porque transgride ou anula as normas que governam as relações estruturadas e institucionalizadas, sendo acompanhada por experiência de um poderio sem precedentes. Os processos de "nivelamento" e de "despojamento", para os quais Goffman chamou nossa atenção, frequentemente parecem inundar de sentimento os que estão sujeitos a eles. Esses processos libertam seguramente energias instintivas, porém estou agora inclinado a pensar que a *communitas* não é apenas produto de impulsos biologicamente herdados, liberados das coações culturais. São antes produtos de faculdades peculiarmente humanas, incluindo a racionalidade, a volição e a memória, desenvolvidas pela experiência da vida em sociedade, do mesmo modo como, entre os talensis, são só os homens maduros que sofrem as experiências que os induzem a receber os sacrários *bakologo*.

A noção de haver um vínculo genérico entre os homens, e o correlato sentimento de "bondade humana", não são epifenômenos de certa espécie de instinto gregário, mas produtos de "homens inteiramente dedicados em sua totalidade". A liminaridade, a marginalidade e a inferioridade estrutural são condições em que frequentemente se geram os mitos, símbolos rituais, sistemas filosóficos e obras de arte. Estas formas culturais proporcionam aos homens um conjunto de padrões ou de modelos que constituem, em determinado nível, reclassificações periódicas da realidade e do relacionamento do homem com a sociedade, a natureza e a cultura. Todavia, são mais que classificações, visto incitarem os homens à ação, tanto quanto ao pensamento. Cada uma dessas produções tem caráter multívoco, possui várias significações, sendo capaz de mover os homens simultaneamente em muitos níveis psicobiológicos.

Existe, aqui, uma dialética, pois a imediatidade da *communitas* abre caminho para a mediação da estrutura, enquanto nos *rites de passage* os homens são libertados da estrutura e entram na *communitas* apenas para retornar à estrutura, revitalizados pela experiência da *communitas*. Certo é que nenhuma sociedade pode funcionar adequadamente sem esta dialética. O exagero da estrutura pode levar a manifestações patológicas da *communitas*, fora da "lei" ou contra ela. O exagero da *communitas*, em alguns movimentos políticos ou religiosos do tipo nivelador, pode rapidamente ser seguido pelo despotismo, o excesso de burocratização ou outros modos de enrijecimento estrutural. Pois, tal como os neófitos, na África, na cabana da circuncisão ou os monges beneditinos, os membros de movimentos milenaristas, aqueles que vivem em comunidade parecem exigir, mais cedo ou mais tarde, uma autoridade absoluta, seja sob a forma de um mandamento religioso, de um líder inspirado pela divindade ou de um ditador. A *communitas* não pode ficar isolada se as necessidades materiais e de organização dos seres humanos têm de ser adequadamente satisfeitas. A maximização da *communitas* provoca a maximização da estrutura, a qual por sua vez produz esforços revolucionários pela renovação da *communitas*. A história de toda grande sociedade fornece provas dessa oscilação no nível político. O próximo capítulo trata de dois importantes exemplos.

Já fiz menção da íntima conexão existente entre estrutura e propriedade, quer esta seja possuída, herdada ou administrada de maneira privada ou coletiva. Assim, muitos movimentos milenaristas procuram abolir a propriedade ou possuir todas as coisas em comum. Geralmente isto só é possível por um pequeno período de tempo até a data fixada para o advento do milênio ou das cargas ancestrais. Quando a profecia falha, a propriedade e a estrutura retornam e o movimento se torna institucionalizado ou se desintegra, dissolvendo-se seus membros na ordem estruturada circunstante. Suspeito que Lewis Henry Morgan (1877) tenha desejado ardentemente o advento da *communitas* para o mundo inteiro. Por exemplo, nos últimos e sonoros parágrafos de *Ancient Society* diz o seguinte: "Um modo de vida baseado meramente na propriedade não é o destino final da humanidade, se o progresso tem de ser a lei do futuro como foi a do passado [...] a dissolução da sociedade promete vir a ser o término de um modo de vida do qual a propriedade é o fim e o objetivo; porque essa existência contém os elementos de sua própria destruição. A democracia no governo, a fraternidade na sociedade, a igualdade de direitos e privilégios e a educação universal pressagiam o próximo plano mais elevado da sociedade, para o qual tendem continuamente a experiência, a inteligência e o conhecimento" (p. 552).

Que significa este "plano mais elevado"? Neste ponto Morgan aparentemente sucumbe ao erro cometido por pensadores como Rousseau e Marx: a confusão entre *communitas*, que é uma dimensão de todas as sociedades passadas e presentes e a sociedade arcaica ou primitiva. "Será o renascimento", continua ele, "numa forma superior, da liberdade, igualdade e fraternidade das antigas *gentes*". No entanto, como a maioria dos antropólogos confirmaria agora, as normas consuetudinárias e as diferenças de "situação" e de prestígio nas sociedades pré-letradas só permitem pequeno alcance para a liberdade e a escolha individuais. O individualista é frequentemente considerado um feiticeiro. Só permitem pequena extensão para a verdadeira igualdade entre homens e mulheres, por exemplo, entre velhos e moços, entre chefes e subordinados, enquanto a fraternidade muitas vezes sucumbe a uma aguda distinção de situações sociais entre irmãos mais velhos e mais moços. O fato de pertencerem a segmentos rivais de sociedades tais como a dos talensis, núeres e tives não permite nem mesmo a fraternidade tribal. A condição de membro de um grupo submete o indivíduo à estrutura e aos conflitos inseparáveis da diferenciação estrutural. Contudo, mesmo nas sociedades mais simples existe a distinção entre estrutura e *communitas*, encontrando expressão simbólica nos atributos culturais de liminaridade, marginalidade e inferioridade. Em diferentes sociedades, e em períodos diferentes em cada sociedade, um ou outro desses "antagonistas imortais" (fazendo uso de termos que Freud empregou em sentido diverso) assume a supremacia. Mas, juntos, constituem a "condição humana", no que diz respeito às relações do homem com seus semelhantes.

# 4
# *Communitas*: modelo e processo

**Modalidades da *communitas***

Este capítulo resulta muito naturalmente de um seminário realizado na Universidade de Cornell com um grupo interdisciplinar de estudantes e do corpo docente, sobre vários pontos daquilo que se pode chamar aspectos metaestruturais das relações sociais. Fui educado na tradição social-estruturalista ortodoxa da antropologia britânica, a qual – para expressar um raciocínio complexo com crua simplicidade – considera uma "sociedade" como um sistema de posições sociais. Tal sistema pode ter uma estrutura segmentária ou hierárquica, ou ambas. O que desejo acentuar aqui é que as unidades da estrutura social são relações existentes entre "posições", funções e cargos. (Naturalmente não estou empregando, neste caso, o termo "estrutura" no sentido preconizado por Lévi-Strauss.) A utilização de modelos socioestruturais tem sido extremamente útil para trazer clareza a muitas áreas obscuras da cultura e da sociedade, mas, conforme acontece com outras principais maneiras de compreender, o ponto de vista estrutural tem-se transformado, com o correr do tempo, num grilhão e num fetiche. As experiências de campo e as leituras gerais sobre artes e humanidades levaram-me à convicção de que o "social" não se identifica com o "socioestrutural". Existem outras modalidades de relações sociais.

Além do estrutural encontra-se não apenas o conceito de Hobbes de "guerra de todos contra todos", mas também a *communitas*, modo de relacionamento já reconhecido como tal pelo nosso seminário. Essencialmente, a *communitas* consiste em uma relação entre indivíduos concretos, históricos, idiossincrásicos. Estes indivíduos não estão segmentados em função e posições sociais, porém defrontam-se uns com os outros mais propriamente à maneira do "Eu e Tu", de Martin Buber. Juntamente com este confronto direto, imediato e total de identidades humanas, existe a tendência a ocorrer um modelo de sociedade como uma *communitas* homogênea e não estruturada, cujas fronteiras coincidem idealmente com as da espécie humana. A *communitas*, sob este aspecto, é acentuadamente diferente da "solidariedade" de Durkheim, cuja força depende do contraste entre "interior ao grupo" e "exterior ao grupo". Até certo ponto a *communitas* está para a solidariedade como a "moral aberta" de Henri Bergson está para sua "moral fechada". No entanto, a espontaneidade e a imediatidade da *communitas*, opondo-se ao caráter jurídico e político da estrutura, podem raramente ser mantidas por muito tempo. A *communitas* em pouco tempo se transforma em estrutura, na qual as livres relações entre os indivíduos convertem-se em relações, governadas por normas, entre pessoas sociais. Assim, é necessário que se distinga: 1) a *communitas* existencial ou espontânea – aproximadamente aquilo que os *hippies* hoje chamariam *happening*, e que William Blake chamou "o fugaz momento que passa", ou, posteriormente, "perdão mútuo dos defeitos de cada um"; 2) *communitas normativa*, na qual, sob a influência do tempo, da necessidade de mobilizar e organizar recursos e da exigência de controle social entre os membros do grupo na consecução dessas finalidades, a *communitas* existencial passa a organizar-se em um sistema social duradouro; 3) a *communitas ideológica*, rótulo que se pode aplicar a uma multiplicidade de modelos utópicos de sociedades, baseados na *communitas* existencial.

A *communitas* ideológica consiste simultaneamente numa tentativa de descrição de efeitos externos e visíveis – a forma exterior, poder-se-ia dizer – de uma experiência interior da *communitas* existencial, e numa tentativa de enunciar claramente as condições sociais ótimas nas quais seria lícito esperar que essas experiências floresçam e se multipliquem. A *communitas* ideológica e a normativa já se situam ambas dentro do domínio, da estrutura. É o destino de toda *communitas* espontânea na história sofrer aquilo que muitas pessoas consideram um "declínio e queda" na estrutura e na lei. Nos movimentos religiosos do tipo da *communitas* não é apenas o carisma dos líderes que se "rotiniza", mas também a *communitas* de seus primeiros discípulos e seguidores. Tenho a intenção de traçar um amplo esboço deste processo largamente difundido, fazendo referência a dois exemplos históricos muito conhecidos: os primitivos franciscanos da Europa Medieval e os Sahajīyās dos séculos XV e XVI, na Índia.

Ainda mais, a estrutura tende a ser pragmática e mundana, enquanto a *communitas* é com frequência especulativa e geradora de imagens e ideias filosóficas. Um exemplo desse contraste, ao qual nosso seminário dedicou muita atenção, é a espécie de *communitas* normativa que caracteriza a fase liminar dos ritos tribais de iniciação. Existe aqui em geral uma grande simplificação da estrutura social, no sentido antropológico britânico, acompanhada por uma rica proliferação de estrutura ideológica, sob a forma de mitos e de *sacra*, na acepção de Lévi-Strauss. As regras que abolem as minúcias de diferenciação estrutural, por exemplo nos domínios do parentesco, da economia e da estrutura política liberam a propensão humana para a estrutura dando-lhe livre predomínio no campo cultural do mito, do ritual e do símbolo. Não é iniciação tribal, no entanto, mas a gênese dos movimentos religiosos que nos interessa neste momento, embora possa dizer-se de ambas que revelam um caráter "liminar" no fato de surgirem em épocas de radical transição social, quando a própria sociedade parece estar passando de um estado fixo para outro, quer se julgue que o *terminus ad quem* esteja na terra quer no céu.

Em nosso seminário, também, frequentemente deparamo-nos com casos, na religião e na literatura, nos quais a *communitas* ideológica e a normativa são simbolizadas por categorias, grupos, tipos ou indivíduos estruturalmente inferiores, estendendo-se do irmão da mãe nas sociedades patrilineares até os povos autóctones conquistados, os camponeses de Tolstoi, os *harijans* de Gandhi e os "pobres santos" ou os "pobres de Deus" da Europa Medieval. Por exemplo, os *hippies* de hoje, como os franciscanos de ontem, assumem os atributos dos indivíduos estruturalmente inferiores, a fim de alcançar a *communitas*.

## A *communitas* ideológica e a espontânea

Os indícios que encontramos, nas sociedades pré-letradas e pré-industriais, da existência em suas culturas, principalmente na liminaridade e na inferioridade estrutural, do modelo igualitário a que chamamos *communitas* normativa, tornam-se sociedades complexas e letradas, antigas e modernas, uma torrente positiva de concepções explicitamente formuladas sobre o modo pelo qual os homens podem viver melhor, juntos, em harmonia e camaradagem. Estas concepções podem ser chamadas, conforme acabamos de mencionar, *communitas* ideológica. A fim de exprimir a ampla generalidade dessas formulações do domínio ideal não estruturado, gostaria de acrescentar, quase ao acaso, testemunhos provenientes de fontes muito afastadas umas das outras no espaço e no tempo. Nestas fontes, tanto religiosas quanto seculares, mantém-se uma conexão bastante regular entre liminaridade, inferioridade estrutural, a mais baixa posição social e estrangeirice estrutural, de um lado, e, de outro, valores humanos universais, como paz, harmonia entre todos os homens, fecundidade, saúde do espírito e do corpo, justiça universal, camaradagem e fraternidade entre todos os homens, igualdade diante de Deus, da lei, ou a força da vida de homens e mulheres, jovens e velhos, e de pessoas de todas as raças e grupos étnicos. Em todas essas formulações utópicas tem especial importância a permanente conexão entre igualdade e ausência de propriedade. Tomemos, por exemplo, a república ideal de Gonzalo, na *Tempestade* de Shakespeare (ato II, cena I, linhas 141-163), em que Gonzalo se dirige aos infames Antônio e Sebastião da seguinte maneira: (Reproduzimos a seguir a versão brasileira do trecho citado e tomada da tradução do teatro completo de Shakespeare por Carlos Alberto Nunes, Clássicos de Bolso, vol. I, p. 68-69 [N.T.]).

> *Gonzalo:*
> Na república
> Faria tudo pelos seus contrários,
> Pois não admitiria espécie alguma
> de comércio; de magistrado, nada,
> nem mesmo o nome; o estudo ficaria
> ignorado de todo; suprimiria,
> de vez, ricos e pobres e os serviços;
> Contratos, sucessões, questões de terra,
> demarcações, cuidados da lavoura,
> plantação de vinhedos, nada, nada.
> Nenhum uso também de óleo e de vinho,
> Trigo e metal. Ocupação nenhuma.
> Todos os homens ociosos, todos.
> E as mulheres também, mas inocentes e puras.
> Faltaria, de igual modo, sobrariam...
>
> *Sebastião*:
> Mas o rei era ele.
>
> *António*:
> Da república o fim esquece o início.
>
> *Gonzalo*:
> Todas as coisas em comum seriam
> Sem suor nem esforço produzidas pela natura.
> Espadas, espingardas,
> facas, chuços, traições, felonias,
> eu não admitiria. A natureza
> produziria tudo por si mesma,
> só para alimentar meu povo ingênuo.
>
> *Sebastião*:
> E casamento, haveria entre eles?
>
> *António*:
> Não, meu caro senhor, vadios todos; vilões e prostitutas.
>
> *Gonzalo*:
> Governaria de tal modo que deitara sombra à própria idade de ouro.

A república de Gonzalo tem muitos atributos da *communitas*. A sociedade é considerada como um todo inconsútil e sem entranhas, rejeitando ao mesmo tempo a posição social e o contrato – os polos evolucionários de todo o sistema de desenvolvimento social de Sir Henry Maine – evitando a propriedade privada, com suas fontes e suas demarcações de terra, lavouras e vinhedos, entregando à generosidade da natureza o suprimento de todas as necessidades. Aqui, ele está, sem dúvida, falsamente adaptado à situação do Caribe; em circunstâncias mais espartanas, os homens seriam obrigados a trabalhar, ao menos para se conservarem aquecidos. Ele evita assim a dificuldade crucial de todas as utopias – a de que os homens teriam de prover as necessidades da vida mediante o trabalho, ou, no jargão dos economistas, deveriam mobilizar recursos. Mobilizar recursos significa também mobilizar pessoas. Isto implica uma organização social, com seus "fins" e "meios" e a necessária "demora das recompensas", tudo isto acarretando o estabelecimento, mesmo transitório, de relações estruturais ordenadas entre os homens. Desde que, nessas condições, alguns devem ter a iniciativa e comandar, e outros responder e obedecer; um sistema para a produção e a distribuição de recursos contém em si as sementes da segmentação e da hierarquia estruturais. Gonzalo contorna este fato embaraçoso supondo uma incrível fertilidade da natureza – mostrando com isso o absurdo de todo seu nobre sonho. Shakespeare, também, como é frequente em suas obras, põe argumentos válidos na boca de personagens menos dignos, quando, por exemplo, faz Sebastião dizer: "Mas o rei era ele". Podemos descobrir aqui a intuição de que sempre que se supunha uma perfeita igualdade em certa dimensão social, ele provocará uma perfeita desigualdade em outra dimensão.

Um valor final da *communitas* acentuado por Gonzalo é o da inocência e pureza daqueles que vivem sem o domínio de um soberano. Encontramos aqui a suposição, que será mais tarde desenvolvida de maneira mais elaborada por Rousseau, da bondade natural dos seres humanos, vivendo num estado de absoluta igualdade, sem propriedades, sem estrutura. De fato, Gonzalo sugere que em seu povo inocente não haveria traições, felonias, espadas, chuças, facas, espingardas, às quais parece igualar a necessidade de alguma máquina, como se a guerra, o conflito e, na verdade, qualquer espécie de "atividade política", estivessem necessariamente relacionadas com a tecnologia, mesmo do tipo mais rudimentar.

A república de Gonzalo aproxima-se mais do que qualquer outro tipo de *communitas* ideológica daquilo que Buber (1959-1961) chamou *das Zwischenmenschliche* ou *communitas* espontânea. Quando Buber utiliza o termo "comunidade" não está se referindo, em primeiro lugar, a grupos sociais duradouros com estruturas institucionalizadas. Acredita, sem dúvida, que esses grupos podem ser encontrados em comunidade, e que alguns tipos de grupos, como os *kvuzoth* e os *kibbutzim* de Israel, são os que melhor lhe preservam o espírito. Contudo, para Buber a comunidade é essencialmente um modo de relacionamento entre pessoas em totalidade e pessoas concretas, entre o "Eu" e o "Tu". Esta relação é sempre um *happening*, algo que surge numa reciprocidade imediata, quando cada pessoa experimenta plenamente o ser de outra. Diz Buber (1961): "Somente quando tenho de tratar com outro essencialmente, ou seja, de modo tal que ele não é mais um fenômeno do meu *Eu*, mas ao invés é o meu *Tu*, é que experimento a realidade da fala com o outro na incontestável autenticidade da reciprocidade" (p. 72). Porém, Buber não restringe a comunidade a relacionamentos diádicos.

Fala também de um "Nós essencial", com o que significa "uma comunidade de várias pessoas independentes, que têm um ego e autorresponsabilidade [...]. O *Nós* inclui o *Tu*. Só os homens que são capazes, verdadeiramente, de dizer *Tu* a um outro podem verdadeiramente dizer *Nós com* um outro [...]. Nenhum tipo particular de formação de grupo enquanto *tal* pode ser mencionado como exemplo do *Nós* essencial, mas em muitos deles a variedade favorável ao surgimento do *Nós* pode ser vista claramente [...]. Para impedir o aparecimento do *Nós*, ou sua conservação, basta que seja aceito um único homem ávido de poder, capaz de utilizar-se dos outros como meios para seus próprios fins, ou que almeje ter importância e faça exibição de si mesmo" (p. 213-214).

Nesta e em outras formulações semelhantes, Buber deixa claro que o *"Nós essencial"* é um modo transitório, embora muito poderoso, de relacionamento entre pessoas integrais. Para mim, o *"Nós* essencial" tem caráter liminar, pois a duração implica institucionalização e repetição, enquanto a comunidade (que, aproximadamente, equivale à *communitas* espontânea) é sempre completamente única, e por conseguinte socialmente transitória. Às vezes Buber parece desorientado sobre a possibilidade de converter esta experiência de reciprocidade em formas estruturais. A *communitas* espontânea não pode nunca ser expressa adequadamente numa forma estrutural, mas pode surgir de modo imprevisível em qualquer tempo entre os seres humanos que são institucionalmente contados ou definidos como membros de algum tipo, ou de todos os tipos, de agrupamento social, ou de nenhum. Assim, como na sociedade pré-letrada, os ciclos de desenvolvimento individuais e sociais são entrecortados por instantes mais ou menos prolongados de liminaridade ritualmente guardada e estimulada, cada um com seu núcleo de *communitas* potencial, assim também estrutura de fases da vida social nas sociedades complexas é também entrecortada por inúmeros instantes de *communitas* espontânea, mas sem motivos provocadores institucionalizados e sem salvaguardas.

Nas sociedades pré-industriais e nas primeiras sociedades industriais com múltiplas relações sociais, a *communitas* espontânea parece estar frequentemente associada ao poder místico, sendo considerada como um carisma ou graça, enviado pelas divindades ou pelos ancestrais. Não obstante, por meio de súplicas rituais, são feitas tentativas, na maioria das vezes nas fases de reclusão liminar, para levar as divindades ou os ancestrais a concederem o carisma da *communitas* aos homens. Não há, porém, forma social específica que seja mantida para expressar a *communitas* espontânea. Ao contrário, espera-se mais que surja nos intervalos entre os encargos das posições e condições sociais, naquilo que se costuma conhecer como "os interstícios da estrutura social". Nas sociedades industrializadas complexas ainda encontramos traços, nas liturgias das igrejas e em outras organizações religiosas, de tentativas institucionalizadas de preparação para o advento da *communitas* espontânea. Esta modalidade de relação, no entanto, parece florescer melhor em situações liminares espontâneas – fases entre estados em que o desempenho do papel socioestrutural é dominante, e em especial entre pessoas iguais quanto à categoria social.

Foram feitas recentemente algumas tentativas nos Estados Unidos e na Europa Ocidental no sentido de criarem-se novamente as condições rituais nas quais poder-se-ia afirmar; a *communitas* espontânea viria a ser invocada. Os *beats* e os *hippies*, mediante a utilização de símbolos ecléticos e sincréticos e ações litúrgicas extraídas do repertório de muitas religiões, de drogas empregadas para a "expansão do pensamento", da música *rock* e de luzes faiscantes tentam estabelecer a "total" comunhão de uns com os outros. Esperam e acreditam que isto os torne capazes de atingir uns aos outros pelo *dérèglement ordonné de tous les sens*, numa reciprocidade terna, silenciosa, cognoscitiva e numa completa concretidade. O tipo de *communitas* desejado pelos homens tribais nos seus ritos e pelos *hippies* nos seus *happenings* não é a camaradagem aprazível e sem esforço, que pode surgir entre amigos, colaboradores e colegas de profissão em qualquer tempo. O que buscam é uma experiência transformadora, que vai até as raízes do ser de cada pessoa e encontra nessas raízes algo profundamente comunal e compartilhado.

A homologia etimológica frequentemente estabelecida entre as palavras "existência" e "êxtase" tem cabimento neste caso; existir é "estar fora", isto é, estar fora da totalidade das posições estruturais que normalmente uma pessoa ocupa num sistema social. Existir é estar em êxtase. Porém, para os *hippies* – como também para muitos movimentos milenaristas e "entusiásticos" – o êxtase da *communitas* espontânea é considerado o fim do esforço humano. Na religião das sociedades pré-industriais, este estado é considerado mais como um meio para o indivíduo atingir o fim que consiste em tornar-se mais plenamente envolvido na rica multiplicidade do desempenho estrutural de funções. Nisto existe, talvez, maior sabedoria, pois os seres humanos são responsáveis uns perante os outros no provimento das necessidades modestas, tais como alimentação, bebida, roupa, cuidadoso ensino das técnicas materiais e sociais. Essas responsabilidades implicam uma cuidada ordenação dos relacionamentos humanos e do conhecimento que o homem tem da natureza. Há um mistério de distância mútua, aquilo que o poeta Rilke chamou "a circunspeção do gesto humano", que é tão humanamente importante quanto o mistério da intimidade.

Mais uma vez volvemos à necessidade de visualizar a vida social do homem como um processo, ou, antes, como uma multiplicidade de processos, no qual o caráter de um tipo de fase – onde é suprema a *communitas* – difere profundamente, até de modo abissal, do caráter de todos os outros. A grande tentação humana, encontrada de maneira proeminente entre os utopistas, está em resistir a renunciar às boas e aprazíveis qualidades daquela fase a fim de abrir caminho para aquilo que pode ser os necessários sofrimentos e perigos da fase seguinte. A *communitas* espontânea é ricamente carregada de sentimentos, principalmente os prazerosos. A vida na "estrutura" está cheia de dificuldades objetivas: devem ser tomadas decisões, as inclinações precisam ser sacrificadas aos desejos e necessidades do grupo e os obstáculos físicos e sociais só são superados à custa de esforços pessoais. A *communitas* espontânea tem algo de "mágico". Subjetivamente, há nela o sentimento de poder infinito. Mas este poder não transformado dificilmente pode ser aplicado aos detalhes de organização da existência social. Não é sucedâneo para o pensamento lúcido e para a vontade firme. Por outro lado, a ação estrutural prontamente se torna árida e mecânica se aqueles que nela estão envolvidos não forem periodicamente imersos no abismo regenerador da *communitas*. A sabedoria consiste sempre em achar a relação adequada entre estrutura e *communitas*, nas circunstâncias dadas de tempo e lugar, em aceitar cada modalidade quando é dominante sem rejeitar a outra, e em não se apegar a uma quando seu ímpeto atual está esgotado.

A República de Gonzalo, como Shakespeare parece ironicamente indicar, é uma fantasia edênica. A *communitas* espontânea é uma fase, um momento, não uma condição permanente. No momento em que um pau de cavar é fincado na terra, em que um potro é domado, em que se procura proteção contra uma alcateia de lobos ou um inimigo do homem é posto em fuga, temos os germes de uma estrutura social. Esta não é apenas o conjunto de grilhões em que os homens por toda parte estão, mas os próprios meios culturais que preservam a dignidade e a liberdade, bem como a existência física de cada homem, mulher e criança. Pode haver inúmeras imperfeições nos meios estruturais empregados e nos modos em que são utilizados, porém, desde os primórdios da pré-história, os fatos indicam que tais meios são o que torna o homem mais evidentemente homem. Não queremos afirmar que a *communitas* espontânea seja meramente "natureza". A *communitas* espontânea é natureza em diálogo com a estrutura, casada com ela, como uma mulher se liga a um homem. Juntos, criam um fluxo de vida, como um rio, um afluente fornecendo a energia e o outro a fertilidade aluvial.

## A pobreza franciscana e a *communitas*

Entre a república de Gonzalo e os modelos de sistemas estruturais estreitamente integrados situa-se uma grande quantidade de formas sociais ideais. As atitudes relativas à propriedade distinguem o conjunto de modelos da *communitas* dos modelos mais empiricamente orientados, os quais combinam, em proporções variadas, os componentes do tipo *communitas* com o claro reconhecimento das vantagens da organização das estruturas institucionalizadas. É essencial que se distinga entre os modelos ideais de *communitas* apresentados na literatura ou proclamados pelos fundadores de movimentos ou de efetivas comunidades, e o processo social resultante das tentativas entusiásticas do fundador e de seus discípulos de viverem de acordo com esses modelos. Somente pelo estudo dos campos sociais, de qualquer caráter dominante, ao longo do tempo é que uma pessoa poderá tornar-se cônscia das nuanças esclarecedoras do comportamento e da decisão que lançam luz sobre a estrutura de desenvolvimento da relação entre ideal e práxis, entre, *communitas* existencial e *communitas* normativa.

Um dos grandes exemplos clássicos desse desenvolvimento pode ser encontrado na história da Ordem dos Franciscanos, da Igreja Católica. M.D. Lambert, em seu livro *Franciscan Poverty* (1961) derivado das principais fontes primárias e secundárias da história e da doutrina franciscanas, faz uma reconstrução admiravelmente lúcida do curso dos acontecimentos que emanaram da tentativa de São Francisco de viver e encorajar os outros a viverem de acordo com determinada concepção da pobreza. Examina as vicissitudes, ao longo do tempo, do grupo fundado por São Francisco em sua relação com a Igreja estruturada e, implicitamente, com a sociedade secular circunstante. Assim fazendo, revela um paradigma processual do destino da *communitas* espontânea, quando passa a fazer parte da história social. Os movimentos subsequentes, religiosos e seculares, tendem a seguir, em ritmos variáveis, o modelo do franciscanismo em suas relações com o mundo.

## A *communitas* e o pensamento simbólico

A essência das cautelosas deduções de Lambert sobre o modo de pensar de São Francisco e suas ideias sobre a pobreza é o que tentaremos reproduzir. Em primeiro lugar – e neste ponto São Francisco equipara-se a muitos outros fundadores de grupos do tipo *communitas*:

> seu pensamento foi sempre imediato, pessoal e concreto. As ideias apareciam-lhe como imagens. Uma sequência de pensamento, para ele, [...] consiste em saltar de uma imagem para outra [...] Quando, por exemplo, deseja explicar seu modo de vida ao Papa Inocêncio III, transforma seu apelo numa parábola; em outras ocasiões, quando deseja que os irmãos lhe compreendam as intenções, escolhe fazer isso por meio de símbolos. O fausto da mesa de seu irmão é demonstrado por São Francisco disfarçado em um pobre estrangeiro. A iniquidade de tocar em dinheiro é expressa em uma parábola representada, imposta a um ofensor por São Francisco como penitência (p. 33).

Este modo concreto, pessoal, de pensar por imagens é muito característico dos que amam a *communitas* existencial com a relação direta entre um homem e outro, e entre o homem e a natureza. As abstrações parecem como hostis ao contato vivo. William Blake, por exemplo, um grande expoente literário da *communitas* em *Prophetic Books*, escreveu que "quem quiser fazer o bem aos outros deve fazê-lo em diminutos pormenores; o bem geral é o pretexto dos hipócritas e dos velhacos".

Porém, como outros videntes de antigas e modernas *communitas*, São Francisco tomou muitas decisões essenciais com base no simbolismo dos sonhos. Por exemplo, antes de decidir demitir-se da direção oficial da Ordem em 1220, "sonhou com uma pequena galinha preta que, apesar de tentar o mais possível, era demasiado pequena para cobrir com as asas toda a ninhada". Pouco mais tarde, suas deficiências como legislador foram-lhe reveladas em outro sonho, no qual "tentava em vão alimentar seus irmãos famintos com migalhas de pão que lhe escorregavam por entre os dedos" (p. 34). Foi sem dúvida o próprio caráter concreto de seu pensamento e, se conhecêssemos os fatos relativos ao seu ambiente social, a multivocidade do seu simbolismo que fizeram de São Francisco um medíocre legislador. A criação de uma estrutura social, especialmente dentro da moldura protoburocrática da Igreja Romana, teria exigido uma tendência à abstração e à generalização, uma capacidade de produção de conceitos unívocos e uma perspicácia generalizadora; e estas se oporiam ao imediatismo, à espontaneidade e, sem dúvida, à direta mundanidade da noção da *communitas* de São Francisco. Além disso, São Francisco, como outros antes e depois dele, nunca foi capaz de superar as limitações numéricas que parecem atacar os grupos que levam ao máximo a *communitas* existencial. "São Francisco foi um chefe espiritual supremo de *pequenos grupos*. Mas era incapaz de prover a organização impessoal requerida para a manutenção de uma ordem que se espalhou pelo mundo inteiro" (p. 36).

Martin Buber (1966) examinou o problema e afirmou que "uma comunidade orgânica – e somente essas comunidades podem reunir-se para formar uma raça de homens configurada e bem-organizada – nunca se construirá a partir de indivíduos, porém, apenas de pequenas e mesmo muito pequenas comunidades; uma nação é uma comunidade na medida em que é uma comunidade de comunidades" (p. 136). Propõe, por conseguinte, contornar o problema imposto a São Francisco, e que foi o de estabelecer previamente uma constituição detalhada, permitindo à sua comunidade de comunidades lutar até alcançar progressivamente a coerência. Isto terá de ser conseguido por um "profundo tato espiritual" dando formas à relação entre centralismo e descentralização, e entre ideia e realidade, "com a constante e infatigável pesagem e medição da exata proporção entre elas" (p. 137).

Buber, em resumo, deseja preservar o caráter concreto da *communitas*, mesmo nas maiores unidades sociais, num processo que considera análogo ao crescimento orgânico, ou ao que chamou "a vida do diálogo".

Centralização, mas apenas tanto quanto seja indispensável nas condições dadas de tempo e lugar. E se as autoridades responsáveis pelo traçado e retraçado das linhas de demarcação mantiverem a consciência alerta, as relações entre a base e o vértice da pirâmide do poder serão bem diferentes do que são agora, mesmo em Estados que se chamam *communitas*, isto é, que lutam pela comunidade. É preciso que haja um sistema de representação, também, do tipo de modelo social que tenho em mente. Mas não será, como agora, composto de pseudorrepresentantes de massas amorfas de eleitores, mas de representantes bem-experimentados na vida e no trabalho das comunas. Os representados não estarão, como hoje, ligados a seus representantes por uma vazia abstração, pela mera fraseologia de um programa de partido, mas concretamente, por meio da ação e da experiência comuns (p. 137).

O vocabulário de Buber, que surpreendentemente relembra o de muitos líderes africanos de Estados de um só partido, pertence ao discurso perene da *communitas*, não rejeitando a possibilidade da estrutura, mas concebendo-a apenas como uma consequência de relações diretas e imediatas entre indivíduos integrais.

Diferentemente de Buber, São Francisco, como membro da Igreja Católica, tinha a obrigação de fazer uma Regra para sua nova fraternidade. E, como disse Sabatier (1905): "Nunca houve um homem menos capaz de fazer uma Regra do que São Francisco" (p. 253). Sua Regra não era, em nenhum sentido, um conjunto de prescrições e proibições éticas e legais; era, ao contrário, um modelo concreto daquilo que achava deveria ser a total *"vita fratrum minorum"*. Em outra parte (cf. TURNER, 1967: 98-99) acentuei a importância para os liminares – palavra com que se pode denominar as pessoas que se submetem a transições ritualizadas – de abrir mão das propriedades, da situação estrutural, dos privilégios, dos prazeres materiais de várias espécies, e até mesmo, frequentemente, do vestuário. São Francisco, que imaginava seus frades como liminares em uma vida que era meramente a passagem para o imutável do estado do céu, deu grande destaque às implicações do estar "sem" ou do "não ter". Isto foi expresso da melhor maneira na sucinta formulação de Lambert sobre a posição de São Francisco – "desnudamento espiritual".

O próprio São Francisco pensava em termos de pobreza, celebrada por ele, à moda dos trovadores, como "Minha Senhora Pobreza". Conforme escreve Lambert: "Podemos aceitar como um axioma que quanto mais radical for a versão de pobreza a nós apresentada, mais provavelmente refletirá os verdadeiros desejos de São Francisco". Continua dizendo "que a Regra de 1221, tomada em totalidade, dá a impressão de que São Francisco desejava que seus frades cortassem inteiramente as amarras com o sistema comercial do mundo. Insiste, por exemplo, em que a necessidade de aconselhar os postulantes sobre o destino a dar aos seus bens não deve envolver os irmãos em negócios seculares" (p. 38). No capítulo 9 da Regra diz aos irmãos que: deveriam regozijar-se "quando se encontrassem entre pessoas humildes e desprezadas, entre os pobres, os fracos, os doentes, os leprosos; e aqueles que esmolam nas ruas" (BOEHMER, 1904: 10). São Francisco, de fato, afirma sistematicamente que a pobreza dos franciscanos deveria ser levada até os limites da necessidade.

Um exemplo detalhado deste princípio pode ser encontrado na proibição do dinheiro aos frades. "E se encontrarmos moedas em qualquer lugar, não lhes demos maior atenção do que à poeira que pisamos sob nossos pés" (BOEHMER, 1904: 9). Embora São Francisco use aqui o termo *denarius*, uma moeda então existente para designar "dinheiro", em outra ocasião equipara *denarius* a *pecunia*: "tudo aquilo que faz o papel de dinheiro". Esta equivalência implica a radical retirada do mundo da compra e da venda. Foi mais longe do que a "pobreza" recomendada pelas ordens religiosas mais antigas, pois estas ainda mantinham suas comunidades, sob certo aspecto, dentro dos limites do sistema econômico secular. São Francisco, pela sua Regra, assegurava que, como disse Lambert, "as fontes normais para a manutenção da vida eram de natureza deliberadamente transitória e incerta: consistiam em recompensas em espécie por trabalho servil fora dos estabelecimentos, supridos com os produtos das expedições de mendicância". [Surgirão, sem dúvida, no espírito dos modernos leitores americanos paralelos com o comportamento dos *hippies* da comunidade de Haight-Ashbury, em São Francisco!] "A Regra de 1221 proíbe aos frades ocuparem postos de autoridade [...]. Os primeiros discípulos, como o irmão Gil, sempre desempenharam tarefas irregulares, como a de cavar sepulturas, tecer cestos, carregar água, nenhuma delas oferecendo segurança em tempos de escassez. O método prescrito de esmolar, passando de porta em porta, indiscriminadamente [...] impossibilitava o abrandamento da instabilidade mediante o recurso a ricos protetores regulares" (p. 41-42).

## São Francisco e a liminaridade permanente

Em tudo quanto dissemos, São Francisco parece deliberadamente ter compelido os frades a habitarem nas margens e nos interstícios da estrutura social de seu tempo, conservando-os permanentemente em um estado liminar, onde, conforme indicaria a tese deste livro, existiriam as condições ótimas para a realização da *communitas*. Mas, de acordo com seu hábito de pensar por "imagens primárias visuais", São Francisco em nenhuma parte definiu em termos jurídicos destituídos de ambiguidade o que entendia por pobreza e o que esta acarretava com relação à propriedade. Para ele, o modelo ideal da pobreza era Cristo. Por exemplo, na Regra de 1221 disse referindo-se aos frades:

> E que eles não se envergonhem, mas se lembrem de que Nosso Senhor Jesus Cristo, o Filho de Deus vivo onipotente, enrijeceu o rosto como a mais dura pedra, e não ficou envergonhado de tornar-se um homem pobre e um estranho para nós, vivendo de esmolas, Ele próprio e a Santíssima Virgem e seus discípulos (BOEHMER, 1904: linhas 6-10).

Segundo Lambert:
> A figura principal no espírito de São Francisco [...] é a imagem do Cristo nu [...]. A nudez era um símbolo de grande importância para São

> Francisco. Usava-o para marcar o começo e o fim de sua vida converti-
> da. Quando quis repudiar os bens de seu pai e entrar para a religião, ele
> o fez despindo-se e ficando nu no palácio do bispo, em Assis. No fim
> da vida, quando morria em Porciúncula, obrigou seus companheiros a
> despi-lo, a fim de que pudesse enfrentar a morte sem roupas, no chão
> da cabana [...]. Quando dormia, era sobre a terra nua [...]. Por duas
> vezes preferiu abandonar a mesa dos frades e sentar-se na terra nua para
> comer sua refeição, impelido em cada uma dessas ocasiões pelo pensa-
> mento da pobreza de Cristo (p. 61).

A nudez representava a pobreza, e a pobreza, a ausência literal da propriedade. São Francisco declarou que assim como Cristo e os apóstolos tinham renunciado aos bens materiais, com o fim de se entregarem nas mãos da Providência e viverem de donativos, o mesmo deveriam fazer os frades. Conforme Lambert indica, "o único apóstolo que não fez isto, e guardou uma reserva na bolsa, foi o traidor Judas" (p. 66).

A pobreza de Cristo, claramente, tinha "imensa significação emocional" para São Francisco, que considerava a nudez como o principal símbolo da emancipação da sujeição econômica e estrutural, assim como das coações exercidas sobre ele por seu pai terreno, o rico negociante de Assis. Para ele a religião era a *communitas* entre o homem e Deus e entre os homens uns com os outros, vertical e horizontalmente por assim dizer, e a pobreza e a nudez constituíam ambas símbolos expressivos da *communitas* e instrumentos para alcançá-la. Mas sua noção imaginativa da pobreza, como sendo a absoluta pobreza de Cristo era difícil de ser posta em prática por um grupo social forçado pela Igreja a institucionalizar sua organização, a rotinizar não apenas o carisma do fundador, mas também a *communitas* de seu começo espontâneo, e a formular em termos legais precisos sua relação coletiva com a pobreza. A propriedade e a estrutura estão indissoluvelmente entrelaçadas, e a constituição de unidades sociais duradouras incorpora ambas as dimensões, bem como os valores centrais que legitimizam e a forma de ambas.

À medida que a Ordem Franciscana perdurava no tempo, desenvolveu-se no sentido de tornar-se um sistema estrutural, e quando isto aconteceu a sincera simplicidade das formulações de São Francisco sobre a propriedade, na Regra original, deram lugar a definições mais legalistas. De fato, ele dera apenas duas lacônicas instruções, na primeira Regra de 1221 e na Regra revista, de 1223. Na primeira, diz indiretamente, em um capítulo referente primordialmente ao trabalho manual dos frades e à posse de seus estabelecimentos: "Que os irmãos sejam cuidadosos, onde quer que estejam, nos eremitérios ou em outras residências, a fim de que não se apropriem de um estabelecimento para si mesmos ou o mantenham contra alguém" (BOEHMER, 1904: 8-11, linhas 5-7). Em 1223, houve uma ampliação deste preceito: "Que os irmãos não se apropriem de nada para si mesmos, nem de uma casa, nem de um estabelecimento, nem de qualquer coisa".

Poder-se-ia pensar que estas expressões são absolutamente inequívocas, porém, toda estrutura em desenvolvimento gera problemas de organização e valores que provocam a redefinição dos conceitos centrais. Frequentemente isto é interpretado como contemporização e hipocrisia, ou perda de fé, mas na realidade nada é senão a resposta racional a uma alteração na escala e na complexidade das relações sociais e, juntamente com aquelas, a uma mudança na localização do grupo no campo social que ocupa, com as concomitantes transformações de suas principais finalidades e dos meios para atingi-las.

**Os espirituais contra os conventuais: conceitualização e estrutura**

Desde o início a Ordem dos Franciscanos lançou rebentos e dentro de algumas décadas após a morte do fundador encontramos os irmãos em muitas partes da Itália, Sicília, França, Espanha e até mesmo empreendendo viagens missionárias à Armênia e à Palestina. Desde o princípio, também, a pobreza e a vida errante – na realidade, o entusiasmo – dos frades levou-os a serem olhados com suspeita pelo clero secular, organizados em divisões locais, as sés e as paróquias. Nestas circunstâncias, segundo ressalta Lambert, a ideia de São Francisco sobre a pobreza – que, como vimos, associa-se à *communitas* existencial – é "tão extremada que teria de causar imensas dificuldades logo que devesse ser aplicada não a um bando de frades errantes, mas a uma ordem em desenvolvimento, com problemas de local para morar, aprendizagem, irmãos doentes e outros semelhantes" (p. 68). Mais difíceis ainda eram os problemas de continuidade estrutural concernentes à manipulação de recursos, que punham em agudo relevo a questão da natureza da propriedade. Esta última questão tornou-se quase uma obsessão na Ordem durante o século que se seguiu à morte de São Francisco, e teve como consequência a divisão delas em dois ramos principais, que se poderia chamar de campos ou facções: os conventuais, que na prática relaxavam o rigor do ideal de São Francisco, e os espirituais que, com a doutrina do *usus pauper*, praticavam, a bem-dizer, uma observância mais severa do que a do fundador.

Antecipando um pouco, é significativo que muitos dirigentes dos espirituais tiveram íntimos contatos com o joaquimismo, um movimento milenarista baseado nas obras genuínas e espúrias de um abade cisterciense do século XII, Joaquim de Flora. É curioso notar-se quão frequentemente na história as noções de catástrofe e de crise se relacionam com o que poderíamos chamar "*communitas* imediata". Talvez não seja realmente tão curioso, pois, evidentemente se alguém espera o breve advento do fim do mundo, não há razão para estabelecer uma legislação que cria um detalhado sistema de instituições sociais destinadas a resistir aos embates do tempo. Chega-se a ter a tentação de especular sobre a relação entre os *hippies* e a bomba de hidrogênio.

Mas a princípio essa divisão na Ordem não se tinha tornado visível, embora tudo favorecesse um desenvolvimento que se afastava da pobreza original de São Francisco, conforme escreve Lambert:

> A influência de sucessivos papas era muito naturalmente dirigida no sentido de fazer dos franciscanos, tal como da Ordem rival dos dominicanos, um instrumento adequado de seus planos de ação, tanto espiritual quanto política. Para esta finalidade, a pobreza extrema tendia a ser, geralmente, um estorvo. Os benfeitores pertencentes ao mundo exterior, que se sentiam atraídos pela austeridade da pobreza franciscana, tiveram um papel no enfraquecimento desta, ao fazerem donativos difíceis de serem recusados. Os próprios frades, os únicos verdadeiros guardiões de sua observância, demasiadas vezes não se interessavam suficientemente por proteger sua pobreza contra pessoas do mundo exterior que, movidas por altos propósitos, desejavam aliviar-lhes a carga. De fato, foram sobretudo os membros da Ordem, e não quaisquer personagens do mundo exterior por mais exaltados que fossem, os responsáveis pela evolução do ideal franciscano que, nos primeiros vinte anos, levou os irmãos com tanta "rapidez a um ponto tão distante da vida primitiva de São Francisco e de seus companheiros" (p. 70).

É interessante observar que, vários anos antes de sua morte, São Francisco tinha abandonado o governo da Ordem e passava grande parte do tempo em companhia de um pequeno grupo de companheiros em eremitérios na Úmbria e na Toscana. Sendo um homem de relações diretas e imediatas, a *communitas* para ele deveria ser sempre concreta e espontânea. É possível que tenha ficado desalentado com o sucesso do seu próprio movimento que começara, já durante a sua vida, a dar sinais da estruturação e rotinização que iria sofrer sob a influência de sucessivos "gerais" e sob a força configuradora externa de uma série de bulas papais. O próprio primeiro sucessor de São Francisco, Elias, foi o que Lambert chama "figura essencialmente organizadora que, em tantas sociedades religiosas, traduziu os sublimes ideais de seus fundadores em termos aceitáveis para os discípulos que vieram depois" (p. 74). É significativo dizer que foi Elias a força propulsora oculta atrás da construção da grande Basílica de Assis para abrigar o corpo de São Francisco, e cujos bons ofícios levaram a municipalidade de Assis em 1937 a erigir-lhe um monumento. Segundo Lambert, "ele deu uma contribuição mais duradoura ao desenvolvimento da cidade do que à evolução do ideal franciscano" (p. 74). Com Elias, a estrutura, tanto material quanto abstrata, começou a substituir a *communitas*.

À medida que a nova Ordem crescia em número e se espalhava pela Europa desenvolveu todo o aparelho técnico de votos e de superiores, juntamente com a estrutura semipolítica, característica das ordens religiosas da época, e, na verdade, de tempos posteriores. Assim, no governo centralizado, os frades tinham um ministro geral no posto mais alto e abaixo dele um certo número de provinciais, cada um dos quais era o superior de uma província, isto é, a divisão de uma ordem religiosa que compreende todas as casas e os membros num determinado distrito. Suas fronteiras territoriais coincidiam com frequência, mas não necessariamente, com as de um Estado civil. O provincial era responsável perante o superior geral pela administração da sua província e pela manutenção da religião nela, principalmente por meio de visitações. Ele convocava o capítulo provincial e era membro do capítulo geral da ordem. Os dois tipos de capítulo tinham funções legislativas, disciplinares e eletivas. Entre os franciscanos, algumas das províncias eram, por exemplo, a Provença, a marca de Ancona, Gênova, Aragão, Toscana e Inglaterra. Os antropólogos que estudaram os sistemas políticos centralizados, tanto em sociedades pré-letradas quanto nas feudais, terão pouca dificuldade em compreender as possibilidades de oposição estrutural inerentes a tal hierarquia. Além disso, os franciscanos eram religiosos isentos, sujeitos apenas a seus superiores, e não aos bispos locais (isto é, aos eclesiásticos com jurisdição ordinária no foro externo sobre determinado território, como os bispos em suas dioceses). Na realidade eram responsáveis *diretamente*, e não indiretamente, ao papado. Tornou-se então possível o conflito estrutural entre a Ordem e o clero secular.

Existiam também rivalidades com outras ordens, e as controvérsias entre franciscanos e dominicanos sobre pontos de teologia e de organização, assim como a luta pela influência sobre o papado, foram aspectos proeminentes da história da Igreja medieval. E, naturalmente, o campo social efetivo da Ordem Franciscana não estava limitado à Igreja, mas continha muitas influências políticas e profanas. Por exemplo, ao ler-se a narrativa de Lambert fica-se chocado com a importância do apoio recebido pela facção espiritual, entre os franciscanos, oriundo de monarcas como Jaime II de Aragão e Frederico II da Sicília, bem como da parte de rainhas como Esclarmunda de Foix e de Sancha, sua filha, que se tornou esposa de Roberto, o Sábio, de Nápoles. Em certa época, quando a facção conventual da ordem teve maior influência junto do papado e foi encorajada, por isto, a perseguir e a aprisionar muitos dos espirituais, aqueles monarcas deram refúgio e proteção aos líderes do grupo espiritual.

## *Dominium e usus*

Algum dia os antropólogos darão plena atenção ao domínio, com frequência esplendidamente documentado, da política religiosa medieval, onde poderão acompanhar os processos políticos através dos tempos com alguns detalhes durante séculos. Neste ponto desejaria apenas acentuar que o primitivo grupo de livres companheiros de São Francisco – grupo no qual a *communitas* normativa mal se desvencilhara da *communitas* existencial – não poderia ter perdurado se não se organizasse para se manter em um campo político complexo. Contudo, a memória da *communitas* original, exemplificada pela vida, visões e palavras de

São Francisco conservou-se sempre viva na ordem, especialmente pelos espirituais, e de maneira notável por homens como João de Parma, Ângelo Clareno, Olivi e Ubertino. Mas, desde que por sucessivas bulas papais e pelas obras de São Boaventura, a doutrina da pobreza absoluta foi jurídica e teologicamente definida, os espirituais viram-se forçados a uma atitude "estrutural" em relação à pobreza.

Na definição formal, a noção de propriedade tinha sido separada em dois aspectos: *dominium* (ou *proprietas*) e *usus*. O *dominium* significa essencialmente os direitos sobre a propriedade; o *usus*, o efetivo manuseio e o consumo da propriedade. Ora, o Papa Gregório IX declarou que os franciscanos deveriam conservar o *usus*, mas renunciar ao *dominium* de qualquer espécie. A princípio, os franciscanos pediram a seus benfeitores o direito de conservar o *dominium*, mas logo depois compreenderam que seria mais conveniente chegar a um acordo completo, e colocar o *dominium* sobre todos os seus bens nas mãos do papado. Foi a respeito das consequências práticas do *usus* que pela primeira vez o componente ideológico da ruptura entre conventuais e espirituais se configurou tornando-se finalmente um símbolo diacrítico da oposição entre ambos. Pois os conventuais, orientados mais no sentido da estrutura, tomaram plena consciência das necessidades da ordem em um ambiente político complexo. Assim, para realizar eficientemente o trabalho evangélico e caritativo, sentiram que precisavam construir sólidos edifícios, igrejas e habitações. Para defender a posição religiosa peculiar de São Francisco deveriam exercitar os irmãos mais intelectuais na filosofia e na teologia, porque tinham de sustentar suas próprias ideias nas requintadas arenas de Paris e Florença contra os sutis dominicanos e em face da crescente ameaça da Inquisição. Precisavam, portanto, de recursos, inclusive de recursos pecuniários, até mesmo moedas, a serem gastos em tijolos e em livros.

Entre os conventuais ficou cada vez mais ao arbítrio do superior local decidir até que ponto os frades poderiam ir no exercício do *usus*. Segundo os espirituais – e tudo isto veio à luz durante a famosa investigação papal sobre os negócios da ordem em 1309, oitenta e três anos depois da morte do fundador – o "uso" dos conventuais tornara-se "abuso". Ubertino, intérprete deles, apresentou muitas provas documentais concernentes à prática do cultivo para lucro, ao uso de adegas e de celeiros para o vinho, o recebimento de legados constituídos por cavalos e armas. Acusa-os mesmo de exercerem *dominium*:

> Ainda, da mesma maneira, aqueles que podem levam consigo *bursarii*, que são seus servos, e de tal modo gastam por ordem dos irmãos, que sob todos os aspectos os irmãos parecem ter domínio não só sobre o dinheiro, mas também sobre os servos que o gastam. E algumas vezes os irmãos carregam uma caixa com o dinheiro dentro; e nas ocasiões em que esta é carregada pelos meninos, frequentemente eles nada sabem do conteúdo, sendo irmãos que levam as chaves. E contudo os servos podem algumas vezes ser chamados *nuntii* (um *nuntius* era um oficial, agente dos doadores de esmolas, na primitiva definição papal) daquelas

pessoas que deram o dinheiro para os irmãos; no entanto, nem os servos nem aqueles que o depositam sabem que o dinheiro não está sob o domínio de ninguém, a não ser os irmãos [...] (Apud LAMBERT, 1961: 190).

Mas a atitude dos espirituais com relação ao *usus* foi melhor expressa na doutrina do *usus pauper*, que sustentava com efeito que a utilização dos bens pelos frades deveria de fato restringir-se ao puro mínimo suficiente para o sustento da vida. Na verdade, alguns espirituais morreram por motivo da sua austeridade. Diziam eles que estavam deste modo mantendo-se fiéis ao espírito da concepção da pobreza de seu grande fundador. Um aspecto dessa atitude aparentemente admirável tornou-a, enfim, intolerável para a Igreja estruturada. Foi o relevo dado pelos espirituais à consciência do indivíduo, como árbitro supremo a respeito do que constituía a pobreza, embora esta consciência agisse com referência aos religiosos padrões do *usus pauper*. Alguns espirituais foram ao ponto de admitir que qualquer abrandamento deste rigor opunha-se ao voto professo de pobreza, e sendo portanto um pecado mortal. Se esta posição fosse válida, poder-se-ia considerar que muitos conventuais vivem em permanente estado de pecado mortal. Eis aí as armadilhas do legalismo excessivo!

Por outro lado, a doutrina do *usus pauper* impugnava claramente a concepção da Igreja sobre a autoridade legítima possuída por um superior religioso. Se o chefe de uma casa franciscana, ou mesmo de uma província, aplicasse seu critério individual e permitisse, por motivos estruturais e pragmáticos, o uso de quantidades consideráveis de bens, os frades espirituais, nos termos de sua própria doutrina do *usus pauper*, poderiam sentir-se desobrigados de obedecer ao superior, colocando assim o voto de pobreza em conflito com o voto de obediência. De fato, este tácito desafio à estrutura hierárquica da Igreja constituiu em um dos principais fatores da extirpação final dos espirituais da Ordem em virtude das medidas severas do Papa João XXII, numa série de bulas apoiadas pelo poder sancionador da Inquisição. Todavia, seu zelo não foi inteiramente vão, porque reformas posteriores da Ordem Franciscana foram inspiradas pelo espírito de pobreza que eles tão obstinadamente defenderam.

### A *communitas* apocalíptica

Ao considerarmos a história dos primórdios da Ordem Franciscana torna-se claro que a estrutura social está intimamente relacionada com a história, porque é este o modo pelo qual um grupo mantém sua forma através dos tempos. A *communitas* sem estrutura pode unir e manter as pessoas juntas apenas momentaneamente. Na história das religiões é interessante observar quão frequentemente os movimentos do tipo *communitas* dão origem a uma mitologia apocalíptica, uma teologia ou uma ideologia. Entre os franciscanos espirituais, por exemplo, até mesmo o árido teólogo Olivi, designado leitor, em Santa Croce, em Florença, era ferrenho adepto do milenarismo dos joaquimistas. Realmente, Olivi comparou a Babilônia, a grande prostituta, com o papado, que deveria ser destruído na sexta idade do mundo, enquanto os franciscanos espirituais, em sua absoluta pobreza, constituíam a verdadeira igreja fundada por São Francisco e seus doze companheiros. Se procurarmos a estrutura na *communitas* de crise ou de catástrofe, cremos encontrá-la não no nível de *interação social*, mas, no sentido de Lévi-Strauss, subjacentes aos sinistros e coloridos produtos da imaginação dos mitos apocalípticos gerados no ambiente da *communitas* existencial. Encontra-se, também, uma polarização característica em movimentos desse tipo, por um lado, a rigorosa simplicidade e a pobreza do comportamento eleito – "o homem nu e privado de tudo" – e, por outro, uma poesia quase febril, visionária e profética, que é o seu principal gênero de expressão cultural. O tempo e a história introduzem, porém, a estrutura na vida social daqueles movimentos e o legalismo era sua produção cultural. Com frequência, aquilo que foi outrora considerado literal e universalmente como eminente catástrofe passa a ser interpretado alegórica ou misticamente como o drama da alma individual ou como o destino espiritual da verdadeira Igreja na terra, ou é adiado para o mais remoto futuro.

As noções da *communitas* não estão sempre associadas a visões ou teorias de uma catástrofe universal. Nas iniciações tribais, por exemplo, encontramos, pelo menos implicitantes, a noção da absoluta pobreza como sinal de comportamento liminar. Mas não encontramos as ideias escatológicas dos movimentos quiliásticos. Todavia, muito frequentemente descobrimos que o conceito de ameaça ou de perigo para o grupo – e de fato existe habitualmente um real perigo na faca do circuncisor ou do cicatrizador, nos muitos ordálios e na disciplina severa – está presente de modo muito relevante. E este perigo é um dos principais ingredientes na produção *communitas* existencial, como a possibilidade de uma "viagem má" para a *communitas* das drogas, de determinados habitantes de uma moderna cidade que tem o nome de São Francisco. Nas iniciações tribais, também, encontramos mitos e suas sanções rituais na liminaridade, que se relacionam com catástrofes e crises divinas, como a matança ou autoimolação de importantes divindades para o bem da comunidade humana, e que localizam a crise no passado vivo ou no futuro iminente. Mas quando a crise tende a ser colocada preferentemente antes, e não depois ou dentro da experiência social contemporânea, já começamos a entrar na ordem da estrutura e a considerar a *communitas* como no momento de transição e não como um modo estabelecido de ser ou um ideal que será em breve permanentemente atingido.

## O Movimento Sahajīyā de Bengala

Nem toda *communitas*, porém, é uma *communitas* de crise. Existe também a *communitas* do afastamento e do retiro. Algumas vezes esses gêneros convergem uns para os outros e se sobrepõem, mas em geral manifestam estilos distintos. A *communitas* do afastamento não está tão estreitamente ligada à crença em um fim iminente do mundo, ao contrário, implica a renúncia, total ou parcial, à participação nas relações estruturais do mundo, que é, neste caso, concebido como uma espécie de permanente "área de desgraça". Este tipo de *communitas* tem a tendência a ser mais exclusivista na constituição de seus membros, mais disciplinado nos hábitos e discreto nas práticas do que o gênero apocalíptico que acabamos de examinar. Embora possam ser encontrados exemplos na religião cristã e em movimentos utópicos seculares que de muitos modos derivam da tradição cultural judaico-cristã, talvez seja no hinduísmo que se verifiquem os mais claros exemplos de *communitas* de retiro. Limitar-me-ei, uma vez mais, ao estudo de um único movimento, o dos vaisnavas de Bengala, descrito por Edward C. Dimock Jr. (1966a, 1966b). Dimock é um estudioso bengali, muito competente e de grande acuidade, que publicou elegantes traduções de "contos bengalis" da corte e da aldeia, e seus dados e conclusões devem ser olhados com respeito.

## Os poetas da religião: Caitanya e São Francisco

O trabalho de Dimock trata de um movimento que foi em certos aspectos complementar, e em outros divergente, do grande movimento religioso *bhakti* (devocional) que "se estendeu pelo Norte da Índia, dos séculos XIV ao XVII, e dos movimentos *bhakti* mais antigos do sul" (1966b: 41). Como já consideramos um movimento cristão do tipo *communitas* relacionando-o com um notável fundador, valeria a pena repetir o mesmo método de exame no caso dos vaisnavas de Bengala e começar nossa história pela pessoa de Caitanya (1486-1533), "a mais significativa figura do movimento de Bengala". Assim como no caso anterior comparamos a doutrina franciscana com a respectiva prática, consideremos em primeiro lugar os ensinamentos de Caitanya e em seguida a história do movimento que ele inspirou. Dimock conta-nos que Caitanya foi quem "reavivou" e não quem criou o *Krishna-bhakti* (devoção intensa) na Índia Oriental. Os movimentos vaisnavitas eram conhecidos em Bengala desde o século XI ou XII de nossa era, isto é, pelo menos três séculos antes da época de Caitanya. Tal como São Francisco, Caitanya não era um teólogo. Deixou um total de oito versos durante sua vida, versos de natureza devocional e não teológica. Ainda aqui o paralelo com o cântico de São Francisco ao "Irmão Sol" é surpreendente. A devoção de Caitanya, também, como a de São Francisco, alimentava-se de imagens e identificações; no caso, com os principais atores dos grandes textos sagrados vaisnava, especialmente o *Bhāgavata*. O tema principal desses textos é a infância, a meninice e a juventude de Krishna, considerado um *avatāra* (encarnação) do deus Vishnu. Por sua vez, Caitanya era julgado por muitos um *avatāra* de Krishna, ou antes, uma encarnação conjunta de Krishna e de sua bem-amada ordenhadora Rādhā, sendo a totalidade humana representada em forma bissexual, transcendendo todas as distinções culturais e sociais de sexo.

O episódio central do início da carreira de Krishna foi seu amor por um grupo de *gopīs*, as vaqueiras de Vrnīdāvana. Ele próprio foi criado como vaqueiro neste lugar sagrado, e depois de realizar todas as espécies de travessuras ternas e eróticas com as *gopīs*, quando atingiu a idade adulta encantou-as com o som de sua flauta na floresta, de tal modo que elas deixavam os lares, os maridos, as famílias e corriam para ele durante a noite. Em célebre incidente, Krishna dança com todas as *gopīs* de maneira tal que cada uma considera-o como seu amante particular. Algumas vezes este fato é representado na arte indiana por um anel formado por moças, aparecendo entre cada par delas a forma azul e bela do divino amante. Numa elaboração bengali posterior, Rādhā torna-se o objeto particular do amor de Krishna, e em certo sentido ela condensa todo o resto.

Caitanya ficou extasiado com a dança de Krishna e com a corte subsequente às *gopīs*. Em suas prédicas ele inspirou um tão poderoso renascimento da religião devocional que "durante sua vida e pouco depois da morte abrangeu a maior parte da Índia Oriental" (DIMOCK, 1966b: 43). Uma das principais práticas entusiásticas que acentuou foi uma meditação ardente na qual o adorador se identificava sucessivamente com os vários parentes, amigos e amantes de Krishna. Por exemplo, seus pais adotivos, que lhe tinham afeição paterna; seu irmão, que o considerava com amor fraterno e lealdade de camarada; e, principalmente, as *gopīs*, das quais Krishna foi amante e amado. Neste caso, as relações sociais eram julgadas naturais pontos de partida para uma devoção considerada de caráter sobrenatural. O teor altamente erótico dos textos e das devoções, ao que parece, apresenta aos teólogos vaisnavitas posteriores problemas semelhantes aos que os exegetas judeus e cristãos do Cântico dos Cânticos, de Salomão, tiveram de enfrentar. Mas a solução ritual do Sahajīyās, como era chamado o movimento de Caitanya, era bem diferente da adotada pelos místicos cristãos, como São João da Cruz e Santa Teresa de Ávila, que julgavam a linguagem erótica dos Cânticos de Salomão puramente metafórica. O rito central do Sahajīyās era uma série complicada e prolongada de ações litúrgicas, entremeada com a recitação repetida de mantras que culminavam no ato de relação sexual entre os devotos plenamente iniciados do culto, um homem e uma mulher, os quais simulavam em seu comportamento a corte amorosa de Krishna e Rādhā. Não era um ato meramente de prazer sensual, porque tinha de ser precedido por toda espécie de práticas ascéticas, meditações e por ensinamentos feitos por *gurus* autorizados. Era um ato essencialmente religioso quanto à natureza, que tratava a prática da relação sexual como um tipo de sacramento, "sinal visível e exterior de uma graça espiritual e interior".

O que é sociologicamente interessante a respeito deste ritual é que, exatamente como as *gopīs*, as companheiras dos iniciados do Sahajīyās deviam ser casadas com outros homens (cf. tb. DE, 1961: 204-205). Este fato não era julgado adultério, mas, conforme demonstra Dimock, assemelhava-se mais às Cortes de Amor na Europa Medieval, nas quais o verdadeiro amor era considerado como "amor separado, (do qual) a extensão lógica é o amor à parte do casamento, (porque) no casamento há sempre um traço de sensualidade. O descendente do trovador, diz De Rougemont, estimula com nobres emoções o amor fora do casamento; pois o casamento implica apenas união física, mas o (Amor) – o supremo Eros – é o transporte da alma para o alto, até a união final com a luz" (1966: 8). São Francisco cantou a Senhora Pobreza mais ou menos da mesma maneira, diga-se de passagem, como um trovador cantava a sua senhora distante, casada com outro cônjuge mundano.

Segundo meu ponto de vista, aquilo que estamos agora tratando, no século XVI, em Bengala, e no século XII, na Europa, como um amor ao mesmo tempo divino e timidamente ilícito – por oposição ao amor marital, lícito – é um símbolo da *communitas*. A *communitas* é o elo entre as *gopīs*, o deus azul entre cada par de ordenhadoras. A *communitas* é também a relação do frade com a Minha Senhora Pobreza. Em termos da oposição simbólica entre amor romântico e casamento, o casamento é homólogo à propriedade, assim como o amor em separação é homólogo à pobreza. O casamento, portanto, representa a estrutura nessa linguagem erótico-teológica. A noção de posse ou de propriedade pessoal é também antitética à espécie de *communitas*, o amor resumido na relação entre Krishna e as *gopīs*. Dimock, por exemplo, cita um texto bengali ulterior que "embeleza uma história do *Bhāgavata*". Parece que as *gopīs* contaram a Krishna que estavam cheias de amor por ele, e então começaram a dançar. "Mas, durante a dança, Krishna desapareceu para elas, porque no espírito de todas as *gopīs* tinha surgido o pensamento "ele é meu", e no pensamento "ele é meu", o parakīyā (isto é, o verdadeiro amor em separação), não pode permanecer. Porém, quando o desejo outra vez surgiu no espírito das *gopīs*, Krishna apareceu-lhes novamente" (1966a: 12).

A doutrina do Sahajīyā difere da ortodoxia do Vaisnava pelo fato de que esta última prescrevia a união sacramental entre cônjuges, enquanto que os discípulos de Caitanya, conforme vimos, preceituavam as relações sexuais rituais entre um devoto e a mulher de outro. O próprio Caitanya tinha uma companheira ritual deste tipo, "a filha de Sathī, cujo pensamento e corpo eram devotados a Caitanya"! Convém observar que os parceiros rituais dos Gosvāmins, os primitivos companheiros de Caitanya e os expositores da teologia Sahajīyā, eram "mulheres de [...] grupos sem castas, lavadeiras ou mulheres de outras castas baixas"

(1966a: 127). De fato, as próprias *gopīs* eram vaqueiras e, por conseguinte, não pertenciam à casta mais alta. Esta qualidade da *communitas* de não reconhecer as distinções hierárquicas estruturais é efetivamente de todo típica do Sahajīyā e do vaisnavismo como uma totalidade.

## A divisão entre devocionais e conservadores

Caitanya, pois, como São Francisco, era um poeta da religião devocional, humilde e simples, vivendo sua fé mais do que pensando a respeito dela. No entanto, seus seis Gosvāmins eram teólogos e filósofos, que estabeleceram uma *āśrama* (escola de instrução religiosa) para vaisnavas, onde a doutrina formal de sua seita poderia ser elegantemente forjada. Três desses Gosvāmins eram membros de uma única família. Esta família, embora tivesse a reputação de ser de origem brâmane, tinha perdido a casta em virtude das altas posições ocupadas na corte do monarca muçulmano de Bengala, na época. Continuaram, de fato, a manter diálogo com alguns Sūfīs, grupo de místicos e de poetas muçulmanos que tinham profundas afinidades com os próprios Sahajīyās. Esses seis eruditos escreveram em sânscrito e "desempenhavam o principal papel na codificação da doutrina e do ritual da seita" (1966: 45). Mas, uma vez mais, um movimento devocional estava predestinado a soçobrar nos escolhos da formulação doutrinal. Após a morte de Caitanya, seus adeptos em Bengala dividiram-se em dois ramos. Um ramo seguiu o exemplo do amigo e companheiro íntimo de Caitanya, Nityānanda, conhecido como o "Avadhūta sem casta" (os Avadhūtas eram ascetas); o outro ramo seguiu advaita-ācārya, um dos primeiros e principais devotos de Caitanya, brâmane de Santapur.

Existem certas afinidades entre Nityānanda e os franciscanos espirituais. Não só ele não possuía casta, embora "permanecesse entre os sūdras" (1966b: 53), e fosse "apóstolo dos bānyas" (ambos, sūdras e bānyas, eram hindus de baixa casta), mas permitia também a milhares de monges e de freiras budistas entrarem para o redil vaisnava. Um dos biógrafos de Caitanya conta que ele dissera a Nityānanda: "Esta é minha promessa, feita com a minha própria boca, que as pessoas humildes, ignorantes e de baixa casta flutuarão sobre o mar do *prema* (amor) [...] podeis libertá-los pelo *bhakti*" (1966: 54). *Bhakti*, ou a salvação mediante a devoção pessoal a uma divindade, não se recomendava a Advaita-ācārya, que voltou ao "caminho do conhecimento" dos monistas ortodoxos, que na Índia sempre tinham aceito *mukti*, a libertação do ciclo de renascimentos, como sua preocupação fundamental. Advaita, sendo brâmane, não esclareceu este fato. Era um fato coerente com esta filiação de casta que ele devesse voltar à doutrina do *mukti*, porque a libertação do renascimento, no hinduísmo ortodoxo, depende muito do cumprimento regular, por parte de uma pessoa, dos deveres de sua casta. Se cumpre esses deveres poderá ter a esperança de renascer numa casta mais elevada; se além disso vive uma vida santa e de autossacrifício pode finalmente escapar do sofrimento e do poder da *māyā*, ou mundo ilusório dos fenômenos.

Os monistas, como Advaita, acreditavam que a melhor maneira de assegurar a libertação final seria dissipar a ilusão mediante o conhecimento da realidade única, conhecida como "ātman-brahman". Em outras palavras, para eles a salvação operava-se pela gnose, não pela devoção, e implicava a aceitação da estrutura social na forma presente, pois todas as formas externas eram igualmente ilusórias e destituídas da realidade última. No entanto, Nityānanda não compartilhava desse conservadorismo social passivo. Acreditando que todo homem, independentemente de casta e de crença, poderia obter a salvação pela devoção pessoal a Krishna e a Rādhā, acentuava o aspecto missionário do vaisnavismo.

Caitanya e Nityānanda converteram muitos muçulmanos – e assim hostilizaram o poder muçulmano dominante – e deliberadamente quebraram um certo número de leis religiosas e ortodoxas dos hindus. Por exemplo, "Caitanya regozijou-se quando conseguiu persuadir Vāsudeva a comer *prasāda* – restos de alimentos ofertados à divindade – sem ter antes lavado as mãos. "Agora", disse Caitanya, partistes realmente os vínculos com vosso corpo" (1966: 55). Esta frase lembra-nos muitas das de Jesus, por exemplo, que o sábado foi feito para o homem e não o homem para o sábado, e que a verdade libertará o homem. Para Caitanya e para o ramo Nityānanda de seus discípulos, *bhakti* emancipava-os das leis e das convenções: "eles dançavam em êxtase, e cantavam; pareciam loucos" (1966b: 65). É difícil pensar que não há nada em comum entre a *communitas* extática de Dionísio e a de Krishna. Com efeito, o *puer aeternus* de Ovídio veio da *adusque decolor extremo qua cingitur Índia Gange* ("escura Índia cingida pelo longínquo Ganges", *Metamorfose*, IV, linha 21).

## As homologias entre sahajīyā e o franciscanismo

Nityānanda e seu rival Advaita representaram, respectivamente, os princípios da *communitas* normativa e da estrutura em nível da organização de grupo; seus ramos eram homólogos dos franciscanos espirituais e dos conventuais. Em ambas as circunstâncias, tanto na Europa como na Índia, os sucessores do fundador tiveram de enfrentar problemas de continuidade do grupo e de definição teológica. Os fundadores, São Francisco e Caitanya, eram poetas da religião, viviam das coloridas fantasias religiosas que povoavam suas meditações. No caso dos Vaiṣṇava-Sahajīyās foi o grupo dos Gosvāmins que tomou a si a tarefa de definir os conceitos centrais da seita. Enquanto os franciscanos tinham localizado seu ponto de Arquimedes na noção de pobreza, e daí partido para a discriminação entre *dominium* e *usus* com relação à propriedade, sendo finalmente levados ao divisionismo em torno da doutrina do *usus pauper*, os Sahajīyās centralizaram suas controvérsias sobre outro aspecto da posse, no caso, posse sexual, pois, como vimos, para eles a união sexual tinha caráter sacramental.

Os livros sagrados dos Vaiṣṇavas, o "Bhāgavata" e o "Gīta Govinda", estão plenos de imagens de paixão; contam o amor das *gopīs* por Krishna. Mas, como o demonstra Dimock, "a ideia de encontro amoroso com esposas de outros homens não é aceitável para a maioria da sociedade indiana" (1966b: 55), apesar, poder-se-ia acrescentar, de sua tradicional tolerância religiosa, mesmo quando esta tolerância não depende de uma Segunda Regeneração! Assim os exegetas Vaiṣṇavas, e especialmente os Sahajīyās, tinham muitos problemas. A doutrina Vaiṣṇava tinha sempre feito livremente empréstimos da teoria poética sânscrita, e uma das principais distinções desta teoria era dividir as mulheres em duas classes: *svakīyā* ou *sviyā*, aquela que é a própria de alguém, e *parakīyā*, aquela que é de outro. As mulheres *parakīyā* podem ser as que não são casadas e as que são de outro, pelo casamento. No texto do *Bhāgavata*, as vaqueiras eram claramente da segunda espécie. A primeira tentativa exegética feita por Gosvāmin, chamado Jīva, foi negar que isto poderia ter um significado literal. Em primeiro lugar, a teoria poética padrão não reconhecia que as mulheres *parakīyā* pudessem ter papéis principais no drama; por conseguinte, as *gopīs*, que eram heroínas, não poderiam ser realmente *parakīyā*. Além disso, as *gopīs*, na realidade, nunca consumaram seu casamento. "Pelo poder da *maya* de Krishna [o poder de fabricar ilusões], figuras semelhantes às *gopīs*, mas não as próprias *gopīs*, tinham dormido com seus maridos. Mais ainda, as *gopīs* são realmente *śaktis* [isto é, poderes emanados de uma divindade concebida como uma deusa; por exemplo, a *sākti* do deus Chiva é a deusa Kali ou Durga] de Krishna, participam de sua essência e, sob certo aspecto, são idênticas a ele" (1966b: 56). Portanto, pertencem à classe das *svakīyā*, são realmente suas mulheres e só aparentemente *parakīyā*, mulheres de outros.

O parente do Gosvāmīn Jiva, Rūpa, aceitou a interpretação *parakīyā*, que deturpa menos o sentido original dos textos, mas argumentava que as medidas éticas humanas comuns "dificilmente poderiam ser aplicadas ao dirigente de tudo que deve ser dirigido". Tem-se recorrido a este argumento na exegese judaico-cristã a fim de explicar alguns dos mais estranhos atos e ordens de Jeová, como a ordem dada a Abraão para sacrificar Isaac. No próprio *Bhāgavata*, alguém pergunta como Krishna, declarado "sustentáculo da devoção", poderia ter-se deixado levar a um jogo amoroso com as mulheres de outros homens; a resposta dada é a seguinte: "Para aqueles que estão libertos do egoísmo, não existe aqui vantagem pessoal no comportamento correto, nem qualquer desvantagem no oposto". Este ponto de vista está bem de acordo com as atitudes de uma seita que se sentia situada além dos limites e padrões da sociedade comum, estruturada. Uma liberdade semelhante impregna as crenças de muitos outros movimentos e seitas, que acentuam a *communitas* devocional ou entusiástica como princípio básico. Poderíamos mencionar os hussitas, de Praga, ou a Comunidade de Oneida, do Estado de Nova York.

### Rādhā: "minha senhora pobreza" e *communitas*

Mas os exegetas posteriores chegaram a aceitar como ortodoxa a concepção literal de que o amor das *gopīs* por Krishna era compatível com sua condição de *parakīyā*, e que esta condição tornava-o mais puro e real. Pois, como nota Dimock, "*svakīyā* leva a *kāmta*, ao desejo de satisfação da personalidade; só a *parakīyā* tem como consequência o *prema*, o desejo intenso de satisfação do amado, que é a característica a ser imitada pelos *bhakta* [os devotos], do amor das *gopīs*. Exatamente porque o amor das *gopīs* é um amor *parakīyā* revela-se tão intenso. A dor da separação, somente possível na *parakīyā*, e a resultante permanência constante do espírito das *gopīs* em Krishna são a salvação delas" (1966b: 56-57). Lembramo-nos ainda uma vez de certas passagens dos Cânticos dos Cânticos e dos versos de São João da Cruz, nos quais a alma anseia pelo amado ausente, no caso, Deus. No entanto, na seita *Sahajīyā*, este desejo não é eterno; depois da "disciplina dos sessenta e quatro atos devocionais", que compreendem "atividade, repetição dos mantras, disciplina física, conhecimento intelectual, ascetismo, meditação" (1966a: 195), os Sahajīyās afastam-se da ortodoxia Vaiṣṇava, entrando no estágio do rito sexual de *vidhibhakti*. Neste, os participantes são ambos iniciados, considerados como *gurus*, mestres ou guias espirituais um do outro, e sendo neste caso expressões sacramentais dos próprios Krishna e Rādhā. O casal é considerado "de um único tipo" (1966a: 220) e, assim sendo, "pode haver união" (p. 219); esse tipo é o mais elevado de seus respectivos sexos. Evidentemente, os motivos deste ato não são predominantemente sensuais, porquanto uma rica literatura erótica atesta a abundância das práticas seculares utilizáveis pelos *sibaritas* indianos da época, sem qualquer necessidade de um longo exercício preliminar mediante a *ascese*.

Na era da psicologia profunda devemos naturalmente estar atentos aos sinais do complexo de Édipo num amor que se apresenta poderosamente idealizado e tanto mais nobre quanto mais distante. Ademais, os adeptos de Jung muito teriam a dizer sobre uma união com um arquétipo da Grande Mãe como símbolo da união entre o componente consciente e inconsciente do espírito humano, precedendo a totalidade da "individualização". Mas essas "profundezas" podem ser social e culturalmente "superficiais" se nossa atenção se concentra sobre as modalidades de relações sociais. Parece que os Sahajīyās intentam utilizar vários meios culturais e biológicos para atingir um estado sem estrutura de autêntica *communitas* social. Mesmo no rito sexual, a finalidade é unir simplesmente um macho com uma fêmea, mas o macho e a fêmea no íntimo de cada indivíduo.

Assim, conforme se afirma que o próprio Caitanya era, cada devoto seria uma encarnação simultânea de Krishna e de Rādhā, um ser humano completo. Simbolicamente, pois, o laço do casamento – e com ele a família, a célula básica da estrutura social – ficava dissolvida pelo amor *parakīyā*. Por conseguinte, em sua própria fonte, numa sociedade em grande parte estruturada por parentesco e por casta, a estrutura tornou-se inoperante, porque os amantes quebraram também todas as regras de casta. Os franciscanos recusaram a propriedade, um dos pilares da estrutura social, e os sahajīyās negaram o casamento e a família, outro principal pilar. É significativo que o antropólogo Edmund Leach, que proferiu as influentes "Conferências Reith", no Terceiro Programa da BBC, em 1967, tenha também voltado a atacar a família – considerando-a fonte de todas as neuroses e deformidades mentais – apenas com a finalidade de louvar as coletividades e as comunidades, como as fazendas coletivas de Israel (*kibbutzim*), com suas creches. O Dr. Leach conhece bem as literaturas cingalesa e do sul da Índia. Talvez haja um eco tântrico em seus ataques. De qualquer forma, ele parece estar assestando um golpe em favor da *communitas*!

## Bob Dylan e os *baules*

Os sucessores de Caitanya malograram porque o grupo de Advaita foi absorvido pelo sistema de castas e o grupo de Nityānanda, exclusivista e cheio de fervor missionário, foi muito perseguido e gradualmente perdeu o ânimo da luta. Historicamente, o fluxo do sahajīyānismo parece ter lentamente declinado nos séculos XVII e XVIII, apesar do vaiṣṇavismo ser ainda uma força ativa em Bengala, segundo Dimock. Por exemplo, a seita de músicos conhecidos como *baules*, que tocam um "instrumento primitivo, mas obsessivo, de uma só corda, chamado 'ek-tara'", e que cantam "canções suaves emocionantes como o vento, que é o seu lar" – esta seita afirma estar "enlouquecida pelo som da flauta de Krishna e, tal uma *gopī*, não dando nenhuma importância ao lar nem tendo respeito para com o mundo, segue o som da flauta" (1966a: 252). Um fascinante exemplo da convergência, nas modernas condições de transporte e de comunicação, dos liminares ocidentais e orientais, e dos portadores da *communitas* pode ser encontrado atualmente em muitas lojas de discos. A capa de um disco de canções de Bob Dylan mostra o popular cantor americano, porta-voz dos indivíduos estruturalmente inferiores, ladeado por *baules*, esses músicos errantes de Bengala. O violão e o ek-tara se reuniram. É ainda mais fascinante considerar a frequência com que as expressões da *communitas* estão culturalmente ligadas aos instrumentos simples de sopro (flautas e gaitas) e aos instrumentos de corda. Talvez, além de serem facilmente transportáveis, seja a capacidade de traduzir em música a qualidade da *communitas* humana espontânea, o que justifica o amplo uso de tais instrumentos. Os *baules*, como São Francisco, eram "trovadores de Deus". Seria adequado encerrar este capítulo com uma de suas canções, que claramente indica como o espírito da *communitas* Vaiṣṇava tem persistido no mundo de hoje:

> Hindu, muçulmano – não existe diferença,
>
> Nem há diferenças de casta
>
> Kabir, o *bhakta* (devoto) era, por casta, um Jolā, porém, embriagado com o *prema-bhakti* [o verdadeiro amor melhor expresso, conforme vimos, pelo amor extramarital], agarrou-se aos pés da Joia Negra [isto é, aos pés de Krishna]. Uma única lua é lanterna para este mundo, e de uma semente brotou a criação inteira (1966a: 264).

Eis a autêntica voz da *communitas* espontânea.

# 5
# Humildade e hierarquia: a liminaridade de elevação e de reversão de *status*

### Os rituais de elevação e de reversão de *status*

Van Gennep, o pai da análise processual formal, utilizava-se de dois grupos de termos para descrever as três fases da passagem de um estudo ou condição, culturalmente definido, para outro. Não apenas empregou com referência primeira ao ritual os termos em série: *separação, margem* e *reagregação*, mas também com referência primeira a transições espaciais empregou os termos *pré-liminar, liminar* e *pós-liminar.* Quando discute o primeiro conjunto de termos e os aplica aos dados, Van Gennep insiste no que eu chamaria de aspectos "estruturais" da passagem. Por outro lado o uso que faz do segundo conjunto indica seu interesse fundamental pelas unidades de espaço e de tempo, nas quais o comportamento e o simbolismo se acham momentaneamente libertados das normas e valores que governam a vida pública dos ocupantes de posições estruturais. Neste ponto a liminaridade torna-se central e ele fez emprego de prefixos unidos ao adjetivo "liminar" para indicar a posição periférica da estrutura. Quero significar por "estrutura", tal como antes, a "estrutura social", conforme tem sido usada pela maioria dos antropólogos sociais britânicos, isto é, como uma disposição mais ou menos característica de instituições especializadas mutuamente dependentes e a organização institucional de posições e de atores que elas implicam. Não me refiro à "estrutura" no sentido tornado popular por Lévi-Strauss, ou seja, concernente a categorias lógicas e à forma das relações entre elas. Na realidade, nas fases liminares do ritual costuma-se muitas vezes encontrar a simplificação, até mesmo chegando a ser eliminação, da estrutura social no sentido britânico e a amplificação da estrutura no sentido de Lévi-Strauss. Encontramos relações sociais simplificadas, enquanto o mito e o ritual são complexos. A razão disto é muito simples de ser compreendida: se a liminaridade é considerada como um tempo e um lugar de retiro dos modos normais de ação social, pode ser encarada como sendo potencialmente um período de exame dos valores e axiomas centrais da cultura em que ocorre.

Neste capítulo focalizaremos principalmente a liminaridade como fase e como estado. Nas grandes e complexas sociedades a liminaridade, resultando da progressiva divisão do trabalho, tornou-se frequentemente um estado religioso ou semirreligioso e, em virtude desta cristalização, mostrou-se propensa a reingressar na estrutura e a receber um inteiro suplemento de papéis e posições estruturais. Em lugar da cabana de reclusão temos a Igreja. Mais que isto, desejo distinguir dois tipos principais de liminaridade – embora muitos outros venham a ser sem dúvida descobertos primeiro –, a liminaridade que caracteriza os *ritos de elevação de "status"* nos quais o sujeito do ritual, ou o noviço, é conduzido irreversivelmente de posição mais baixa para outra mais alta, em um sistema institucionalizado de tais posições. Em segundo lugar, a liminaridade encontrada com frequência no ritual cíclico e ligado ao calendário, em geral de tipo coletivo, no qual, em determinados pontos culturalmente definidos do ciclo das estações, grupos ou categorias de pessoas que habitualmente ocupam baixas posições na estrutura social, são positivamente obrigadas a exercer uma autoridade ritual sobre seus superiores, devendo estes, por sua vez, aceitar de boa vontade a degradação ritual. Estes ritos podem ser denominados *ritos de inversão de "status"*. São com frequência acompanhados por vigoroso comportamento verbal e não verbal, em que os inferiores insultam e até maltratam fisicamente os superiores.

Uma variante comum desse tipo de ritual é aquela em que os inferiores simulam a posição e o estilo de vida dos superiores, chegando algumas vezes ao ponto de se organizarem numa hierarquia que é uma imitação da hierarquia secular dos seus chamados superiores. Resumindo, pode-se contrastar a liminaridade dos fortes (e dos que se estão tornando mais fortes) com a dos permanentemente fracos. A liminaridade dos que sobem em geral implica o rebaixamento ou humilhação do noviço como principal componente cultural; ao mesmo tempo, a liminaridade das pessoas permanentemente inferiores na estrutura contém como principal elemento social a elevação simbólica, ou fictícia, dos sujeitos ao ritual a posições de autoridade eminente. Os mais fortes tornam-se mais fracos; os fracos agem como se fossem fortes. A liminaridade dos fortes socialmente não é estruturada ou é estruturada de maneira simples; a dos fracos representa uma fantasia de superioridade estrutural.

## Os ritos de crise da vida e os ritos fixados pelo calendário

Agora que, por assim dizer, pus as cartas na mesa, apresentarei alguns fatos em apoio dessas afirmações, começando com a tradicional distinção antropológica entre os ritos de crises da vida e os ritos estacionais ou fixados pelo calendário. Os ritos de crises da vida são aqueles em que o sujeito, ou os sujeitos rituais –

marcados por um certo número de momentos críticos de transição, que todas as sociedades ritualizam e assinalam publicamente com práticas adequadas para gravar a significação do indivíduo e do grupo nos membros vivos da comunidade se movem, como diz Lloyd Warner (1959), de "uma localização placentária fixa dentro do útero da mãe para a morte e o ponto final fixo de sua pedra tumular e definitivo encerramento na sepultura como organismo morto. São eles os importantes momentos do nascimento, puberdade, casamento e morte" (p. 303). Acrescentaria a esses os ritos que dizem respeito ao ingresso em um *status* perfeito mais alto, quer seja um cargo político quer a participação em um clube exclusivista ou numa sociedade secreta. Esses ritos podem ser de natureza individual ou coletiva, porém existe a tendência para que sejam mais frequentemente cumpridos por indivíduos. Os ritos marcados pelo calendário, por outro lado, quase sempre se referem a grandes grupos e em geral abrangem sociedades inteiras. Com frequência, também, são realizados em momentos bem-assinalados dentro do ciclo produtivo anual, e atestam a passagem da escassez para a abundância (como na época dos primeiros frutos e nas grandes festas das colheitas) ou da fartura para a escassez (como quando os sofrimentos do inverno chegam antecipadamente, obrigando a precaver-se magicamente contra eles). Poderíamos ainda acrescentar a esses todos os *rites de passage*, que acompanham qualquer mudança de tipo coletivo de um estado para outro, conforme acontece quando uma tribo inteira entra em guerra ou uma grande comunidade local executa um rito a fim de anular os efeitos da fome, da seca ou de uma praga. Os ritos de crises da vida e os rituais de investidura num cargo são quase sempre ritos de elevação de *status*. Os ritos regidos pelo calendário e os ritos de crise do grupo podem algumas vezes ser ritos de inversão de posição social.

Escrevi alhures (1967: 93-111) a respeito dos símbolos de liminaridade que indicam a invisibilidade estrutural dos noviços submetidos a rituais de crise de vida – por exemplo, quando são segregados das esferas da vida diária, quando se disfarçam com máscaras e corantes ou se tornam mudos pela imposição das regras do silêncio. Mostrei, anteriormente, como, aplicando os termos de Goffman (1962: 14), eles são "nivelados" e "despojados" de todas as distinções profanas de posição social e de direitos sobre a propriedade. Além disso são submetidos a julgamentos e ordálios para aprenderem a ser humildes. Um só exemplo de tal tratamento será suficiente. Nos ritos de circuncisão dos meninos tsongas, descritos por Henry Junod (1962, vol. I: 82-85), os meninos são "surrados severamente pelos pastores [...] ao menor pretexto" (p. 84). Submetidos ao frio, devem dormir nus, de costas, toda a noite, durante os frios meses de junho a agosto; são proibidos de beber uma gota de água sequer durante toda a iniciação; devem comer alimentos insípidos que "lhes causam náuseas a princípio" a ponto de fazê-los vomitar; são severamente punidos, sendo-lhes introduzidos pedaços de pau separando os dedos de ambas as mãos, enquanto um homem forte, tomando as pontas dos paus em suas mãos, aperta-os e suspende os pobres meninos, espremendo e quase esmagando-lhes os dedos; finalmente, o circuncisado deve estar também preparado para morrer, se a ferida não cicatrizar de maneira adequada. Essas provações não têm por finalidade apenas, como o supôs Junod, ensinar resistência, obediência e virilidade aos meninos. Numerosos documentos oferecidos por outras sociedades indicam que têm a significação social de rebaixá-los a uma espécie de *prima materia* humana, despojada de forma específica e reduzida a uma condição que, apesar de ainda ser social, não possui nenhuma das formas admitidas de condição social, ou está abaixo de todas elas. A explicação destes ritos é que, para um indivíduo subir na escada social, deve descer às posições mais baixas.

### A elevação de *status*

A liminaridade da crise da vida, portanto, humilha e generaliza aquele que aspira a uma posição estrutural mais alta. Os mesmos processos são encontrados, de maneira particularmente vívida, em muitos rituais africanos de investidura. O futuro ocupante da chefia ou do comando é primeiramente separado da vida comum, devendo em seguida submeter-se a ritos liminares que o rebaixem rudemente antes de, nas cerimônias de readmissão, ser instalado em seu trono na glória final. Já tratei dos ritos de investidura dos ndembus (cap. 3), onde o futuro chefe e sua esposa ritual são rebaixados e repreendidos durante uma noite de reclusão numa pequena cabana por muitos de seus futuros súditos. Outro exemplo africano do mesmo padrão é vivamente contado no relato de Du Chaillu (1868) sobre a eleição de "um rei de Gabão". Depois da descrição dos ritos funerários pelo velho rei, Du Chaillu descreve como os anciãos "da aldeia" escolhem secretamente um novo rei, o qual "é mantido ignorante de sua boa sorte até o último momento".

> Aconteceu que Njogoni, um bom amigo meu, foi eleito. A escolha recaiu nele em parte porque provinha de boa família, mas principalmente porque era o favorito do povo e poderia conseguir a maioria dos votos. Não creio que Njogoni tivesse a menor suspeita sobre a sua elevação. Quando andava pela praia, na manhã do sétimo dia (após a morte do rei precedente), o povo inteiro caiu sobre ele, de repente, dando início a uma cerimônia que antecede à coroação (e deve ser considerada liminar no complexo de ritos funerários totais de investiduras) e que tem a finalidade de dissuadir até o mais ambicioso dos homens a aspirar à coroa. Cercaram-no numa densa multidão, e então começaram a cobri-lo com todas as espécies de maus-tratos que a pior das plebes possa imaginar. Alguns cuspiam-lhe no rosto, davam-lhe socos; outros, ainda, davam-lhe pontapés, lançavam-lhe objetos repugnantes, enquanto os infelizes

que estavam a distância e não podiam alcançar o coitado senão com a voz, permanentemente amaldiçoavam a ele e o pai, a mãe, as irmãs e os irmãos, e todos os ancestrais dele até a mais remota geração. Um estranho não daria um centavo pela vida daquele homem que estava para ser coroado.

No meio de todo o barulho e de toda a luta, apreendi as palavras que me deram a explicação de tudo isto. Com intervalos de poucos minutos, um indivíduo dava-lhe um soco ou um pontapé, gritando: "Não és ainda nosso rei; durante algum tempo faremos o que quisermos contigo. Dentro em breve, nós é que teremos de fazer a tua vontade".

Njogoni comportou-se como um homem e um rei em perspectiva. Manteve a calma e aceitou todas as injúrias com um sorriso nos lábios. Depois de cerca de meia hora, levaram-no para a casa do antigo rei. Lá ele se sentou e, durante pouco tempo, continuou a ser vítima dos insultos de seu povo.

Em seguida, todos ficaram silenciosos e os anciões do povo levantaram-se e disseram solenemente (com o povo repetindo depois deles): "Agora escolhemos-te para nosso rei. Comprometemo-nos a ouvir-te e a prestar-te obediência".

Seguiu-se um momento de silêncio. Logo depois o chapéu de seda, que é o emblema da realeza, foi trazido e colocado na cabeça de Njogoni. Foi então vestido com uma toga vermelha, recebendo as maiores provas de respeito de todos aqueles que, até poucos momentos antes, tinham-no insultado (p. 43-44).

Esta narração não só ilustra a humilhação de um candidato em um rito de elevação de *status*. Exemplifica também o poder dos indivíduos estruturalmente inferiores no rito de reversão de *status* num ciclo de rituais políticos. É um dos rituais complexos que contêm aspectos de elevação juntamente com aspectos de rebaixamento de *status*. No primeiro aspecto, acentua-se a permanente elevação estrutural do indivíduo; no segundo, salienta-se a reversão temporária de *status* de governantes e governandos. O *status* de um indivíduo é mudado irreversivelmente, mas o *status* coletivo de seus súditos permanece imutável. As provações nos rituais de elevação de *status* são aspectos de nossa própria sociedade, conforme atestam os trotes nos calouros e as iniciações nas academias militares. Lembro-me pelo menos de um moderno ritual de reversão de *status*. No exército inglês, no dia de Natal, os soldados rasos são servidos ao jantar pelos oficiais graduados e oficiais subalternos. Depois deste rito, o *status* dos soldados permanece imutável. De fato, o sargento-ajudante poderá berrar com eles da maneira mais áspera, por ter sido obrigado a correr de um lado para o outro com o peru assado, obedecendo às ordens deles. O ritual, na verdade, tem o efeito a longo prazo de salientar de maneira mais decisiva as definições sociais do grupo.

## A reversão de *status*: a função da máscara

Na sociedade ocidental persistem traços de ritos de reversão de idade e de papel sexual em alguns costumes como, nos Estados Unidos, a festa de *halloween*, quando os poderes dos indivíduos estruturalmente inferiores manifestam-se na predominância liminar de crianças pré-adolescentes. As monstruosas máscaras que frequentemente usam como disfarces representam principalmente poderes ctônicos ou demoníacos terrestres – feiticeiras que destroem a fecundidade; cadáveres ou esqueletos tirados da terra; povos indígenas, como os índios; trogloditas, como os anões e os gnomos; vagabundos ou figuras contrárias às autoridades constituídas, como os piratas ou os tradicionais pistoleiros do oeste. Esses minúsculos poderes terrestres, se não forem aplacados com festas e guloseimas, pregarão peças fantásticas e caprichosas à geração de chefes de família encarregada de manter a autoridade, travessuras semelhantes às que se acreditava outrora serem obra de espíritos terrenos, os duendes, os fantasmas, os gnomos, as fadas e os anões. Em certo sentido, também, essas crianças servem de mediadores entre os mortos e os vivos; não estão muito longe do útero da mãe, que em muitas culturas é equiparado à tumba, assim como ambos se associam à terra, fonte dos frutos e o receptáculo dos resíduos. As crianças de *halloween* (véspera do dia de Todos os Santos) exemplificam vários motivos liminares: as máscaras asseguram-lhes o anonimato, pois ninguém sabe ao certo de quem são filhas. Mas, como na maioria dos ritos de reversão, o anonimato aqui tem finalidades agressivas, não de humilhação. A máscara da criança é como a máscara do salteador de estrada e, com frequência, as crianças no dia da festa de *halloween* usam máscaras representando ladrões ou carrascos. O mascaramento confere-lhes poderes de seres selvagens, criminosos, autóctones e sobrenaturais.

Relacionado a tudo isto há algo de caráter dos seres terantrópicos dos mitos primitivos, por exemplo, os jaguares macho e fêmea dos mitos do "fogo" dos povos de língua jê, da Amazônia, descritos por Lévi-Strauss em *Le Cru et le Cuit* (1964). Terence Turner, da Universidade de Chicago, voltou a analisar recentemente os mitos jês. Partindo de análise precisa e complexa dos mitos dos caiapós sobre a origem do fogo doméstico, conclui que a forma do jaguar é uma espécie de máscara que ao mesmo tempo revela e esconde um processo de realinhamento estrutural. O processo refere-se ao movimento de um menino que vai da família nuclear para a casa dos homens. As figuras do jaguar representam aqui não apenas o *status* de pai e mãe, mas também as mudanças nas relações do menino com os pais, mudanças que implicam, além disso, a possibilidade de penoso conflito social e psíquico. Assim, o jaguar macho do mito começa por ser genuinamente terrificante e termina benévolo, ao passo que o jaguar fêmea, sempre ambivalente, termina malévolo, sendo morto pelo menino a conselho do jaguar macho.

Cada um dos jaguares é um símbolo multívoco: enquanto o jaguar macho representa tanto as dores quanto as alegrias de definida paternidade, representa também a paternidade em geral. Existe, de fato, entre os caiapós, o papel ritual do "pai substituto", que retira o menino da esfera doméstica, mais ou menos na idade de sete anos, para assimilá-lo dentro de uma mais vasta comunidade moral masculina. Simbolicamente, isto parece relacionado com a "morte" ou com a extirpação de um importante aspecto da relação mãe-filho, que corresponde à explicação mítica da matança do jaguar fêmea pelo menino, cujo desejo de matar foi fortalecido pelo jaguar macho. Nota-se com clareza que a explicação mítica não se refere a indivíduos concretos, mas a pessoas sociais. Contudo, as considerações estruturais e históricas entrelaçam-se de maneira tão delicada que a representação direta, sob forma humana, da mãe e do pai no mito e no ritual poderá ser circunstancialmente bloqueada por sentimentos poderosos que sempre surgem nas transições sociais decisivas.

Pode haver outro aspecto da função do mascaramento nas festas norte-americanas de *halloween* e nos mitos e rituais dos caiapós, assim como em outras manifestações culturais. Anna Freud teve muitas coisas esclarecedoras a dizer sobre a frequente identificação das crianças, nos jogos, com os animais ferozes e outros seres ameaçadores e monstruosos. O argumento da Srta. Freud – cuja força, reconhecidamente, provém da posição teórica de seu famoso pai – é complexo, mas coerente. Na fantasia infantil, o que toma a forma animal é o poder agressivo e punitivo dos pais, em particular o pai, especialmente com referência à ameaça paterna, bastante conhecida, de castração. Ela chama a atenção para o terror quase irracional que as crianças pequenas sentem pelos animais – cães, cavalos e porcos, por exemplo; medo normal, explica ela, aumentado pelo medo inconsciente do aspecto ameaçador dos pais. Declara então que um dos mecanismos de defesa mais eficaz utilizado pelo "ego" contra tal temor inconsciente consiste na identificação com o objeto aterrorizador. Desta maneira, sente-se que lhe foi roubado o poder, talvez, até que o poder possa ser retirado dele.

Para muitos psicólogos adeptos da psicologia profunda, também, a identificação significa substituição. Retirar o poder de um ser forte é enfraquecê-lo. Desse modo, as crianças, com frequência, brincam fingindo-se de tigres, leões, onças, salteadores, índios ou monstros. Elas estão assim, segundo Anna Freud, identificando-se inconscientemente com os próprios poderes que as ameaçam profundamente e, numa espécie de jiu-jitsu, fortalecendo seus próprios poderes pessoais, por meio do poder que ameaça enfraquecê-las. Há em tudo isto, naturalmente, uma qualidade traiçoeira – inconscientemente, a pessoa visa "matar a coisa que ama" – e esta é precisamente o tipo de comportamento que os pais generalizados devem esperar de crianças generalizadas, dentro dos costumes do *halloween* norte-americano. Fazem-se travessuras e a propriedade é danificada, ou procura-se dar a aparência de ter sido danificada. Do mesmo modo, a identificação com a figura do jaguar no mito pode indicar a paternidade em potencial do iniciando e, por conseguinte, sua capacidade de substituir estruturalmente seu próprio pai.

É interessante que esta relação entre entidades e máscaras terantrópicas, de um lado, e aspectos da função determinada pelo parentesco, de outro, surjam tanto nos rituais de elevação de *status* quanto em pontos de mudança culturalmente definidos no ciclo anual. Poder-se-ia conjecturar que a representação feroz dos pais refere-se somente àqueles aspectos da relação total entre pais e filhos, em sua plena expansão longitudinal, que provoca fortes sentimentos e desejos de caráter libidinoso ilícito e particularmente agressivo. É provável que tais aspectos sejam estruturalmente determinados; podem estabelecer o desacordo entre a percepção, pela criança, da natureza individual dos pais e o comportamento que deve ter para com eles e deles esperar em termos de prescrição cultural. "Meu pai", pensará ela, "não está agindo como um ser humano", quando ele age segundo normas autoritárias, e não segundo aquilo que habitualmente se chama "humanidade". Portanto, de acordo com a apreciação subliminar das classificações culturais, pode-se pensar que esteja agindo como algo situado fora da humanidade, mais frequentemente como um animal. "E se ele exerce poder sobre mim como animal e não como a pessoa que conheço, então posso apropriar-me daquele poder, ou esvaziá-lo se eu também assumir os atributos, definidos culturalmente, do animal que sinto que ele é".

As crises da vida proporcionam os ritos nos quais, ou por meio dos quais, são reestruturadas, às vezes drasticamente, as relações entre posições estruturais e ocupantes de tais posições. Os mais velhos assumem a responsabilidade de realizar efetivamente as mudanças prescritas pelos costumes; eles, pelo menos, têm a satisfação de tomar uma iniciativa. Mas os jovens, com menos compreensão da racionalidade social de tais mudanças, julgam que sua expectativa com relação ao comportamento dos mais velhos para com eles são falseadas pela realidade durante as épocas de mudança. Considerada do ponto de vista de sua perspectiva estrutural, por conseguinte, a mudança de comportamento dos pais e de outras pessoas mais idosas parece-lhes ameaçadora e mesmo embusteira, revivendo talvez até temores inconscientes de mutilação física e outras punições por um comportamento que não está de acordo com a vontade dos pais. Assim, enquanto o comportamento dos mais velhos se situa dentro do poder daquele grupo etário – e, de alguma forma, as mudanças estruturais que promovem são previsíveis, para eles – os mesmos comportamentos e mudanças estão fora do alcance dos jovens, seja para compreendê-los seja para evitá-los.

Para compensar essas deficiências cognoscitivas, os jovens e os inferiores, nas situações rituais, podem mobilizar símbolos de grande poder, carregados de sentimentos. Os ritos de reversão de *status*, segundo este princípio, mascaram os fracos com a força e pedem aos fortes que sejam passivos e suportem pacientemente a agressão simbólica, ou mesmo real, praticada contra eles pelos estruturalmente inferiores. Entretanto, é necessário voltar aqui à distinção, anteriormente estabelecida, entre rituais de elevação de *status* e rituais de reversão. Nos primeiros, o comportamento agressivo demonstrado por candidatos a um *status* mais alto, embora se encontre com frequência, tende a ser abafado e refreado; afinal de contas, o candidato "está se elevando" simbolicamente, e, terminado o ritual, gozará de maiores privilégios e direitos do que até então. Porém, nos rituais de reversão, o grupo ou a categoria a que se permite agir como se fosse estruturalmente superior – e, nesse papel, repreender e mesmo espancar os seus superiores dogmáticos – está de fato situado perpetuamente em um *status* mais baixo.

É claro que ambos os modos de explicação, tanto o sociológico quanto o psicológico, têm cabimento no caso. Aquilo que é estruturalmente "visível" para um observador capacitado em antropologia é psicologicamente "inconsciente" para o membro individual da sociedade observada. Contudo, suas respostas apetitivas às modificações e regularidades estruturais, multiplicadas pelo número de membros expostos a mudanças, de geração a geração, devem ser levadas em consideração, do ponto de vista cultural, e principalmente ritual, para que a sociedade sobreviva sem uma tensão de ruptura. Os ritos das crises da vida e os rituais de reversão levam essas respostas em consideração de maneiras diferentes. Os indivíduos elevam-se estruturalmente através de sucessivas crises de vida e ritos de elevação de *status*. Mas os rituais de reversão de *status* tornam visíveis, em seus padrões simbólicos e de comportamento, as categorias e formas de agrupamentos sociais, consideradas axiomáticas e imutáveis, tanto em essência quanto na relação de umas com as outras.

Do ponto de vista cognoscitivo, nada realça melhor a regularidade que o absurdo ou o paradoxo. Emocionalmente, nada satisfaz tanto como o comportamento extravagante ou ilícito temporariamente permitido. Os rituais de reversão de *status* conciliam ambos os aspectos. Tornando o baixo alto e o alto baixo, reafirmam o princípio hierárquico. Fazendo o inferior imitar o comportamento do superior (chegando até a caricatura), e restringindo as iniciativas dos orgulhosos, acentuam a racionalidade do comportamento diário, culturalmente previsível, entre os diversos estamentos da sociedade. A este respeito, é adequado que os rituais de reversão de *status* se localizem, frequentemente, ou em pontos fixos no ciclo anual ou em relação com festas móveis, que variam dentro de um período limitado de tempo, porque a regularidade estrutural se reflete na ordem temporal. Poder-se-ia argumentar que os rituais de reversão de *status* podem verificar-se com caráter contingente, quando uma calamidade ameaça a comunidade inteira. Mas pode-se replicar, convincentemente, que é precisamente porque a comunidade inteira está ameaçada que se executam tais ritos de compensação. E porque se acredita que as irregularidades históricas concretas alteram o equilíbrio natural entre as categorias estruturais julgadas permanentes.

## A *communitas* e a estrutura nos rituais de reversão de *status*

Voltemos aos rituais de reversão de *status*. Eles não apenas reafirmam a ordem da estrutura, como também restauram as relações entre os indivíduos históricos reais que ocupam posições em tal estrutura. Todas as sociedades humanas implícita ou explicitamente referem-se a dois modelos sociais contrastantes. Um deles, como vimos, é o da sociedade como uma estrutura de posições, cargos, *status* e funções jurídicas, políticas e econômicas, na qual o indivíduo só pode ser ambiguamente apreendido atrás da personalidade social. O outro modelo é o da sociedade enquanto *communitas* formada de indivíduos concretos e idiossincrásicos que, apesar de diferirem quanto aos dotes físicos e mentais, são contudo considerados iguais do ponto de vista da humanidade comum a todos. O primeiro modelo é o de um sistema de posições institucionalizadas diferenciado, culturalmente estruturado, segmentado e frequentemente hierárquico. O segundo apresenta a sociedade como um todo indiferenciado e homogêneo, no qual os indivíduos se defrontam uns com os outros integralmente, e não como *status* e funções "segmentarizados".

No processo da vida social, o comportamento de acordo com um modelo tende a "afastar-se" do comportamento representado pelo outro modelo. O objetivo final, todavia, consiste em agir em termos de valores da *communitas*, mesmo quando o que uma pessoa realiza culturalmente, no desempenho de papéis estruturais, é concebido como um mero instrumento para a aquisição e manutenção da *communitas*. Desta perspectiva, o ciclo das estações pode ser considerado como medida do grau de deslocamento da estrutura a partir da *communitas*. Isto é particularmente verdadeiro nas relações entre categorias e grupos sociais ordenados em posições muito altas e muito baixas, embora seja válido para as relações entre os ocupantes de qualquer classe ou posição social. Os homens usam a autoridade de que seu cargo se reveste para abusar dos ocupantes de posições mais inferiores, prejudicá-los confundindo a posição com a pessoa dela incumbida. Os rituais de reversão de *status*, quer estejam colocados em pontos estratégicos no ciclo anual, quer sejam provocados por calamidades consideradas como o resultado de graves pecados sociais são tidos como restabelecedores da estrutura social e da *communitas*, mais uma vez, em sua correta relação mútua.

## A cerimônia "apo", dos ashantis

Para servir de ilustração, cito um exemplo bem conhecido, tirado da literatura antropológica, referente à cerimônia *Apo*, dos ashantis do norte de Gana. Esta cerimônia, que Rattray (1923) pôde observar entre os povos tekimans, realiza-se durante os oito dias que precedem imediatamente o ano-novo dos tekimans, o qual começa a 18 de abril. Bosman (1705), o antigo historiador holandês da Costa da Guiné, descreve o que Rattray chama "indubitavelmente uma mesma cerimônia" (p.151), nos seguintes termos: há "[...]uma festa de oito dias, acompanhada de toda espécie de cantos, saltos, danças, júbilo e alegria; nesta época é permitida uma perfeita liberdade de sátira, e o escândalo é tão altamente exaltado que podem falar livremente de todas as faltas, vilanias e fraudes de seus superiores e dos inferiores, sem que haja punições e mesmo a mínima interrupção" (BOSMAN, Carta X).

As observações de Rattray confirmam com abundância de pormenores a caracterização de Bosman. Ele deriva o termo *Apo* de uma raiz que significa "falar rude ou asperamente a alguém", e indica que existe um outro termo para a cerimônia *ahorohorua*, possivelmente derivado do verbo *horo*, que quer dizer "lavar", "limpar". Os ashantis estabelecem uma conexão positiva entre a linguagem franca, rude e a purificação, conforme fica demonstrado pelas palavras do velho sumo sacerdote do deus Ta Kese, ditas em tekiman, a Rattray e literalmente traduzidas por ele:

> Sabeis que cada um de nós tem uma *sunsum* (alma) que pode ferir-se, ser tratada com violência ou adoecer, tornando deste modo o corpo doente. Com muita frequência, apesar de existirem outras causas, por exemplo a feitiçaria, a má saúde é causada pelo mal e pelo ódio que outra pessoa tem no pensamento contra vós. Por outro lado, vós também podeis ter ódio no coração contra outro indivíduo por algo que este lhe tenha feito, e isto também faz com que sua *sunsum* fique atormentada e adoeça. Nossos antepassados sabiam que isto é o que acontece, e assim estabeleceram uma época, uma vez por ano, em que homem e mulher, livre ou escravo, teria liberdade de falar em voz alta tudo o que tivesse na cabeça, de dizer aos vizinhos o que pensava deles e de suas ações, e não somente aos vizinhos, mas também ao rei ou ao chefe. Quando um homem falou assim livremente, sentirá a *sunsum* tranquila e acalmada, e a *sunsum* da outra pessoa contra quem ele acabou de falar abertamente também se sentirá acalmada. O rei dos ashantis pode ter morto vossos filhos e por esta razão o odiais. Isto o faz ficar doente e vós também. Se vos foi permitido dizer-lhe na cara o que pensais, ambos se sentirão beneficiados (p. 153).

Vê-se imediatamente, por esta interpretação nativa, que o nivelamento é uma das principais funções dos ritos *Apo*. O superior deve submeter-se a ser humilhado; os humildes são exaltados graças ao privilégio da linguagem franca. Há, porém, muito mais no ritual do que isto. A diferenciação estrutural, tanto vertical quanto horizontal, é o fundamento do conflito, do faccionismo e das lutas nas relações diádicas entre ocupantes de posições ou rivais que as ambicionam. Nos sistemas religiosos estruturados – mais comumente pelas segmentações intercaladas do ano solar e lunar, e pelos pontos nodais climáticos de mudança – as brigas e dissensões não são tratadas *ad hoc* logo que surgem, mas de maneira genérica, abrangendo vários assuntos em algum ponto regularmente recorrente no ciclo ritual. A cerimônia *Apo* realiza-se, como dizem os ashantis, "quando o ciclo do ano deu a volta" ou quando "os limites do ano se encontraram". A cerimônia proporciona, com efeito, uma descarga de todos os maus sentimentos acumulados nas relações estruturais durante o ano anterior. Expurgar ou purificar a estrutura mediante a linguagem franca significa reanimar o espírito da *communitas*. Aqui a crença – largamente difundida no Subsaara Africano, de que os rancores alimentados na cabeça e no coração fazem mal fisicamente tanto aos que os conservam quanto àqueles contra quem são dirigidos – opera no sentido de assegurar que as injustiças sejam expostas e os malfeitores se abstenham de tomar represálias contra quem proclamar suas más ações. Sendo mais provável que as pessoas da classe alta prejudiquem as de categoria inferior do que o contrário, não é de surpreender que os chefes e os aristocratas sejam considerados como alvos típicos para as acusações públicas.

Paradoxalmente, a redução ritual da estrutura à *communitas*, mediante o poder purificador da honestidade mútua, tem por efeito regenerar os princípios de classificação e ordenação sobre os quais repousa a estrutura social. No último dia do ritual *Apo*, por exemplo, pouco antes do começo do ano-novo, os sacrários de todos os deuses locais dos ashantis, e alguns nacionais, são carregados em procissão de seus templos locais, cada qual com um cortejo de sacerdotes, sacerdotisas e outros funcionários religiosos até o rio sagrado Tano. Lá os santuários e os bancos enegrecidos dos sacerdotes já falecidos são borrifados e purificados com uma mistura de água e de argila branca em pó. O chefe político de Tekiman não está presente em pessoa. A Rainha-Mãe, porém, assiste, porque este é um assunto de deuses e de sacerdotes, representando os aspectos universais da cultura e da sociedade ashanti, e não da chefia, em seu aspecto mais estreitamente estrutural. Esta qualidade universal exprime-se na prece do porta-voz sacerdotal de um dos deuses, ao aspergir o sacrário de Ta Kesi, o maior dos deuses locais: "Nós te suplicamos a vida; quando os caçadores forem à floresta, permite-lhes matar carne; possam as mulheres grávidas ter filhos; vida para Yao Kramo (o chefe); vida para todos os caçadores; vida para todos os sacerdotes; tomamos o *Apo* deste ano e o colocamos no rio" (p. 164-166). Asperge-se água sobre todos os bancos e todos os presentes e, depois da purificação dos santuários, o povo retorna à aldeia, enquanto os santuários são recolocados nos templos que constituem seu lar. Essa prática solene, com que finaliza este rito saturnal, é na realidade uma manifestação muito complexa da cosmologia dos ashantis de Tekiman, pois cada um dos deuses representa uma completa constelação de valores e de ideias e está associado a um lugar num ciclo de mitos. Ainda mais, o círculo de cada um deles é uma réplica da roda do chefe, e corporifica o conceito ashanti de hierarquia estrutural. É como se a estrutura, purgada e purificada pela *communitas*, fosse ostentada branca e brilhante outra vez, para iniciar um novo ciclo de tempo estrutural.

É significativo que o primeiro ritual do novo ano, realizado no dia seguinte, seja oficiado pelo chefe, e que a nenhuma mulher, nem mesmo a Rainha-Mãe, tenha permissão para estar presente. Os ritos são executados no interior do templo de Ta Kesi, o deus local; o chefe faz suas preces a ele sozinho e depois sacrifica uma ovelha. Isto estabelece um acentuado contraste com os ritos do dia anterior, aos quais membros de ambos os sexos assistem; tais ritos são efetuados ao ar livre, junto às águas do Tano (de importância para todos os ashantis), não incluem sacrifício sangrento algum e exigem a exclusão do chefe. A *communitas* é a nota solene com a qual o ano velho termina; a estrutura, purificada pela *communitas* e nutrida pelo sangue do sacrifício, renasce no primeiro dia do ano-novo. Assim, aquilo que é, sob vários aspectos, um ritual de reversão parece ter o efeito não só de inverter temporariamente a "ordem do poleiro", mas segregar primordialmente o princípio da unidade grupal a partir dos princípios de hierarquia e segmentação, e em seguida indicar dramaticamente que a unidade de Tekiman – e, mais do que a de Tekiman, a do próprio estado dos ashantis – consiste numa unidade hierárquica e segmentada.

### Samhain, Dia de Finados e Dia de Todos os Santos

Como podemos notar, a acentuação dada aos poderes purificativos das pessoas estruturalmente inferiores e a conexão de tais poderes com a fecundidade e outros interesses e valores humanos universais precedem a acentuação da estrutura fixa e particular, no caso *Apo*. De modo semelhante, a festa *halloween* na cultura ocidental, com a importância dada aos poderes das crianças e dos espíritos da Terra, precede duas festas cristãs tradicionais que representam níveis estruturais da cosmologia cristã, isto é, o dia de Todos os Santos e o de Finados. Sobre o dia de Todos os Santos disse o teólogo francês M. Olier (apud ATTWATER, 1961): "É, sob certa forma, maior do que a Festa da Páscoa ou a da Ascensão, (pois) Cristo é completado nesse mistério, porque, como nossa Cabeça, Ele somente é perfeito e plenamente realizado quando se une a *todos* os seus membros, os santos (canonizados ou não, conhecidos e desconhecidos)".

Deparamos aqui, ainda uma vez, com a noção de uma síntese perfeita da *communitas* e da estrutura hierárquica. Não foram apenas Dante e Tomás de Aquino que retrataram o céu como uma estrutura hierárquica, com muitos níveis de santidade e ao mesmo tempo como uma unidade luminosa ou *communitas*, na qual nenhum santo menor sente inveja de um maior, nem o maior santo tem orgulho de sua posição. Igualdade e hierarquia são lá misteriosamente uma só coisa. O Dia de Finados, que vem a seguir, comemora as almas no purgatório, sublinhando simultaneamente sua posição hierárquica mais baixa do que a das almas no céu, e a ativa *communitas* dos vivos, que pede aos santos para intercederem por aqueles que sofrem a provação liminar no purgatório e pelos mortos já salvos, tanto no céu como no purgatório. Pareceria que, tal como na "liberdade de satirizar e nas reversões de *status* da cerimônia *Apo*, o rude poder que dá energia tanto à hierarquia virtuosa quanto à boa *communitas* dos santos e das almas do ciclo do calendário deriva de fontes pré-cristãs e autóctones, sendo-lhes dado frequentemente um *status* em nível da cristandade popular. Somente após o século VII é que o dia primeiro de novembro começou a ser observado como festa cristã, enquanto o Dia de Finados foi introduzido no rito romano só no século X. Em regiões célticas, alguns aspectos da festa pagã de inverno de Samhain (para nós, primeiro de novembro) ligavam-se a essas festas cristãs.

Samhain, que significa "fim do verão" de acordo com J.A. MacCulloch (1948), "naturalmente indica o fato de que os poderes das influências maléficas, simbolizados pelo inverno, começavam seu reinado. Mas poderia ter sido em parte um festival das colheitas, porquanto tinha conexões com as atividades pastoris, pois a morte e preservação de animais para alimentação durante o inverno estavam associadas à festa [...]. Acendia-se uma fogueira, que representava o sol, cujo poder estava agora declinando, e o fogo deveria revigorá-lo magicamente [...]. Nas casas os fogos eram apagados, prática ligada talvez à expulsão estacional dos infortúnios. Ramos lançados à fogueira eram levados para as casas a fim de acender novos fogos. Existem certos sinais de que um sacrifício, possivelmente humano, fosse realizado no Samhain, sendo a vítima carregada com os males da comunidade, como o bode expiatório dos hebreus" (p. 58-59).

Nesse ponto, também, pareceria que, como na cerimônia *Apo*, o Samhain representava uma expulsão estacional dos males e uma renovação de fertilidade, associadas a poderes cósmicos e crônicos. Nas crenças populares europeias, a meia-noite do dia 31 de outubro veio a associar-se com reuniões de poderes infernais de feitiçaria e do demônio, como na *Walpurgisnacht* e no *Halloween* quase fatal de Tam o' Shanter[1]. Posteriormente, uma estranha aliança formou-se entre os inocentes e os malvados, entre as crianças e as bruxas, que expurgam a comunidade mediante uma piedade fingida e o terror de artimanhas e regalos, e preparam o caminho para as festas, próprias da *communitas*, da torta de abóbora com o feitio do sol, pelo menos nos Estados Unidos. De qualquer modo, os dramaturgos e novelistas bem o sabem, um toque de pecado e de maldade parece ser a faísca necessária para acender os fogos da *communitas*, embora complicados mecanismos rituais tenham de ser postos em prática para transmutar esses fogos dos usos devoradores para os usos domésticos. Existe sempre uma *felix culpa* no coração de todo sistema religioso que esteja estreitamente ligado aos ciclos humanos estruturais de desenvolvimento.

---

1. Principal figura do poema de Robert Burns [N.T.].

## Os sexos, a reversão de *status* e a *communitas*

Há outros rituais de reversão de *status* que compreendem a supremacia das mulheres sobre a autoridade e as funções masculinas. Podem ser realizadas alterações em certos pontos nodais do calendário, como no caso da cerimônia zulu *Nomkubulwana*, analisada por Max Gluckman (1954), na qual "era atribuído às mulheres um papel dominante e aos homens um papel subordinado nos ritos executados em distritos locais da Zululândia, quando os cereais começavam a crescer" (p. 4-11). (Em várias sociedades dos bantos, do centro e do sul, encontram-se ritos semelhantes, nos quais as moças usam roupas de homens, pastoreiam e ordenham o gado.) Mais frequentemente executam-se rituais desse tipo quando uma grande área territorial de uma sociedade tribal é ameaçada por alguma calamidade natural, como uma praga de insetos, a fome ou a seca. O Dr. Peter Rigby (1968) publicou recentemente uma descrição detalhada de ritos femininos deste gênero entre os gogos da Tanzânia. Estes ritos foram cuidadosamente discutidos em outros trabalhos por autoridades como Eileen Krige, Gluckman e Junod. Assim, indicarei apenas que em todas as situações nas quais se verificam existe a crença de que os homens, alguns dos quais ocupando posições importantes na estrutura social, de algum modo incorreram no desagrado dos deuses ou dos ancestrais, ou, noutra interpretação, alteraram tanto o equilíbrio místico entre a sociedade e a natureza, que as perturbações da primeira provocaram anormalidades na última.

Resumindo, os superiores estruturais, por suas dissensões sobre interesses particulares ou setoriais, trouxeram a desgraça para a comunidade local. Compete então aos indivíduos estruturalmente inferiores (no exemplo zulu, às mulheres *jovens*, normalmente sob a *patria potestas* dos pais ou a *manus* dos maridos), representando a *communitas* ou a comunidade global que transcende todas as divisões internas – restabelecer as coisas em seu devido lugar. Para tal fim usurpam simbolicamente por um curto período de tempo as armas, as vestimentas, os atavios e o estilo de comportamento de superiores estruturais, isto é, os homens. Mas uma velha forma tem agora um novo conteúdo. A autoridade é agora exercida pela própria "communitas", mascarada de estrutura. A forma estrutural despoja-se dos atributos egoístas e se purifica pela associação com os valores da *communitas*. A unidade que fora quebrada pela discórdia egoísta e por ocultos maus sentimentos é restaurada por aqueles que são normalmente considerados estarem situados abaixo da batalha pelas posições jurídicas e políticas. Mas a palavra "abaixo" tem dois sentidos: não significa somente o que é estruturalmente inferior; significa também a base comum de toda vida social, a terra e seus frutos. Em outras palavras, o que é lei em determinada dimensão social pode ser fundamento em outra.

Talvez seja significativo que as jovens solteiras desempenhem com frequência o papel de principais protagonistas: é que elas ainda não se tornaram mães de filhos, cujas posições estruturais fornecerão, mais uma vez, as bases para a oposição e a competição. No entanto, inevitavelmente, a reversão é efêmera e transitória ("liminar", se quisermos), pois os dois modos de correlacionamento social estão neste caso culturalmente polarizados. As moças pastoreando o gado é um paradoxo na ordem da classificação, um desses paradoxos que só pode existir na liminaridade do ritual. A *communitas* não pode manejar recursos ou exercer controle social sem alterar sua própria natureza e deixar de ser *communitas*. Mas pode, mediante uma curta manifestação, "queimar" ou "lavar" – seja qual for a metáfora usada para indicar a purificação – os pecados e as rupturas acumuladas da estrutura.

### Reversão de *status* na "Festa do Amor" na aldeia indiana

Resumindo nossas descobertas até agora feitas sobre os rituais de reversão de *status*, podemos dizer o seguinte: o mascaramento dos fracos com um poder agressivo e o concomitante mascaramento dos fortes com humildade e passividade são estratagemas que purificam a sociedade de seus "pecados" produzidos estruturalmente, o que os *hippies* chamariam de "*hang-up*"[2]. Fica assim constituído o palco para uma experiência extática da *communitas*, seguida do sóbrio retorno a uma estrutura agora expurgada e reanimada. Uma das melhores descrições "por dentro" deste processo ritual encontra-se em um artigo escrito pelo sóbrio e desapaixonado analista da sociedade da aldeia indiana, Professor McKim Marriott (1966). Estuda o festival *Holi*, na aldeia de Kishan Garhi, "localizada do lado oposto do Juman, para quem vem de Mathura e Vrindaban, distante um dia de caminhada da terra lendária de Vraja do jovem Krishna. "Realmente, a divindade que preside os ritos é Krishna, e os ritos narrados a Marriott como "festas de amor" eram um festival da primavera, a "maior celebração religiosa do ano". Como um inexperiente pesquisador de campo, Marriott tinha sido mergulhado nos ritos no ano anterior; fora levado com engodos a beber uma mistura contendo maconha; foi untado com ocre e jovialmente espancado. No ano seguinte, refletiu sobre qual seria a função social desses turbulentos ritos, à maneira de Radcliffe-Brown:

> Passei agora um ano inteiro em minhas investigações, e o Festival do Amor se aproximava outra vez. Mais uma vez eu ficava apreensivo pela minha pessoa física, mas estava prevenido com o conhecimento da estrutura social que podia produzir uma melhor compreensão dos acontecimentos que iriam ocorrer. Desta vez, sem a dose de maconha, comecei a ver o pandemônio de Holi encaixando-se numa ordenação

---

2. Problema ou dificuldade, especialmente de natureza pessoal ou emocional e à primeira vista sem solução [N.T.].

social extraordinariamente regular. Era, porém, uma ordem exatamente inversa dos princípios rituais e sociais da vida rotineira. Cada ato tumultuoso no Holi implicava alguma regra ou fato positivos e opostos da organização social diária na aldeia.

Quem eram aqueles homens sorridentes, cujas canelas estavam sendo impiedosamente espancadas pelas mulheres? Eram os mais ricos fazendeiros brâmanes e *jāts* da aldeia, e as espancadoras eram as ardentes Rādhās locais, as "esposas da aldeia", representando ao mesmo tempo o sistema de parentesco real e o fictício existente entre as castas. A esposa de um "irmão mais velho" era devidamente a companheira de pilhérias de um homem, enquanto a esposa de um "irmão mais moço" era devidamente apartada dele por regras de extremo respeito, mas ambas estavam amalgamadas aqui com as substitutas da mãe de um homem, as esposas dos "irmãos mais moços de seu pai", numa trama revolucionária de "esposas" que cruzavam todas as linhas e laços menores. As mais intrépidas espancadoras desse batalhão disfarçado eram muitas vezes de fato as esposas dos lavradores, artesãos e criados, de baixa casta, dos fazendeiros – as concubinas e as ajudantes da cozinha das vítimas. "Vá fazer pão!", zombava insistentemente um fazendeiro instigando uma atacante. "Você quer um pouco do meu esperma?", gritava uma vítima lisonjeada, sofrendo a dor das pancadas, mas mantendo-se firme. Seis homens da casta dos brâmanes, com mais de cinquenta anos de idade, pilares da sociedade da aldeia, manquejavam apressadamente fugindo arquejantes do porrete brandido por uma jovem possante bhangin, encarregado de limpar-lhes as latrinas. Todas as moças da aldeia mantinham-se à parte dessa carnificina sofrida por seus irmãos de aldeia, mas estavam prontas a atacar qualquer marido em potencial que pudesse passar, vindo de outra aldeia, onde elas poderiam casar, a fim de atender a um convite para a festa.

Quem era aquele "rei do Holi", cavalgando de costas um jumento? Era um rapaz mais velho de alta casta, um valentão famoso, posto nessa posição por suas vítimas organizadas (mas parecendo deleitar-se com a notoriedade de sua desgraça).

Quem fazia parte daquele coro que cantava tão sensualmente na viela do oleiro? Não eram os companheiros de casta do morador, mas seis homens que se dedicavam à lavagem de roupa, um alfaiate e três brâmanes, que se reuniam somente nesse dia todos os anos, num conjunto musical idealista, imitando a amizade entre os deuses.

Quem eram aqueles indivíduos transfigurados em "vaqueiros" a jogar lama e pó sobre todos os cidadãos importantes? Eram os carregadores de água, dois jovens sacerdotes brâmanes e o filho de um barbeiro, ansiosos especialistas nas rotinas diárias de purificação.

De quem era o templo doméstico que foi todo enfeitado com ossos de cabra, por foliões desconhecidos? Era o templo da viúva brâmane, que importunara constantemente os vizinhos e os parentes com ações de demandas.

Em frente da casa de quem estava sendo cantada uma paródia de canção fúnebre por uma asceta profissional da aldeia? Era a casa de um agiota, cheio de vida, notório pelas cobranças pontuais e pelas insuficientes beneficências.

Quem era aquele que teve a cabeça carinhosamente besuntada não só com punhados dos sublimes pós-vermelhos, mas também com um galão de óleo diesel? Era o proprietário da aldeia, e foi seu sobrinho e principal rival que o untou, o chefe de polícia de Kishan Garhi.

Quem foi levado a dançar nas ruas, tocando flauta como o deus Krishna, com uma guirlanda de sapatos velhos em torno do pescoço? Fui eu, o antropólogo visitante, que tinha feito um número demasiado grande de perguntas, e sempre recebera respostas respeitosas.

Na verdade, aqui estavam as várias espécies de amor da aldeia, todas elas confundidas – a respeitosa consideração para com pais e patrões, a afeição idealizada para com irmãos, irmãs e camaradas, o anelo do homem pela união com o divino e a grosseira concupiscência dos parceiros sexuais –, tudo isto transbordando repentinamente de seus canais estreitos e habituais, por um aumento simultâneo de intensidade. O amor ilimitado e unilateral, de todos os tipos, inundava a comum compartimentação e indiferença entre castas e famílias separadas. A libido insubordinada alagava todas as hierarquias estabelecidas de idade, sexo, casta, riqueza e poder.

O significado social da doutrina de Krishna, em sua versão rural no norte da Índia, não é diverso de uma implicação social conservadora do Sermão da Montanha, feito por Jesus. O Sermão adverte severamente da destruição da ordem secular social, mas ao mesmo tempo adia-a para um futuro distante. Krishna não protela o ajuste de contas dos poderosos até o dia do juízo final, mas programa-o regularmente em forma de um baile de máscaras a ser efetuado na lua cheia de cada mês de março. O Holi de Krishna não é uma simples doutrina de amor, é, antes, o texto de um drama que deve ser representado por todos os devotos, apaixonada e alegremente.

O balanço dramático do Holi – a destruição e a renovação do mundo, a poluição seguida pela purificação do mundo – não ocorre só no nível abstrato dos princípios estruturais, mas também na pessoa de cada participante. Sob a tutela de Krishna, cada pessoa representa e, por um momento, experimenta o papel de seu oposto; a esposa servil atua como o marido dominador, e vice-versa; o raptor passa a representar o papel da raptada; o criado age como patrão; o inimigo desempenha o papel de amigo; os jovens censurados agem como os dirigentes da república. O antropólogo observador, que indaga e reflete sobre as forças que movimentam os homens em suas órbitas, vê-se compelido a representar

> o papel de matuto ignorante. Cada ator jocosamente assume o papel de outros com relação à sua própria personalidade habitual. Cada um pode, assim, aprender a desempenhar de novo seus próprios papéis rotineiros, certamente com renovada compreensão, possivelmente com maior benevolência, talvez, com amor recíproco (p. 210-212).

Tenho um ou dois pequenos reparos a fazer ao relato de Marriott, aliás admirável e empático. Não é o impulso biológico da "libido" que "inunda todas as hierarquias estabelecidas: de idade, sexo, casta, riqueza ou poder", mas a experiência liberada da *communitas*, que, como Blake poderia ter dito, é "algo intelectual" – isto é, implica o conhecimento total da totalidade humana do outro. A *communitas* não é meramente instintiva; inclui a consciência e a volição. A reversão de *status* no festival Holi liberta o homem (e a mulher) do *status* que ocupa. Em certas condições, isto pode ser uma experiência "extática", no sentido etimológico de o indivíduo "estar fora" de seu *status* estrutural. "Êxtase" = "existência". Além disso, eu não derivaria inteiramente o "amor recíproco", como foi interpretado por Marriott, do fato de o ator tomar o papel de um outro. Ao contrário, eu consideraria essa imitação na execução de um papel meramente como um artifício para destruir *todos* os papéis e preparar terreno para a emergência da *communitas*. No entanto, Marriott descreveu bem e apreendeu as características distintivas de um ritual de reversão de posições: a supremacia ritual dos inferiores estruturais, sua linguagem indelicada e ações rudes; a humildade simbólica e a verdadeira humilhação dos indivíduos de *status* superior; a maneira pela qual os que estão situados estruturalmente "abaixo" representa uma *communitas* que transborda os limites estruturais, começando com a força e terminando com amor; e finalmente a acentuação, não a destruição, do princípio de hierarquia (isto é, de organização escalonada), individualmente purificado – embora paradoxalmente pela violação de muitas regras hindus de profanação mediante a reversão, processo graças ao qual *permanece* sendo a vértebra estrutural da vida da aldeia.

## As religiões de humildade e de reversão de *status*

Examinamos até aqui os ritos liminares em sistemas religiosos pertencentes a sociedades altamente estruturadas, cíclicas e caracterizadas pela repetição. Gostaria de prosseguir tentando indicar que é possível encontrar uma distinção semelhante à que estabelecemos entre a liminaridade dos ritos de elevação de *status* e a liminaridade dos ritos de reversão, pelo menos nos estágios iniciais, em religiões de âmbito mais vasto do que o tribal, especialmente durante os períodos de rápida e inédita mudança social, as quais por si mesmas têm atributos liminares. Em outras palavras, algumas religiões assemelham-se à liminaridade da elevação de *status*: encarecem a humildade, a paciência e a falta de importância das distinções de situação, propriedade, idade, sexo e outras diferenças naturais e culturais. Além disso, acentuam a união mística, numinosidade e a *communitas* indiferenciada. Tal se dá porque muitas delas consideram que esta vida representa uma fase liminar, sendo os ritos funerários a preparação para o reagrupamento dos iniciantes a um nível mais alto, ou a um plano mais elevado de existência, como o céu ou o nirvana. Outros movimentos religiosos, pelo contrário, revelam muitos dos atributos dos rituais rústicos e tribais de reversão de *status*. A liminaridade da reversão não tem tanto por efeito eliminar quanto sublinhar as distinções estruturais, chegando até ao ponto (em geral inconsciente) de caricaturar. Igualmente, essas religiões distinguem-se pela acentuação dada à diferenciação funcional na esfera religiosa, e a reversão religiosa do *status* secular.

## A reversão de *status* no separatismo sul-africano

Um exemplo bastante claro de uma religião de reversão de *status* pode ser encontrado no estudo de Sundkler sobre o separatismo banto na África do Sul (1961). Como é sabido, existem atualmente acima de mil igrejas e seitas africanas organizadas, mais ou menos pequenas, na África do Sul, que romperam com as igrejas missionárias dos brancos ou que resultaram do rompimento de umas com as outras. Sundkler, que estudou as igrejas independentes africanas na Zululândia, diz o seguinte sobre "a cor como uma barreira de reversão para o céu":

> Em um país onde alguns brancos irresponsáveis dizem aos africanos que Jesus existe só para os homens brancos, os africanos vingam-se projetando a barreira da cor diretamente para o céu: O complexo da cor pintou seu céu de preto, e o Cristo negro tem de tratar disto. Shembe [um famoso profeta zulu], às portas do céu, manda embora os brancos, porque eles, como o homem rico, já receberam as coisas boas durante a vida na terra, e abre as portas apenas a seus fiéis seguidores. O destino dos africanos que pertenceram a igrejas missionárias dos brancos é lamentável: "Uma raça não pode entrar pelas portas de outra raça"; quando chegam às portas dos brancos, são mandados de volta [...]. O complexo da cor põe a seu serviço as parábolas de Jesus. Eis aqui uma à qual ouvi referências em algumas igrejas sionistas: "Havia dez virgens. Cinco dentre elas eram brancas e cinco eram negras. As cinco brancas eram insensatas, mas as cinco negras eram sábias, tinham óleo nas lâmpadas. As dez chegaram às portas do céu. Mas as cinco virgens brancas receberam a mesma resposta que o homem rico recebeu. E porque os brancos dominam na terra, os negros dominam no céu. Os brancos seguirão implorando mergulhar as pontas dos dedos na água fria. Mas obterão como resposta: "Hhayyi (não) – ninguém pode dominar duas vezes" (p. 290).

Deve notar-se no presente caso que a reversão de *status* não faz parte de um sistema total de ritos, cujo efeito final seja promover a reconciliação entre os diferentes estratos da hierarquia estrutural. Não estamos lidando com um sistema social integrado, no qual a estrutura é penetrada pela *communitas*. Por isso, vemos apenas acentuado o aspecto da reversão, com a esperança de que esse será o estado último do homem. Não obstante, o exemplo é instrutivo pelo fato de indicar que as religiões que dão importância à hierarquia, direta ou invertida, como atributo geral da vida religiosa, geram-se nas camadas estruturalmente inferiores, num sistema sociopolítico que se baseia tanto na força como no consenso. Seria conveniente também que se salientasse neste ponto que muitas dessas seitas sul-africanas, por pequenas que sejam, elaboraram hierarquias sacerdotais, e que com frequência as mulheres ocupam importantes papéis rituais.

## As pseudo-hierarquias no milenarianismo da Melanésia

Apesar de a literatura sobre os movimentos religiosos e semirreligiosos não apoiar completamente o ponto de vista que venho defendendo, persistindo muitos problemas e dificuldades, há todavia fortes indícios de que as formas religiosas que podem ser claramente atribuídas às atividades inventivas de grupos ou categorias estruturalmente inferiores em pouco tempo assumam muitas das características externas das hierarquias. Tais hierarquias podem simplesmente inverter um escalonamento secular, ou substituir inteiramente o arcabouço secular, quer na estrutura eclesiástica do movimento quer em suas crenças escatológicas. Bom exemplo de um movimento que tentou copiar na forma de sua organização a estrutura social europeia pode ser encontrado em *Road Belong Cargo* (1964), de Peter Lawrence. Eis o que se encontra no programa de Yali, um dos profetas madang da Melanésia:

> O povo devia renunciar a viver em vilarejos e reunir-se em grandes "acampamentos", que teriam as casas construídas ao longo de ruas enfeitadas de flores e de arbustos. Cada "acampamento" devia ter uma nova "Casa de Repouso", que já não seria chamada *haus kiap*, mas *naus yali*. Seria utilizada por Yali quando visitasse o povo na qualidade de Oficial de Administração. Cada "acampamento" deveria ter latrinas adequadas, e novas estradas seriam abertas por toda a área [...]. Os velhos chefes deveriam ficar sob a direção de "patrõezinhos", os quais supervisionariam o trabalho de reconstrução e fiscalizariam a execução das ordens de Yali. A monogamia seria imposta, as segundas esposas se divorciariam e se casariam com os homens solteiros (p. 160).

Outros aspectos de limitação da estrutura administrativa e da cultura material e religiosa europeia foram introduzidas neste "culto importado como carga". Muitos outros cultos importados têm características semelhantes de organização e, em acréscimo, mantêm a crença de que os europeus serão expulsos ou destruídos, e seus próprios ancestrais e profetas vivos os governarão dentro de uma estrutura pseudoburocrática. Não se pode garantir, porém, que a relação liminar religiosa de pseudo-hierarquias seja unicamente consequência da inferioridade estrutural. Estou convencido que o fator reversão de *status* sociais se correlaciona com a permanente inferioridade estrutural. Mas pode bem acontecer que hierarquias cerimoniais ou rituais complicadamente escalonadas representem a liminaridade de grupos seculares igualitários, independentemente da categoria desses grupos na sociedade mais vasta. Podemos citar os maçons, os rosa-cruzes, a máfia siciliana e outras espécies de sociedades e irmandades secretas que possuem um cerimonial e um ritual complicado, geralmente com forte tonalidade religiosa. Os membros desses grupos, com frequência, provêm de comunidades sociopolíticas formadas de pessoas de categoria semelhante, com valores igualitários comuns e em nível similar de consumo econômico.

É verdade que também nesses casos há um aspecto de reversão, pois a igualdade profana entra em contradição com a hierarquia liminar, mas isto não é tanto uma reversão de ordem das categorias dentro de um sistema estrutural particular quanto a substituição de um tipo de sistema (um sistema hierárquico) por outro (um sistema igualitário). Em alguns casos, como acontece com a máfia, a Ku Klux Klan e algumas sociedades secretas chinesas, a hierarquia liminar adquire valores e funções políticas instrumentais, e perde a qualidade fantasista de "representação teatral". Quando isto acontece, o caráter dirigido e intencional de ação política ou quase militar poderá encontrar a forma hierárquica adequada a suas necessidades de organização. Eis por que se torna tão importante, quando estudamos grupos como os maçons e os bandos de motociclistas "Anjos do Inferno", da Califórnia, e os comparamos uns com os outros, especificar que fase alcançaram em seu ciclo de desenvolvimento e em que condições de ambiente social eles geralmente existem.

## Alguns exemplos modernos de reversão e de pseudo-hierarquia

Poder-se-ia objetar que nesses movimentos liminares se cria necessariamente a organização hierárquica, à medida que o número de membros aumenta. Contudo, vários exemplos demonstram que esses movimentos possuem uma multiplicidade de funções, mas pequeno número de membros. Por exemplo, Allan C. Speirs, da Universidade de Cornell (tese inédita, 1966), descrevendo a comunidade dos aaronitas de Utah, seita separatista mórmon contando com pouco mais de duzentos membros, mostra como no entanto possuem "uma complicada estrutura hierárquica, um tanto semelhante à do mormonismo [...] tendo posições como primeiro sumo sacerdote, segundo sumo sacerdote, presidente, primeiro vice-presidente, segundo vice-presidente, sacerdotes das secções, bispos dos concílios, mestres e diáconos" (p. 22). Uma outra espécie diferente de grupo, estudada em vários artigos publicados e em manuscritos não publicados de autoria de

Lincoln Keiser, da Universidade de Rochester, são os vice-lordes conservadores um bando, "clube" ou "nação" de jovens negros adolescentes de Chicago. O autor generosamente permitiu-me ter acesso à pitoresca autobiografia de "Teddy", um dos líderes dos vice-lordes. Estes têm uma grande quantidade de atividades cerimoniais, como a "Cerimônia do Vinho", em lembrança de seus mortos e pelos que estão nas penitenciárias. Nessas e noutras ocasiões usam capas pretas e vermelhas, como vestimentas cerimoniais.

O que é particularmente surpreendente nos vice-lordes e outros bandos, como os Cobras Egípcias e os Capelães Imperiais, é a natureza complexa e hierárquica de sua organização. Por exemplo, os vice-lordes dividem-se em "velhos", "moços" e "pirralhos", dependendo do tempo de incorporação, e em ramos territoriais, cuja soma constitui a "Nação Vice-Lorde". "Teddy" descreve da seguinte maneira a estrutura da organização do ramo de Santo Tomás: "Todos, no grupo de Santo Tomás, quando começaram, tinham um tipo de posição. Os oficiais eram presidente, vice-presidente, secretário-tesoureiro, supremo conselheiro da guerra, conselheiro da guerra, e também tinham bedéis" (p. 17). Em geral, o comportamento dos membros do bando era mais ou menos ocasional e igualitário, quando não estavam brigando entre si pelo domínio do território. Mas sua estrutura nas situações formais e de cerimônia constituía o oposto da igualitária. Havia uma ordem estrita de censura, e os ramos que procuravam tornar-se independentes do "clube" original eram prontamente postos na linha.

Outro exemplo contemporâneo da tendência, demonstrada, por categorias estruturalmente inferiores para possuir liminaridade hierárquica, é dado pelos jovens motociclistas da Califórnia, conhecidos como os "Anjos do Inferno". Hunter S. Thompson (1966) julga que a maioria de seus membros são filhos de pessoas que chegaram à Califórnia antes da Segunda Guerra Mundial, montanheses do sul dos Estados Unidos, trabalhadores agrícolas itinerantes de Oklahoma, do Arizona e habitantes das montanhas Appalaches (p. 202). Atualmente, os homens são "estivadores, empregados de armazéns, choféres de caminhões, mecânicos, caixeiros e trabalhadores ocasionais em qualquer tipo de trabalho que pague e não requeira dedicação. Talvez um em dez tenha emprego fixo e salário digno" (p. 73-74). Chamam-se a si mesmos os 1%, "o 1% que não se ajusta e não liga" (p. 13). Referem-se aos membros do mundo "direito" como "cidadãos", o que implica que eles não são. Eles fizeram a opção de situar-se fora do sistema estrutural. No entanto, como os vice-lordes negros, constituem uma organização formal, com cerimônias complexas de iniciação e graus de confraria simbolizados por emblemas. Têm um conjunto de estatutos, um comitê executivo formado por presidente, vice-presidente, secretário, tesoureiro, bedéis, e reuniões formais todas as semanas.

Entre os "Anjos do Inferno" encontramos uma réplica da estrutura da organização associativa secular, mais do que uma reversão de *status*. Entretanto, existem elementos de reversão de *status* em suas cerimônias de iniciação, durante as quais os Anjos novatos devem trazer para o ritual calças e jaquetas novas e limpas, com a única finalidade de mergulhá-las em excrementos, urina e óleo. Sua condição de sujos e de maltrapilhos, "amadurecida" até ao ponto da desintegração, é um sinal de *status*, que inverte o padrão "asseado e limpo" dos "cidadãos", aprisionados pelo *status* e pela estrutura. Mas, apesar das pseudo-hierarquias, tanto os vice-lordes quanto os Anjos sublinham os valores da *communitas*. O Vice-lorde "Teddy", por exemplo, disse a respeito do público em geral: "E então eles logo disseram que tínhamos uma organização. Mas tudo o que pensamos é que somos apenas camaradas" (KEISER, 1966). Thompson também insiste com frequência no caráter da "unidade grupal" dos "Anjos do Inferno". Assim, a pseudoestrutura não parece ser incomparável com a real *communitas*. Esses grupos brincam de estrutura e não se empenham seriamente na estrutura socioeconômica. Sua estrutura é principalmente "expressiva", embora tenha aspectos instrumentais. Mas as estruturas expressivas desse tipo podem, em certas circunstâncias, converter-se em estruturas pragmáticas, como no caso das sociedades secretas chinesas, tal a sociedade Tríade estudada no livro *The Hung League* (1866), de Gustave Schlegel. Igualmente, a estrutura cerimonial da sociedade Povo da Serra Leoa foi utilizada como base de uma organização politicamente rebelde na insurreição dos mendes, em 1898 (LITTLE, 1965, passim).

## As religiões de humildade fundadas por personalidades com alto *status*

Existem muitos exemplos de religiões e de movimentos ideológicos e éticos que foram fundados por pessoas de alto *status* estrutural, ou, quando não, pelo menos solidamente respeitável. De maneira bastante significativa, os ensinamentos básicos desses fundadores estão cheios de referências ao despojamento das distinções mundanas, à renúncia à propriedade, ao *status* etc., e muitos deles acentuam a identidade "espiritual" e "substancial" do homem e da mulher. Nesses e em vários outros aspectos a condição religiosa liminar que eles procuram realizar, em virtude da qual seus adeptos são apartados do mundo, tem pronunciadas afinidades com a que encontramos na liminaridade da reclusão nos ritos tribais de crises da vida e, na verdade, em outros rituais de ascensão de posição social. A degradação e a humildade não são consideradas a finalidade última dessas religiões, mas simplesmente atributos da fase liminar pela qual os crentes devem passar na sua caminhada para os estados absolutos e finais do céu, do nirvana ou da utopia. Trata-se de um caso de *recouler pour trúieux sauter*. Quando as religiões desse tipo se tornam populares e abrangem as massas estruturalmente inferiores, acontece frequentemente um significativo desligamento na direção da organização hierárquica. Em certo sentido, essas hierarquias são "invertidas" – pelo menos nos termos do sistema de crenças predominante –, pois o líder ou líderes são representados, tal é o caso do papa, como "servo dos servos de Deus", e não como tiranos ou déspotas: O *status* é adquirido mediante o despojamento da autoridade mundana possuída pela pessoa incumbida de um cargo, a qual se reveste de brandura, humildade e desvelo responsável para com os membros da religião e até mesmo com relação a todos os homens. Entretanto, tal como acontece com as seitas separatistas sul-africanas, os cultos importados da Melanésia, a Ordem de Aarão, os bandos de negros adolescentes e os "Anjos do Inferno", a expansão popular de uma religião ou de um grupo cerimonial leva-o com frequência a tornar-se hierárquico. Em primeiro lugar, há o problema de organizar grande número de pessoas. Em segundo lugar – e isto pode ser visto em pequenas seitas com hierarquias complexas – a liminaridade dos pobres e dos fracos assume a exterioridade da estrutura secular e se mascara de poder de parentesco, conforme pudemos notar anteriormente, ao estudar os disfarces animais e monstruosos.

## Buda

Como exemplos de fundadores religiosos estruturalmente superiores ou bem-estabelecidos, que pregaram os valores da humildade e da *communitas*, poder-se-ia citar Buda, São Francisco, Tolstoi e Gandhi. O caso de Jesus é menos nítido: enquanto Mateus e Lucas traçam a genealogia de seu pai José até o Rei Davi, embora a importância e a posição social de um carpinteiro sejam elevadas em muitas sociedades rústicas, Jesus é habitualmente tido como "um homem do povo". Conta-se que o pai de Buda era um importante chefe da tribo dos *sakiyas*, e sua mãe Maha Maya era filha de um rei vizinho numa região ao sudeste do Himalaia. De acordo com o relato admitido, Siddhārta, nome pelo qual era o príncipe conhecido, viveu uma vida abrigada durante vinte e nove anos atrás das paredes protetoras do palácio real, à espera de suceder ao pai. Em seguida, encontramos a célebre narrativa de suas três aventuras no mundo além dos portões do palácio, com o cocheiro Channa, durante as quais deparou sucessivamente com um velho consumido pelo trabalho, um leproso e um cadáver em decomposição, e viu pela primeira vez a sina dos indivíduos estruturalmente inferiores. Após sua primeira experiência com a morte, quando voltou ao palácio ouviu o som de música celebrando a chegada de seu primogênito e herdeiro, segurança da continuidade estrutural da linhagem. Longe de ficar satisfeito, sentiu-se perturbado por esta nova obrigação no domínio da autoridade e do poder. Juntamente com Channa ele saiu às escondidas do palácio e vagueou por muitos anos entre o povo comum da Índia, aprendendo muito sobre a realidade do sistema de castas. Durante algum tempo tornou-se um severo asceta, com cinco discípulos. Mas esta modalidade de estrutura também não o satisfez. Quando começou sua célebre meditação de quarenta dias sob a árvore Bo, já havia modificado consideravelmente os rigores da vida religiosa. Tendo alcançado a iluminação, passou os últimos quarenta e cinco anos de vida ensinando aquilo que era realmente uma simples lição de submissão e de humildade, pregada a todas as pessoas, sem distinção de raça, classe, sexo ou idade. Não pregou sua doutrina para benefício de uma única classe ou casta, e mesmo o mais baixo dos párias poderia considerar-se seu discípulo, conforme às vezes aconteceu.

Em Buda, temos um caso clássico de um fundador religioso "estruturalmente" bem-dotado que sofreu a iniciação na *communitas* mediante o despojamento, o nivelamento e a aceitação do comportamento dos fracos e dos pobres. Na própria Índia podem ser citados muitos exemplos mais de superiores na ordem da estrutura que renunciaram à riqueza e à posição e pregaram a pobreza santa, como Caitanya (cf. o capítulo 4), Mahavira, o fundador do jainismo, contemporâneo mais velho de Buda, e Nanak, o fundador do siquismo.

## *Gandhi*

Na época atual tivemos o comovente espetáculo da vida e do martírio de Mohandas Karamchand Gandhi, que foi tanto um líder religioso quanto um líder político. Com os demais já mencionados, Gandhi provinha de um setor respeitável da hierarquia social. Ele próprio menciona em sua autobiografia (1948): "Os Gandhis [...] por três gerações desde meu avô [...] têm sido primeiros-ministros em diversos Estados Kathiawad" (p. 11). Seu pai Kaba Gandhi foi, durante algum tempo, primeiro-ministro em Rajkot e, em seguida, em Vankaner. Gandhi estudou Direito em Londres e depois foi para a África do Sul exercer a profissão. Mas bem cedo renunciou à riqueza e à posição para liderar os indianos da África do Sul na luta pela obtenção de mais justiça, transformando a doutrina da não violência e da "força da verdade" num poderoso instrumento econômico e político.

A carreira posterior de Gandhi como principal líder do movimento pela independência nacional da Índia é bem conhecido de todos. Aqui gostaria apenas de citar alguns pensamentos retirados de sua autobiografia (1948) sobre as virtudes do despojamento da propriedade e da decisão do indivíduo tornar-se igual a todos. Gandhi foi sempre devotado ao grande guia espiritual do hinduísmo, o *Bhagavad Gita*, e em suas crises espirituais costumava recorrer a "este dicionário de conduta" à procura de soluções para as dificuldades interiores.

> Palavras como *aparigraha* (ausência de propriedade) e *sambhava* (equanimidade) me atormentavam. Como preservar e cultivar a equanimidade, eis a questão. Como se poderia tratar da mesma maneira oficiais insultadores, insolentes e corruptos, colaboradores de ontem promovendo uma oposição sem sentido, e homens que sempre tinham sido bons? Como poderia alguém despojar-se de todas as posses? Não seria o próprio corpo uma posse suficiente? Não seriam posses a esposa e os filhos? Deveria eu destruir todas as estantes de livros que possuía?

> Deveria renunciar a tudo o que possuía e segui-lo? Imediata veio a resposta: não poderia segui-lo a não ser que renunciasse a tudo o que eu tinha (p. 323).

Finalmente, e em parte devido ao estudo da lei inglesa (principalmente as análises de Snell sobre as máximas da equidade), Gandhi chegou a compreender que o ensinamento mais profundo da não possessão significava que todos quantos desejavam a salvação "deveriam agir como um depositário de bens, o qual, mesmo dirigindo grandes riquezas, não considera como sua nem a parcela mais ínfima delas" (p. 324). Foi assim, embora por um caminho diferente, que Gandhi chegou à mesma conclusão da Igreja Católica no exame do problema da pobreza franciscana: foi feita uma distinção jurídica entre *dominium* (posse) e *usus* (administração). Gandhi, fiel à sua nova convicção, deixou que sua apólice de seguro caducasse, desde o momento em que se certificou de que "Deus, que criou minha mulher e meus filhos, assim como eu próprio, tomaria conta deles" (p. 324).

## Os líderes cristãos

Na tradição cristã também houve inumeráveis fundadores de ordens e seitas religiosas originárias da metade superior do cone social e no entanto pregavam o estilo de liminaridade das crises da vida como a via de salvação. Numa lista mínima, poder-se-ia citar os santos Bento, Francisco, Domingos, Clara e Teresa de Ávila, na esfera católica; os wesleys, com a sua "vida modesta e pensamento elevado"; George Fox, fundador dos quakers, e (para citar um exemplo norte-americano) Alexandre Campbell, líder dos Discípulos de Cristo, que procurou restaurar a primitiva cristandade e, em especial, as primitivas condições da fraternidade cristã, na esfera protestante. Esses líderes protestantes procediam de sólidas origens de classe média; apesar disto, procuraram desenvolver em seus adeptos um estilo de vida simples, despretensioso, sem distinção de posições sociais mundanas. O fato desses movimentos posteriormente terem sucumbido ao "mundo" – e na realidade, conforme demonstra Weber, terem nele prosperado – de nenhum modo lhes impugna as intenções originais. Efetivamente, segundo vimos, o curso regular de tais movimentos consiste em reduzir a *communitas* de um estado a uma fase entre exercícios de posições, numa estrutura sempre em desenvolvimento.

### *Tolstoi*

Gandhi foi fortemente influenciado não só por alguns aspectos do hinduísmo, mas também pelas palavras e pela obra do grande anarquista e romancista cristão Leão Tolstoi. *"The Kingdon of God is Within You"* escreveu Gandhi (1948), "dominou-me, deixando uma impressão duradoura em mim" (p. 172). Tolstoi, que era um nobre rico e um famoso romancista, atravessou uma crise religiosa quando tinha cerca de cinquenta anos. Durante esta crise chegou mesmo a considerar o suicídio uma fuga da falta de sentido e da superficialidade da vida entre a classe alta, os intelectuais e os estetas. Foi levado então a pensar que,

> a fim de compreender a vida, preciso compreender não uma vida excepcional como a nossa, que somos parasitas na vida, mas a vida do povo simples e trabalhador – aqueles que fazem a vida – e o significado que eles lhe atribuem. O povo trabalhador mais simples ao redor de mim era o povo russo, e eu me voltei para ele e para o significado que davam à vida. Este significado, se é possível traduzi-lo em palavras, é o seguinte: Todo homem veio a este mundo pela vontade de Deus. E Deus fez o homem de tal maneira que todo homem pode destruir sua alma ou salvá-la. A finalidade do homem na vida é salvar a alma, e para salvar a alma deve viver "religiosamente" e para viver "religiosamente" deve renunciar a todos os prazeres da vida, trabalhar, humilhar-se, sofrer e ser compassivo (1940: 67).

Como todos sabem, Tolstoi fez ingentes esforços para reproduzir suas crenças em sua vida, e viveu como um camponês até o fim de seus dias.

### Alguns problemas de elevação e de reversão

Já foi dito o bastante para sublinhar, por um lado, a afinidade existente entre a liminaridade dos rituais de elevação de *status* e os ensinamentos religiosos dos profetas, santos e mestres estruturalmente superiores, e por outro lado a afinidade existente entre a liminaridade dos rituais de reversão de *status*, tanto os determinados pelo calendário quanto os ligados a crises naturais, e as crenças e práticas religiosas de movimentos dominados pelos indivíduos estruturalmente inferiores. Sem rebuços, podemos dizer que a liminaridade dos fortes é a fraqueza, e a dos fracos é a força. Ou, ainda, a liminaridade dos ricos e da nobreza é a pobreza e o pauperismo, a da pobreza é a ostentação e a pseudo-hierarquia. Evidentemente há aqui muitos problemas a serem considerados. Por que será, por exemplo, que, por intervalos durante a ocupação de suas posições e situações socioeconômicas culturalmente definidas, os homens, as mulheres e as crianças devem, em alguns casos, ser obrigados, e em outros casos escolher, agir e sentir de modo oposto ou diferente dos seus comportamentos padronizados? Sofreriam eles todas estas penitências e reversões apenas por tédio, como uma variegada alteração das rotinas diárias, ou o fazem em resposta a impulsos sexuais reprimidos ou agressivos ressurgentes, ou ainda para satisfazer certas necessidades cognoscitivas de discriminação binária, ou enfim por algum outro conjunto de razões?

Como todos os rituais, os de humildade e os de hierarquia são imensamente complexos e repercutem em muitas dimensões. Contudo, talvez um importante indício para compreendê-los se encontre na distinção, anteriormente feita entre as duas modalidades de correlação social, denominadas *communitas* e estrutura. Aqueles que sentem o peso dos cargos, que por nascimento ou por conquista vieram a ocupar posições de mando na estrutura, podem achar que os rituais e as crenças religiosas que insistem no despojamento ou na dissolução dos laços e obrigações estruturais constituem o que muitas religiões chamam "libertação". Pode acontecer que tal libertação seja contrabalançada por provocações, penitências e outros sofrimentos. No entanto, tais ônus físicos podem ser preferíveis aos ônus mentais de dar e de receber ordens, e de ter de agir sempre sob a máscara de uma função ou de uma posição social. Por outro lado, essa liminaridade pode também, quando aparece nos *rites de passage*, humilhar o neófito exatamente porque ele será exaltado, na ordem da estrutura, ao final dos ritos. As provações e as penitências podem, portanto, servir a funções antitéticas, ou punindo o neófito pelo regozijo com a liberdade liminar ou temperando-o para as incumbências de um cargo ainda mais alto, que confere maiores privilégios, mas também obrigações mais severas. Tal ambiguidade não deve agora surpreender-nos, porque é uma propriedade de todos os processos e instituições predominantemente liminares. Mas, enquanto os indivíduos estruturalmente bem-dotados buscam a libertação, os inferiores na estrutura podem procurar, em sua liminaridade, um envolvimento mais profundo numa estrutura que, mesmo sendo apenas fantástica e fictícia, lhes possibilita, entretanto, experimentar, por um breve período de tempo legitimada, uma espécie diferente de "libertação" de um diferente tipo de destino. Podem agora passar por senhores, "pavonear-se e encarar os outros de face, além do mais". Muito frequentemente o alvo de seus golpes e descomposturas são as próprias pessoas a quem devem normalmente deferência e obediência.

Esses dois tipos de rituais reforçam a estrutura. No primeiro caso, o sistema de posições sociais não é contestado. Os hiatos entre as posições, os interstícios são necessários à estrutura. Se não houvesse intervalos não existiria estrutura, sendo precisamente os hiatos que se reafirmam nesse tipo de liminaridade. A estrutura da equação inteira depende dos sinais positivos e dos negativos. Assim, a humildade reforça um orgulho legítimo da posição, a pobreza afirma a riqueza e a paciência mantém a virilidade e a saúde. Vimos, por outro lado, como a reversão das posições sociais não significa "anomia", mas simplesmente uma nova perspectiva a partir da qual se pode observar a estrutura. A desordem da reversão pode mesmo dar uma cômica vivacidade a este ponto de vista ritual. Se a liminaridade dos ritos de crises da vida pode ser, talvez audaciosamente, comparada à tragédia – pois ambas encerram situações de humilhação, despojamento e dor –, a liminaridade de reversão de posições pode ser comparada à comédia, porquanto ambas implicam zombaria e inversão, mas não destruição das regras estruturais dos fervorosos adeptos delas. Além disso, poderíamos considerar a psicopatologia desses tipos rituais, a qual conteria, no primeiro caso, um conjunto masoquista de atitudes para os neófitos, e no segundo um componente sádico.

Quanto à conexão com a *communitas*, existem pessoas que, no exercício da autoridade diária ou como representante dos principais agrupamentos estruturais têm poucas oportunidades de lidar com os companheiros como indivíduos concretos e como iguais. Talvez na liminaridade das crises da vida e nas mudanças de posição social encontrem oportunidade de despojar-se de todos os sinais externos e sentimentos internos de distinção de situação social e fundir-se com as massas, ou mesmo ser, pelo menos simbolicamente, considerados como servos das massas. Quanto aos que se encontram normalmente no fundo da organização social em que a posição é determinada pela consciência da categoria da renda etc., e que experimentam a camaradagem e a igualdade dos subordinados reunidos, a liminaridade de reversão das posições pode oferecer-lhe uma oportunidade de escaparem da *communitas* da necessidade (que é por conseguinte inautêntica), entrando numa pseudoestrutura, onde todas as extravagâncias de comportamento são possíveis. Contudo, curiosamente esses falsos portadores da *communitas* são capazes, por meio de pilhérias e da zombaria, de infundir a *communitas* na sociedade inteira. Pois também aqui não há somente reversão, mas nivelamento, uma vez que o ocupante de cada posição social com excesso de direitos é intimidado por outro indivíduo com deficiência de direitos. Chega-se a uma espécie de termo médio social, ou algo como o ponto-morto na caixa de mudança, a partir do qual é possível tomar diferentes direções, em diferentes velocidades, numa nova partida de movimento.

Ambos os tipos de ritos que consideramos parecem estar ligados a sistemas cíclicos repetidos de relações sociais múltiplas. Afigura-se-nos haver aqui uma íntima relação entre uma estrutura institucionalizada e com lenta variação e um modo particular de *communitas*, que tende a ser localizado nesse tipo determinado de estrutura. Sem dúvida, nas grandes e complexas sociedades com alto grau de especialização e de divisão de trabalho, com muitos elos associativos dos interesses individuais e geral enfraquecimento dos estreitos laços entre grupos, a situação provavelmente será muito diferente. Num esforço para sentir a *communitas*, os indivíduos procurarão tornar-se membros de pretensos movimentos ideológicos universais, cuja divisa bem poderia ser a frase de Tom Paine: "o mundo é a minha aldeia". Ou então irão coincidir com os pequenos grupos de "marginalizados", como as comunidades dos *hippies* ou dos *diggers*, de São Francisco e de Nova York, onde "a aldeia [de Greenwich ou que outro nome tenha] é o meu mundo". A dificuldade que esses grupos até agora não conseguiram resolver é que a *communitas* tribal representa o complemento e o reverso da estrutura tribal, e, ao contrário dos utopistas do Novo Mundo, dos séculos XVIII e XIX, não criaram ainda uma estrutura capaz de manter a ordem social e econômica por longos períodos de tempo. A flexibilidade e a mobilidade das relações sociais nas modernas sociedades industriais, entretanto, poderão oferecer melhores condições para o surgimento da *communitas* existencial, quanto mais não seja, somente em encontros transitórios e inumeráveis, do que qualquer forma anterior de ordem social. É provável que seja isto que Walt Whitman quis dizer, quando escreveu:

> Eu canto um alguém, uma simples pessoa separada.
>
> No entanto, pronuncio a palavra Democrático, a palavra En-masse.

Um comentário final: a sociedade (*societas*) parece ser mais um processo do que uma coisa, um processo dialético com sucessivas fases de estrutura e de *communitas*. Pareceria haver – se é lícito empregar um termo tão controvertido – uma "necessidade" humana de participar de ambas as modalidades. As pessoas famintas de uma delas em suas atividades funcionais diárias procuram-na na liminaridade ritual. Os indivíduos estruturalmente inferiores aspiram à superioridade simbólica estrutural no ritual; os estruturalmente superiores aspiram à *communitas* simbólica e submetem-se a penitências para conquistá-la.

# Referências

APTHORPE, R. (1961). "Introduction to C.M.N. White". *Elements in Luvale beliefs and rituais*. Manchester: Manchester University Press [Rhodes-Livingstone Paper, 32].

ATTWATER, D. (org.) (1962). *A Catholic Encyclopedia*. Nova York: Macmillan.

BAUMANN, H. & WESTERMANN, D. (1961). *Les peuples et les civilisations de l'Afrique*. Paris: Payot.

BOEHMER, H. (1904). *Analekten zur Geschichte des Franziskus von Assisi*. Leipzig: Tübingen.

BOSMAN, W. (1705). *Coast of Guiana*. Londres: [s.e.].

BUBER, M. (1966). *Paths in Utopia*. Boston: Beacon Press [Trad. de R.F.C. Hull.].

_____ (1961). *Between man and man*. Londres/Glasgow: Fontana Library [Trad. de R.Q. Smith].

_____ (1958). *I and Thou*. Edimburgo: Clark [Trad. de R.G. Smith].

COHN, N. (1961). *The pursuit of the millennium*. Nova York: Harper Torch.

DE, S.J. (1942). *The history of the Vaisnava faith and movement in Bengal*. Cacultá: General Printers.

DEARDORFF, M.H. (1951). "Handsome Lake". In: FENTON, W.N. (org.). *Symposium of local diversity in Iroquois*. Washington, D.C.: U.S. Government Printing.

DIMOCK JR., E.C. (1966a). *The place of the hidden moon* Chicago: University of Chicago Press.

_____ (1966b). "Doctrine and practice among the Vaisnavas of Bengal". In: SINGER, M. (org.). *Krishna*: myths, rites, and attitudes. Honolulu: East-West.

DOUGLAS, M. (1966). *Purity and danger*. Londres: Routledge and Kegan Paul.

DU CHAILLU, P.B. (1868). *Explorations and adventures in Equatorial Africa*. Nova York: Harper.

ELWIN, V. (1955). *The religion of an Indian tribe*. Londres: Oxford University Press.

EVANS-PRITCHARD, E.E. (1965a). *The position of women in primitive society*. Londres: Faber and Faber.

\_\_\_\_\_ (1965b). *Theories of primitive religion*. Oxford: Clarendon Press.

\_\_\_\_\_ (1956). *Nuer religion*. Oxford: Clarendon Press.

FENTON, W.N. (1941). *Tonawanda longhouse ceremonies*: minety years after Lewis Henry Morgan. Bureau of American Ethnology [Bulletin 128; Anthropology Paper, 15].

FIRTH, R. (1951). *Elements of social organization*. Londres: Watts.

FORTES, M. (1962). Ritual and office. In: GLUCKMAN, M. (org.). *Essays on the ritual of social relations*. Manchester: Manchester University Press.

\_\_\_\_\_ (1949). *The web of kinship among the Tallensi*. Londres: Oxford University Press.

GANDHI, M.K. (1948). *Gandhi's autobiography*: the story of my experiments with truth. Washington, D.C.: Public Affairs [Trad. de M. Desai].

GENNEP, A. (1960). *The rites of passage*. Londres: Routledge and Kegan Paul [Trad. de M.B. Vizedom e G.L. Caffee].

GLUCKMAN, M. (1965). *Politics, law and ritual in tribal society*. Chicago: Aldine.

\_\_\_\_\_ (1955). *Custom and conflict in Africa*. Oxford: Blackwell.

\_\_\_\_\_ (1954). *Rituals of rebellion in South-East Africa*. Manchester: Manchester University Press.

GOFFMAN, E. (1962). *Asylums*. Chicago: Aldine.

GOULD, J. & KOLB, W.L. (orgs.) (1964). *A Dictionary of the Social Sciences*. Londres: Tavistock.

HILLERY, G.A. (1955). "Definitions of community áreas of agreement". *Rural Sociology*, vol. 20.

JUNOD, H.A. (1962). *The life of a South African tribe*. 2 vols. New Hyde Park, N.Y.: University Books.

KEISER, L. (1966). *Autobiography of the Vice Lord, "Teddy"*. University of Rochester [manuscrito].

KRIGE, E. (1968). "Nomkubulwana ceremonies of the Zulu". *Africa*, vol, 38, n. 2.

LAMBERT, M.D. (1961). *Franciscan poverty*. Londres: Allenson.

LAWRENCE, P. (1964). *Road belong Cargo*. Manchester: Manchester University Press.

LÉVI-STRAUSS, C. (1967). *The savage mind*. Chicago: University of Chicago Press.

_____ (1964). *Le cru et le cuit*. Paris: Plon.

LEWIS, I.M. (1963). "Dualism in Somali notions of power". *Journal of the Royal Anthropological Institute,* vol. 93, part 1.

LITTLE, K. (1965). "The political function of the Poro". *Africa*, vol. 25, n. 4.

MacCULLOCH, J.A. (1948). *The Celtic and Scandinavian religions*. Londres: Hutchinson's University Library.

MAIR, L. (1960). "The social sciences in Africa south of the Sahara: the British contribution". *Human Organization,* vol. 19, n. 3.

MARRIOTT, M. (1966). "The feast of love". In: SINGER, M. (org.), *Krishna*: myths, rites, and attitudes. Honolulu: East-West.

MORGAN, L.H. (1877). *Ancient society*. Chicago: Charles H. Kerr.

RATTRAY, R.S. (1927). *Religion and art in Ashanti*. Oxford: Clarendon Press.

_____ (1923). *Ashanti*. Oxford: Clarendon Press.

RESEK, C. (1960). *Lewis Henry Morgan, American scholar*. Chicago: University of Chicago Press.

RICHARDS, A.I. (1956). *Chisungu*. Londres: Faber and Faber.

RIGBY, P. (1968). "Some Gogo rituais of purification: an essay on social and moral categories". In: LEACH, E.R. (org.). *Dialectic in practical religion*. Cambridge: Cambridge University Press.

ROSCOE, J. (1924). *The Bagesu and other tribes of the Uganda protectorate*. Cambridge: Cambridge University Press.

SABATIER, P. (1905). *The life of St. Francis*. Nova York: Scribner's [Trad. de L.S. Houghton].

SCHLEGEL, G. (1866). *The Hung league*. Batavia: Lange.

SINGER, M. (org.) (1966). *Krishna*: myths, rites and attitudes. Honolulu: East-West.

SPEIRS JR., A.C. (1966). *Village in the desert*: the Aaronite community of Eskdale. [s.l]: University of Utah [Tese de doutorado].

SUNDKLER, B. (1961). *Bantu prophets in South Africa*. Londres: Oxford University Press.

THOMPSON, H.S. (1966). *Hell's angels*. Nova York: Ballantine.

TOLSTOY, L. (1940). *A confession*: the Gospel in brief, and what I believe. Londres: Oxford University Press [Trad. de A. Maude].

TURNER, T. (s.d.). *The fire of the jaguar.* Chicago: University of Chicago Press.

TURNER, V.W. (1968). *The drums of affliction* Oxford: Clarendon Press.

\_\_\_\_\_ (1967). *The forest of symbols*. Ithaca, N.Y.: Cornell University Press.

\_\_\_\_\_ (1962). *Chihamba, the white spirit*. Manchester: Manchester University Press [Rhodes-Livingstone Paper, 33].

\_\_\_\_\_ (1961). *Ndembu divination*: its symbolism and techniques. Manchester: Manchester University Press [Rhodes-Livingstone Paper, 31].

\_\_\_\_\_ (1957). *Schism and continuity in an African society*. Manchester: Manchester University Press/Rhodes-Livingstone Institute.

WARNER, L. (1959). *The living and the dead*. New Haven, Conn.: Yale University Press.

WEINSTOCK, S. (1968). *The vagabond and his image in American society* [Trabalho inédito apresentado no Society for the Humanities Seminar. Cornell University].

WILSON, G. & WILSON, M. (1939). *The study of African society*. Manchester: Manchester University Press [Rhodes-Livingstone Paper, 2].

WILSON, M. (1957). *Rituals of kinship among the Nyakyusa*. Londres: Oxford University Press.

\_\_\_\_\_ (1954). "Nyakyusa ritual and symbolism". *American Anthropologist*, vol. 56, n. 2.

# Índice onomástico e analítico

África Central, população, 25s.
    cf. tb. estudos de rituais na África Central
Apthorpe, R. 22, 187
Ashantis 56s.
    cerimônia *Apo* 164-167
    comunidade em sociedades baseadas no parentesco 117-121
Attwater, D. 108, 167
aves domésticas, significado das cores branca e vermelha; cf. ritos com aves domésticas

Bachofen, J.J. 20
Bantos, sociedades 27, 58, 169
Barnard, H. 89n.
baules, músicos 153
Baumann, H. 56, 187
    e Westermann, D. 56, 187
Beidelman, T.O. 52
bembas; cf. ritos dos
Bengala
    o movimento Sahajīyā de 146
    Vaisnavas de 146
    cf. tb. Francisco e Sahajīyā
Bergson, H. 110, 123, 128
Blake, W. 128, 135, 173
Boas, F. 21
Boehmer, H. 137-139
Bosman, W. 164s.
Buber, M. 132, 187
    sobre comunidade 122s., 131s., 136s.
Buda, como líder 179s.
budismo; cf. zen-budismo

Caitanya 146-154, 180
   cf. tb. Francisco
Campbell, A. 181
Catanga; cf. Lundas de Catanga
Chefe Ikelenge 24s.
Chokwe, povo 22, 29
ciclo de desenvolvimento; cf. *communitas*, ciclo de desenvolvimento
circuncisão de meninos, ritos de 31s., 38, 46, 52, 61, 72, 98, 108
   e São Bento 107
Clara; cf. cristãos, líderes
Clareno, A. 143
Cohn, N. 110, 187
Colson, E. 22
*communitas* (comunidade) 98-100, 105, 108-111
   *apocalíptica* 144s.
   ciclo de desenvolvimento 99s.
   e estrutura em rituais de inversão de posições sociais 164
   e *hippies* 111s., 133
   ideológica e espontânea 129, 134
   em sociedades baseadas no parentesco; cf. Tallensi; Nuer; Ashanti e
      liminaridade 98
   e os sexos 169s.
   e pensamento simbólico 135-138
   liminaridade e baixa posição social 121-126
   modalidades de 127-129
   músicos em; cf. baúles
   cf. tb. Bengala; Martin Buber; franciscanos, conceituação e estrutura;
      franciscanos, direito e consumo de propriedade; franciscanos, pobreza
Congo; cf. Sukus do Congo
cristãos, líderes 181
cultos; cf. mulheres, cultos de
cultos à carga, melanésios 175s., 179
cultos de caçadores 24, 46

Dante, A. 167
De, S.J. 148, 187
De Rougemont, D. 148
Deardorff, M.H. 19s., 187
Dieterlen, G. 21
Dimock Jr., E.C. 146-148, 151-153, 187
Dostoievski, F. 110

Douglas, M. 108, 188
Durkheim, É. 21, 62, 128
Dylan, B.; cf. baúles, músicos

Édipo, Complexo de 152
Eister, A.W. 122
Eliade, M. 50
Elwin, V. 115, 188
Evans-Pritchard, E.E. 11, 20, 57, 95, 117, 188

feitiçaria 34, 51s., 62, 71-73
    anti 72
    cf. tb. Kanongesha, remédios de bruxaria
Fenton, W. 20, 188
Fernandez, J. 104
"Festa do Amor" 170-173
Festival Golib 101, 114
Fiéis Defuntos (Finados) 167s.
Firth, R. 122, 188
Fortes, M. 99, 101, 112-116, 118, 188
Fox, G. 181
franciscanos 128s.
    conceitualização e estrutura 140-142
    direito e consumo de propriedade 142-144
    pobreza 181
    pobreza e *communitas* 134s.
    cf. tb. *communitas* e pensamento simbólico
Francisco 134-139, 146, 179, 181
    e Caitanya 146-150
    e liminaridade permanente 138-140
    e Sahajīyā 150s.
Frazer, J.G. 21
Freud, A. 161
Freud, S. 21, 126

Gana; cf. Tallensi; Axântis
Gandhi, Mohandas K. 129, 179-181, 188
    como líder 180s.
gemelaridade, rito de 23s., 55-96
    coleta de remédios para 60
    e a visão ndembu de 90

 e *isoma*, diferença 90
 mistério e absurdidade 89s.
 reconhecimento da dualidade 94s.
 santuário na aldeia 76
 símbolos rituais 61s.
Gennep, A. 21, 29, 58, 97, 155, 188
Ginsberg, A. 112
Gluckman, M. 22, 81, 86, 109, 169, 188
Goffman, E. 108, 124, 157, 188
Gould, J., e Kolb, W.L. 122, 188
Griaule, M. 21

Halloween, norte-americano 160s., 167s.
Hegel, G. 88
Herz, R. 21, 52
Hillery, G.A. 122, 188
*Hippies*; cf. *communitas*
Hobbes, T. 127
Hockett, C. 20
Homans, G. 114
Hubert, H. 21
Humbus; Kafwana, chefe dos 100-102
 cf. tb. povo mbwela
Hume, D. 110
humildade; cf. religiões de humildade

índio sêneca 19s.
iroqueses 20s.
*Isoma* 26-54, 98
 estrutura classificatória: Díades 50
 estrutura classificatória: Tríades 49s.
 forma de processo 29
 objetivos do 33s.
 o nome 30s.
 planos de classificação 52s.
 preparação do local 34s.
 processo curativo 45-48
 razões para sua realização 27s.
 remédios, coleta de 37-41
 simbolismo ritual 53s.
 símbolos de 29s.

situação e classificação 52
   cf. tb. Gemelaridade, rito de

João de Parma 143
Jung, C. 152
Junod, H. 157s., 169, 189

Kafwana; cf. Humbus
Kalahari, Boxímanes do 56
Kanongesha, chefe superior 100-103
   e remédios de bruxaria 100
Keiser, R.L. 177s., 189
Kolb, W.L., cf. Gould, J.
Krige, E. 169, 189
*Krishna* 147-154
*Kumukindyila*; cf. Rito de Instalação

Lambas 22, 109
Lambert, M.D. 135, 189
   sobre os franciscanos 137-144
Lawrence, P. 175, 189
Leach, E. 153
Lévi-Strauss, C. 21, 34, 44, 53, 76, 106, 122s., 127s., 145, 155, 160, 189
Lévy-Bruhl, L. 21
Lewis, I.M. 101, 189
Little, K. 178, 189
Livingstone, D. 25
Lowie, R. 21
Luchazi 22, 29
Lunda de Katanga 22, 100
Luvale 22, 29

MacCulloch, J.A. 168
Mair, L. 22, 189
Malinowski, B. 21
Marriott, M. 170, 173, 189
Marx, K. 88, 125
Mauss, M. 21
Mbwela, povo 100s.
meninas, ritos de puberdade das 24, 35, 52, 57, 61, 70, 72s.
Mitchell, C. 22

Morgan, L.H. 125, 189
  conferências para 1966 19
  e religião 19-21
Muchona (informante) 76
Mukanda; cf. circuncisão de meninos, ritos de
mulher
  e abortos 31, 35
  estéril 40
  cf. tb. "Ritos de separação"
mulheres; cultos de 29, 35
  rituais de; cf. *Isoma*

Nadel, S.F. 25
Namoos, povo 101
Ndembus
  características religiosas, comparadas com o cristianismo e outras religiões 107
  casamento 27s., 87
  como sociedade matrilinear 24
  divórcio 28
  filiação residencial (aldeia) 35
  formas de dualidade entre os 94s.
  obscenidade 95
  papel da mulher de 27
  cf. tb. *communitas*; rituais; ritos
Needham, J. 52
Nietzsche, F. 110
*Nkang'a*; cf. meninas, ritos de puberdade das
Nkula, rito 24, 32
Nuer 125
  comunidade em sociedades baseadas no parentesco 116s.
  do Sudão nilótico 57
Nyakyusa, povo 23
  ritos do 58

Olier, M. 167
Olivi 143, 145

Paine, T. 184
Papa Gregório IX 143
Papa João XXII 144
Parker, E.S. 19s.

Príncipe Philip 99
pseudo-hierarquias
    e sociedades secretas 175s.
    exemplos modernos de inversão e 175-178

Radcliffe-Brown, A.R. 21, 170
Rattray, R.S. 56, 118-121, 164s., 189
Reith, conferências 153
Religiões 19-21
    de inversão de posição social e separatismo 174
    de humildade com fundadores de alta posição social 178s.
    de humildade e inversão de posição social 173s.
    cf. tb. Rituais; Ritos
remédios 53
    coleta de, 62-64 cf. tb. *Isoma; Wubwang'u*
    quente e frio (vida e morte) 41-44
Rhodes-Livingstone. Instituto de Pesquisa Social 22
    estudo 25
Richards, A. 104, 189
Rigby, P. 52, 169, 189
Rilke, R.M. 133
Rito de Instalação 100s.
    "A injúria ao chefe eleito" 101-103
ritos
    adivinhação, iniciação a 46
    com aves domésticas 44s.
    de caçadores; cf. Cultos de caçadores
    de crises da vida e calendáricas 156s.
    de instalação; cf. Rito de Instalação
    "de separação" 35-37
    dos bembas 104
    *ilembi* 35
    iniciação funerária 46
    máscaras e mitos 160-163
    cf. tb. Ritos da Fonte do Rio; circuncisão de meninos, ritos de; meninas, ritos de puberdade das
Ritos da Fonte do Rio 62-68, 76, 89
    a corrente e o arco 70-73
ritual
    das mulheres 27
    de elevação de posição social 155s., 158-160

de inversão de posição social 163s., 160s. ; cf. tb. "Festa do Amor"; religiões de humildade
estudos de, na África Central 21-23
símbolos de 61s.
cf. tb. ndembus; gemelaridade
Robertson-Smith, W. 21
Roscoe, J. 58, 189
Rousseau, J.J. 125, 131

Sabatier, P. 137, 190
Samhain 167s.
São Bento 107, 181
    monges de 108
    cf. tb. circuncisão de meninos, rito de
São Boaventura 143
Schapera, I. 56
Schlegel, G. 178, 190
Schneider, D. 114
separatismo sul-africano; cf. religiões de inversão de posição social
sexos
    competição de 81-85, 89
    igualdade entre 86s.
    cf. tb. *communitas*
Shakespeare, W. 129, 131, 134
simbolismo ritual; cf. *Isoma*, simbolismo ritual; gemelaridade, rito de
símbolos; cf. Ritual; *Isoma*, símbolos
Singer, M. 190
sociedades secretas; cf. pseudo-hierarquias e sociedades secretas
Soga; cf. Uganda
Speirs, A.C. 176, 190
Spencer, H. 21, 122
Sukus do Congo 58
Sundkler, B. 174, 190

Tales 101
    terra e comunidade 118s.
Tallensi 124s.
    comunidade em sociedades baseadas no parentesco 112-116
    do norte de Gana 101
Tanzânia, gogos de 169
Tchekhov, A. 110

Tekiman, povo 164-166
Teresa de Ávila; cf. líderes cristãos
Thompson, H.S. 177s., 190
Todos os Santos 160, 167
Tolstoi, L. 129, 179, 190
    influência e crenças de 181s.
Tomás de Aquino 167
Tongo, chefe de 101
Trobriand, Ilhas 28
Turner, T. 160, 190
Turner, V.W. 32, 39n., 51, 61n., 68, 86, 89, 97, 120, 137, 190
Twain, M. 110
Tylor, E. 21

Ubertino 143
Uganda
    os soja de 58
    os gisu de 117

Warner, L. 157, 190
Weber, M. 21, 23, 181
Weinstock, S. 190
Westermann; cf. Baumann
Whitman, W. 185
Wilde, O. 115
Wilson, G. 22s., 190
Wilson, M. 23, 25, 27, 58, 103, 190
*Wubinda*, rito 24
*Wubwang'u*, rito; cf. gemelaridade, rito de
Wundt, W. 21
*Wuyang'a*; cf. cultos de caçadores

zen-budismo 112
Zulu 169
    terra, igrejas na 174

Conecte-se conosco:

facebook.com/editoravozes

@editoravozes

@editora_vozes

youtube.com/editoravozes

+55 24 2233-9033

www.vozes.com.br

Conheça nossas lojas:

www.livrariavozes.com.br

Belo Horizonte – Brasília – Campinas – Cuiabá – Curitiba
Fortaleza – Juiz de Fora – Petrópolis – Recife – São Paulo

EDITORA VOZES

VOZES NOBILIS

Vozes de Bolso

Vozes Acadêmica

EDITORA VOZES LTDA.
Rua Frei Luís, 100 – Centro – Cep 25689-900 – Petrópolis, RJ
Tel.: (24) 2233-9000 – E-mail: vendas@vozes.com.br